国家自然科学基金：基于海量时空数据的不同尺度游客流动相互作用机理与模式体系构建（41871137）
国家自然科学基金：交通网络与旅游发展的时空关系特征及其形成机制研究——基于高速公路联网收费数据的分析（41601131）
江苏高校青蓝工程联合资助

江苏省旅游发展与交通网络的空间关系研究

徐 菁 靳 诚 著

中国环境出版集团·北京

图书在版编目（CIP）数据

江苏省旅游发展与交通网络的空间关系研究/徐菁，靳诚著. —北京：中国环境出版集团，2022.8
ISBN 978-7-5111-5276-3

Ⅰ. ①江… Ⅱ. ①徐…②靳… Ⅲ. ①地方旅游业—旅游业发展—关系—交通网—研究—江苏 Ⅳ. ①F592.753 ②U491.1

中国版本图书馆 CIP 数据核字（2022）第 158127 号

出 版 人 武德凯
责任编辑 殷玉婷
责任校对 薄军霞
封面设计 宋 瑞

出版发行 中国环境出版集团
（100062 北京市东城区广渠门内大街 16 号）
网 址：http://www.cesp.com.cn
电子邮箱：bjgl@cesp.com.cn
联系电话：010-67112765（编辑管理部）
发行热线：010-67125803，010-67113405（传真）
印 刷 北京中献拓方科技发展有限公司
经 销 各地新华书店
版 次 2022 年 8 月第 1 版
印 次 2022 年 8 月第 1 次印刷
开 本 787×960 1/16
印 张 13.75
字 数 240 千字
定 价 80.00 元

前　言

经过改革开放 40 多年的发展，旅游业已成为中国国民经济的战略性支柱产业。旅游的本质属性决定着其与区域交通网络建设密不可分，一方面，飞速扩张的入境和国内旅游流对交通网络产生极大需求，部分旅游热点区域交通压力巨大；另一方面，快速发展的交通体系冲击和改变着原有的时空观念，对旅游流空间组织以及旅游产业布局产生了深远影响，不断重塑区域旅游空间格局。网络流量是交通建设状况的真实反映和直观表达，以往交通和旅游的空间关系研究，却大多忽视了网络的真实流量，更是缺乏从流量视角进行不同时空尺度下两者相互关系的综合研究。因而，如何利用精细化的交通流量数据，在多时空尺度下厘清交通网络与旅游发展之间的相互关系及其形成机制成为亟待解决的重要科学命题。

在交通和旅游日新月异发展的当下，旅游热点区域道路拥挤现象时有发生。由于交通可进入性较差导致资源利用效率低下等问题日益突出，问题的解决迫在眉睫。要解决上述种种现实矛盾，就是要在深层次上从流量的视角认知交通网络和旅游发展之间的时空关系与作用机制这一科学问题。该问题的解决将有助于理解交通建设对旅游发展的促进作用，识别交通可达性的薄弱区域，有针对性地改善交通对旅游发展的制约；有助于发现流动网络和旅游发展的空间耦合关系，促进政府制定科学的交通引导措施，提高游客流动效率；有助于从交通连接的视角，促进旅游资源的合理利用、高效整合和深度开发，进而增强区域旅游综合竞争力和可持续发展能力。由此可见，探讨交通网络和旅游发展之间的时空关系具有重要的现实价值。

交通和旅游之间的相互关系研究是理解旅游地理空间的有效手段，取得了可喜的研究成果，但我们也清晰地看到两者之间的相互关系研究在研究尺度、研究视角和研究对象上尚存在不足，需要多时空尺度的综合系统分析。任何要素之间的联系势必发生在空间“容器”之中，将交通网络与旅游发展联系起来，在分析两者空间特征的基础上，定量分析两者关系的空间关联，进而揭示经济巨变时期发达地区交通变化与旅游发展的相互关系和作用机制。由此可见，交通网络和旅游发展多尺度时空关系特征研究是旅游地理必须回答的一个学科理论问题，对深化旅游要素间的时空关系认知，推动旅游地理学研究具有重要的理论意义。

为此，本书将以江苏省为例，充分挖掘高速公路联网收费数据中所蕴含的时空信息，在分析旅游和交通发展的时空格局特征的基础上，进一步探讨区域交通和旅游发展两者之间的空间关系，这不仅是解决诸多现实矛盾的理论基础，而且是深化交通和旅游时空关系研究的有益探索，对完善旅游交通研究理论框架，推动旅游地理学发展具有重要的理论意义和现实价值。

由于作者水平有限，书中难免存在错误和不足，敬请广大读者批评指正。

目 录

第1章 绪 论

1.1 研究背景

经过改革开放 40 多年的发展，旅游业已成为中国国民经济的战略性支柱产业。旅游的本质属性决定着其与区域交通网络建设密不可分，一方面，飞速扩张的入境和国内旅游流对交通网络产生极大需求，部分旅游热点区域交通压力巨大；另一方面，快速发展的交通体系冲击和改变着原有的时空观念，对旅游流空间组织以及旅游产业布局产生了深远影响，不断重塑区域旅游空间格局（汪德根等，2015）。网络流量是交通建设状况的真实反映和直观表达，以往交通和旅游的空间关系研究却大多忽视了网络的真实流量，更是缺乏从流量视角进行不同时空尺度对两者相互关系的综合研究。因而，如何利用精细化的交通流量数据，在多时空尺度下厘清交通网络与旅游发展之间的相互关系及其形成机制成为亟待解决的重要科学命题。

1.1.1 认知交通网络和旅游发展的时空关系是解决诸多现实问题的重要前提

完善的交通体系是区域旅游发展的重要支撑要素。蓬勃发展的旅游业已成为推动中国区域经济发展的重要力量，相关学术研究方兴未艾。交通体系在区域旅游发展中扮演着十分重要的角色，是理解旅游者空间流动乃至整个旅游活动空间特征最为有力的支点。游客在空间内的迁移过程均需要通过交通系统来完成，它沟通连接着旅游目的地与旅游客源地（卢松，2009），而且游客流动本身完全依赖于完善的交通媒介。不断完善的交通网络和高效舒适的交通工具，在游客游览体验不断得到满足的同时，也冲击和改变着原有的区域旅游发展格局。由此不难看出，交通系统以其特殊的桥梁作用，成为推动区域旅游发展的基础要素，是洞悉复杂旅游空间变化的最佳切入点，也始终是旅游地理学者所关注的研究焦点。

区域旅游交通面临着诸多亟待解决的现实问题。日益高涨的旅游需求，使得一些与交通相关的现实矛盾日益突出。如国家带薪假日尚未得到全面落实，节假日的旅游客流在短时间内激增，相似的偏好容易造成游客在某一空间上过度集聚，旅游热点区域道路拥挤现象时有发生（王兆峰，2014）；许多优质的旅游资源，由于交通可进入性较差，客流支撑不足，资源利用效率低下，“资源诅咒”现象广泛存在（方叶林等，2013）；区域旅游要素分布与区域经济发展格局在空间上并非匹配，且旅游资源的不可移动性使得旅游活动必须通过游客流动来完成，然而游客对区域交通信息掌握并不完备，势必会造成游客自助游览线路的不合理，从而影响到游览体验（Dicken et al.，1990；马晓龙，2005）等。随着区域旅游发展的不断深入，这些现实问题也越来越突出。

从流量视角科学认识交通网络与旅游发展之间的逻辑关系是解决这些问题的关键所在。不难看出，上述矛盾存在都不可避免地涉及交通和旅游在空间上的相互关系问题，是交通和旅游内在逻辑关系问题的现实化外延。科学认知交通网络与旅游发展时空关系这一本质问题是解决上述矛盾的重要前提和关键所在。流量是要素流动的真实体现，是交通网络结构的客观表达，是区域游客导入的有效反映，因而有必要从流量视角进行深入分析。在进一步的分析中需要回答如下科学问题：交通网络的节点、路径、网络特征及其演化过程如何？区域旅游发展的空间结构呈现出怎样的演化过程？交通网络和旅游发展之间存在怎样的时空关系？两者之间相互影响的作用机制是什么？

综上所述，在交通和旅游日新月异发展的当下，诸多现实矛盾也日益突出，问题的解决迫在眉睫。要解决上述种种现实矛盾，就要在深层次上从流量的视角认知交通网络和旅游发展之间的时空关系与作用机制这一科学问题。该问题的解决将有助于理解交通建设对旅游发展的促进作用，识别交通可达性的薄弱区域，有针对性地改善交通对旅游发展的制约；有助于发现流动网络和旅游发展的空间耦合关系，促进政府制定科学的交通引导措施，提高游客流动效率；有助于从交通连接的视角，促进旅游资源的合理利用、高效整合和深度开发，进而增强区域旅游综合竞争力和可持续发展能力。由此可见，探讨交通网络和旅游发展之间的时空关系是有关地区经济发展所必须解决的一个重要现实问题，对促进区域经济可持续发展具有重要的现实价值。

1.1.2 多尺度综合分析是深度厘清交通网络和旅游发展时空关系的有效范式

要素间的时空关系及其作用机制研究是理解地理空间的重要途径。人文地理学关注于人地系统的空间组织，即不同人文要素的空间分布、格局演变、相互联系、空间影响及其驱动机制（Dicken et al.，1990；Dicken et al.，1992）。人文地理学者通过不断寻求新的要素和新的要素关系来认知经济和社会结构，并从中获得新的研究内涵和研究方向（苗长虹等，2011）。要素间的时空关系是理解社会经济结构不可缺少的有效分析工具，无论是交通可达性改善、产业要素集聚，还是信息的便捷传达，都是在试图优化和重构要素间的相互关系，从而有效解释人文地理现象，厘清格局形成机制，业已成为理解地理空间的重要途径。旅游地理研究也同样关注于旅游系统内外各要素在不同尺度上的相互关系，并侧重于从时空的视角来进行诠释。

交通和旅游之间的时空关系研究始终是旅游地理学研究的核心问题，但在尺度综合分析方面仍有待深入。旅游系统是一个包括客源地系统、目的地系统以及交通系统的复杂系统，对承载旅游系统的地理空间认知自然就变得十分困难。交通系统的特殊桥梁作用，使得交通和旅游之间的关系研究格外受到关注（张瑞敏等，2005），可以概括为以下 4 个方面：

①旅游与交通关联。旅游发展与交通存在较强的关联性，高效的交通体系是旅游成功发展的重要前提。在西方研究中，交通被认为是旅游需求中的重要经济因素，交通成本对目的地选择有着重要影响（Martin，1998），交通亦是旅游系统的重要组成部分（Mill et al.，1985）。在国内，研究认为旅游业的产生和发展与交通体系建设密不可分，交通体系是旅游生产力的有机组成部分（张涛，2003），影响和制约着旅游发展（汪正元，1989），交通便利程度已成为衡量区域旅游发达程度的重要标志（保继刚等，1999）；在定性探讨的基础上，学者开展了一系列的定量分析，如探讨旅游网络与交通运输网络的空间关联（吴晋峰等，2010；王兆峰，

2012），评价区域交通与旅游发展的协调模式及其演变（陈晓等，2008）等。

②旅游交通规划。合理规划是交通和旅游有效融合、科学布局的前提。在发达国家，旅游行为引起的道路拥堵受到关注，试图在规划中构建假日交通预测系统（黄柯等，2007），推行公共交通，解决拥堵问题（钟虹，2006）。在国内，学者在探讨旅游交通规划的理论、方法、布局规律（关宏志等，2001）的基础上，引入地理信息系统（GIS）等空间分析技术，分别从区域（殷成志等，2004；赵中华等，2007；鲍捷等，2010；戢晓峰等，2012）、城市内部（骆培聪等，2001；魏鸿雁等，2005；李淑娟等，2007）等空间尺度开展实证分析；此外，亦有学者关注风景道路规划和景观评价，推动道路从单一交通功能向交通、生态、游憩等复合功能转变（余青等，2002；吴必虎等，2002；余青等，2007；李仁杰等，2011）。

③交通对区域旅游发展的影响。交通设施建设及运营对区域环境、旅游发展有着深远影响。在发达国家，交通基础设施建设业已完成，区域影响分析集中于自然和社会环境方面。自然环境方面，研究指出交通是整个旅游中能源消耗最大的部门（Becken et al.，2003），私家车旅游对气候变化、空气质量、噪声和自然景观方面造成污染（Peeters et al.，2007），进而倡导可持续的交通方式（Hompson et al.，2007）；社会影响方面，旅游交通外部性问题由当地居民承担，产生社会公正性问题，影响到旅游的社会可持续性，加剧了社会矛盾（Hall，1999；Dickinson et al.，2004）。在国内，交通基础设施建设日新月异地发展，国内研究集中于交通设施的区域旅游效应分析，认为旅游交通实质是大众交通的衍生和发展（汪宇明等，2007），重点分析航空（林岚等，2007；吴晋峰等，2012）、铁路（朱竑等，2005；殷平，2012；汪德根等，2015）、公路（靳诚等，2010；石培基等，2012）、桥梁（张建春等，2002）等交通设施的新建，特别是近年来高速铁路的新建，对区域旅游空间结构的影响。

④旅行迁移扩散规律。旅游者迁移规律是基于不同空间尺度旅游交通的相似空间行为偏好的凝练总结。国外学者对旅游迁移的空间模式可以从地图化和模型化两个方面总结归纳，代表性模式主要包括 Campbell 旅游路径模型、Lundgren 旅行模型（Lundgren，1973）、Stewart-Vog 多目的地旅行模式（Stewart et al.，1997）、Mings 旅行模式（Mings et al.，1992）、McKercher 路径模式（McKercher et al.，

2003）。在国内，学者运用经典的地理空间分析（马耀峰等，2000）、Zipf模型（杨国良等，2006）、模糊综合评判矩阵（卞显红等，2007）等方法来刻画旅游迁移扩散和集聚特征，并利用推拉理论（郑鹏等，2010）、聚类分析（张佑印等，2011）、转移-份额分析（汪宇明等，2008）等理论方法来解释其内在机制，总结提炼旅游迁移扩散的空间模式（钟士恩等，2009）。

从以上综述不难看出，学者给予了交通与旅游相互关系足够的关注，也取得了较为丰硕的研究成果。但在研究尺度、研究视角和研究对象上仍然存在一些不足：在研究尺度上，目前交通和旅游研究大多数研究集中在某一单一尺度，缺少不同时空间的尺度转换、尺度联系与尺度综合分析；在研究视角上，多是从单一的视角探讨交通对区域旅游发展的影响，抑或探讨旅游发展给区域交通带来的压力问题，缺乏两个系统时空关系的双向综合研究，更是忽视了基于交通网络真实客流的深入分析；在研究对象上，多以航空、高铁等快速交通为研究对象，然而随着高速公路网络完善和居民汽车保有量上升，高速公路已成为居民短途旅游的重要选择，研究者对高速公路网络和旅游发展之间的时空关系关注不够。

综上所述，要素之间的时空关系研究已成为认知地理空间的重要途径，交通和旅游之间的相互关系研究是理解旅游地理空间的有效手段，取得了可喜的研究成果，但我们也清晰地看到两者之间的相互关系研究在研究尺度、研究视角和研究对象上尚存在不足，需要多时空尺度的综合系统分析。任何要素之间的联系势必发生在空间“容器”之中，将交通网络与旅游发展联系起来，定量分析两者关系的多尺度时空关联，进而揭示经济巨变时期发达地区交通变化与旅游发展的相互关系和作用机制。由此可见，交通网络和旅游发展多尺度时空关系特征及其形成机制是旅游地理必须回答的一个学科理论问题，相关研究对深化旅游要素间的时空关系认知，推动旅游地理学研究具有重要的理论意义。

1.1.3 精细化时空流量数据是支撑多尺度时空关系综合分析的根本基础

无论是交通与旅游发展之间存在的现实矛盾，还是交通与旅游发展时空关系研究的理论不足，都揭示着交通网络和旅游发展多尺度时空关系这一科学问题有着重要的实践价值和理论意义，值得重点探讨。然而，以往研究对该问题缺乏深入分析，其背后的根本原因是什么呢？数据是支撑要素间时空关系研究的根基所在，研究数据获取的难易程度，直接影响不同时空尺度上要素关系研究的深度与广度（刘法建等，2012）。精细化的时空数据难以有效获取是交通网络与旅游发展时空关系研究难以深化的根本原因，能否找到精细化的流量数据是两者时空关系研究的关键所在。

传统的二手面板统计数据、问卷调查等数据获取方式在支撑多尺度交通网络和旅游发展时空关系研究方面已显得捉襟见肘、难以为继，为此需要探寻细粒度化的研究数据来支撑时空关系研究。与此同时，我们发现相关领域正在尝试运用海量的细粒度化数据来分析要素时空特征及其相互关系，如运用 GPS 跟踪数据来探讨活动空间（申悦等，2013；Mckercher et al.，2012），运用手机通信数据来估算人口流动（Kang et al.，2012），运用出租车上下客数据来分析居民出行规律（Liu et al.，2012），运用微博关注数据来辨析城市联系（甄峰等，2012），运用旅游攻略数据来探究游客流动规律（靳诚等，2014）等。这些海量的时空大数据为揭示社会经济现象时空分布、联系及过程提供了坚实的数据基础。

智能化数据管理系统构建是诸多行业实施智慧化发展的有力支撑，交通行业也不例外，信息化交通管理时代已经到来，这为交通流量空间分析提供了崭新的数据获取途径。高速公路联网收费数据对进出车辆的方向、地点、车型、时间、车牌等信息进行了不间断、实时、连续的观测、记录和存储。建立在单个车辆记录之上的细粒度化的流量数据蕴含着丰富的时空信息，这些像“分子”一样的数据在宏观和微观之间架起了一座桥梁，为多尺度综合分析找到了良好的视角，为升尺（up-scaling）和降尺（down-scaling）分析提供了可能，为交通网络和旅游发展时空关系研究提供了可靠有效的数据支撑。

总之，交通体系是旅游发展重要的支撑要素，极大地促进了区域旅游发展，高速公路已成为旅游出行的重要媒介。节假日大量游客在高速公路的汇聚和流动，以及交通和旅游的区域不协调带来诸多现实矛盾，对交通建设和旅游发展产生深远的影响。然而，精细化时空数据难以获取，使得以往交通和旅游的时空关系研究尺度相对单一，忽略流量视角分析，且研究对象以航空和铁路为主。现实需求的迫切和理论研究的不足，使得厘清高速公路网络与旅游发展的多尺度时空关系及其形成机制成为亟待解决的重要科学命题。

为此，本书将以江苏省为例，充分挖掘高速公路联网收费数据中所蕴含的时空信息，在分析旅游和交通发展的时空格局特征的基础上，进一步探讨区域交通和旅游发展两者之间的空间关系，这不仅是解决诸多现实矛盾的理论基础，而且是深化交通和旅游时空关系研究的有益探索，对完善旅游交通研究理论框架，推动旅游地理学发展具有重要的理论意义和现实价值。

1.2 研究区概况

1.2.1 江苏省自然和社会经济情况

江苏省位于中国大陆东部沿海，地跨北纬 30°45′～35°08′，东经 116°21′～121°56′，北接山东，东濒黄海，东南与浙江和上海毗邻，西接安徽。江苏省跨江滨海，湖泊众多，地势平坦，地貌由平原、水域、低山丘陵构成；地跨长江、淮河两大水系。平原面积占比 86.90%，达 89 706.03 平方千米，丘陵面积 11 916.16 平方千米，山地面积 1 606.98 平方千米。平原比例居中国各省首位，主要由苏北平原、黄淮平原、江淮平原、滨海平原、长江三角洲平原组成。江苏省是中国地势最低的一个省份，绝大部分地区在海拔 50 米以下，低山丘陵大多集中在江苏省西南部，占江苏省总面积的 14.30%，主要有老山山脉、云台山脉、宁镇山脉、茅山山脉、宜溧山脉。连云港市云台山玉女峰为江苏省最高峰，海拔 624.4 米。江苏省属于东亚季风气候区，处在亚热带和暖温带的气候过渡地带，气候同时具有南方和北方的特征。

江苏省地处长江经济带，位于长江三角洲地区，与上海、浙江、安徽共同构成的长江三角洲城市群成为国际六大世界级城市群之一。江苏省下辖的 13 个设区市全部进入全国百强市，江苏省也是唯一所有地级市都跻身百强的省份。江苏省人均 GDP、综合竞争力、地区发展与民生指数（DLI）在全国所有省份中均居第 1 位，成为中国综合发展水平最高的省份，已达到中等发达国家水平。江苏省内部经济发展存在一定的差异性，南部经济发展水平高于北部。全省大致可以分为苏南、苏中、苏北三大区域，其中苏南主要包括位于长江以南地区的 5 个设区市，苏中为南通市、泰州市、扬州市 3 个设区市，苏北则为江苏省北部的 5 个设区市。

江苏省下辖 13 个地级市、55 个市辖区、22 个县级市，19 个县，合计 96 个县（市、区）；共有 523 个街道、720 个镇、43 个乡、1 个民族乡，合计 1 259 个乡级区划。2018 年，全年实现地区生产总值 92 595.4 亿元，比上年增长 6.7%。其中，第一产业增加值 4 141.7 亿元，比上年增长 1.8%；第二产业增加值 41 248.5 亿元，比上年增长 5.8%；第三产业增加值 47 205.2 亿元，比上年增长 7.9%。全省人均地区生产总值 115 168 元，比上年增长 6.3%。劳动生产率持续提高，平均每位从业人员创造的增加值达 194 759 元，比上年增加 14 247 元。产业结构加快调整，全年 3 次产业增加值比例调整为 4.5∶44.5∶51，服务业增加值占 GDP 比重比上年提高 0.7%。经济活力增强，全年非公有制经济实现增加值 68 057.6 亿元，占 GDP 比重达 73.5%，较上年提高 0.1%；私营个体经济增加值占 GDP 比重达 49.9%，民营经济增加值占 GDP 比重达 55.6%。2018 年年末全省工商部门登记的私营企业 286.79 万户；全年新登记私营企业 48.95 万户，注册资本 25 838.02 亿元。年末个体户 590.10 万户，全年新登记 109.54 万户。区域协调发展有力推进，扬子江城市群对全省经济增长的贡献率达 81.4%；沿海经济带对全省经济增长的贡献率达 16.6%。新型城镇化建设步伐加快，年末城镇化率达 69.61%，比上年提高 0.85%。

1.2.2 江苏省交通发展概况

2018 年，全年货物运输量比 2017 年增长 5.7%，旅客运输量下降 4.7%；货物周转量比上年下降 0.4%，旅客周转量增长 2.0%。全省机场全年飞机起降 51.6 万架次，比上年增长 11.5%；旅客吞吐量 5 164.6 万人次，比上年增长 16.2%；货邮吞吐量 59.7 万吨，比上年增长 4.5%。完成规模以上港口货物吞吐量 23.3 亿吨，比上年增长 0.6%，其中外贸货物吞吐量 4.9 亿吨，比上年增长 0.5%；集装箱吞吐量 1 798 万标准集装箱，比上年增长 4.4%。2018 年年末，全省公路里程 16 万千米。其中，高速公路里程 4 710 千米。铁路营业里程达 3 014 千米，铁路正线新增 5 258.6 千米。2018 年年末，全省民用汽车保有量 1 783.2 万辆，比上年增长 10.1%，较上年净增 163.8 万辆；年末私人汽车保有量 1 537.6 万辆，比上年增长 9.2%，净增 129.4 万辆；私人轿车保有量 1 066.8 万辆，比上年增长 8.0%，净增 79.2 万辆。2019 年 10 月 15 日，交通运输部确定江苏省为第一批交通强国建设试点地区。

江苏省交通发展由此进入新的阶段。

在机场方面，江苏省共分布有9个民用机场（表1-1）与9个一类航空口岸。其中无锡市、盐城市、常州市、连云港市的机场为军民合用机场，另外南京马鞍国际机场近期为军用机场，远期为军民合用机场。2019年，南京禄口国际机场的旅客吞吐量超过了3 000万人次，达到了3 058万人次，位列全国机场的第11。苏南硕放国际机场的旅客吞吐量为797万人次，位列全国机场的第42。苏北机场的旅客吞吐量较少，其中徐州观音国际机场的吞吐量最多，但也只有301万人次，位列全国的第55；连云港白塔埠国际机场的旅客吞吐量最少，只有192万人次。

表1-1 江苏省民用机场概况

地区	机场	通航时间	旅客吞吐量（2019年）/万人次	旅客吞吐量全国排名（2019年）
南京市	南京禄口国际机场	1997年7月1日	3 058	11
无锡市	苏南硕放国际机场	2004年2月18日	797	42
徐州市	徐州观音国际机场	1997年11月8日	301	55
常州市	常州奔牛国际机场	1986年3月15日	405	50
南通市	南通兴东国际机场	1993年8月24日	348	51
连云港市	连云港白塔埠国际机场	1985年3月26日	192	75
淮安市	淮安涟水国际机场	2010年9月26日	235	67
盐城市	盐城南洋国际机场	1986年4月29日	209	72
扬州市	扬州泰州国际机场	2012年5月8日	298	57

在铁路方面，京沪铁路、陇海铁路两条铁路干线经过境内，京沪铁路主要呈东西向穿越江苏省的南部，陇海铁路也呈东西向经过江苏省的最北部，徐州市则为两大干线交汇的枢纽。京沪铁路南京至上海段为中国最繁忙的铁路之一。2016年年末，江苏省干线铁路里程达到2 791千米，其中时速200千米及以上高等级铁路里程达到1 569千米。全省铁路复线率、电气化率分别达到65.1%（1 816千米）、66.0%（1 841千米）。

在高速公路方面，江苏省形成了高速公路、普通国省干线公路、农村公路三大路网协调发展的格局，实现了10万人口节点30分钟上高速公路、相邻县通一级公路、县到乡镇通二级公路、乡镇到建制村通三级公路。其中，高速公路4 658千米、一级公路 12 955 千米、二级公路 23 054 千米，公路面积密度居全国所有省（自治区、直辖市）的第 2 位，仅次于山东，高速公路面积、密度、公路总里程中二级及以上公路占比 25.85%，均位居全国所有省（自治区、直辖市）之首。高速公路实现县级节点全覆盖。国家级开发区、省级开发区一级公路通达率为 100%，4A 级及以上旅游景区一级公路通达率为 85%。

就高速公路发展而言，江苏省高速公路建设始于 1992 年。1992 年 6 月 14 日，沪宁高速公路江苏段正式开工。1996 年 9 月 15 日，沪宁高速公路江苏段正式通车，标志着江苏省高速公路通车里程实现了“零”的突破。2000 年，以京沪高速公路沂淮江段建成通车为标志，江苏省高速公路总里程突破 1 000 千米，达到 1 088 千米。2003 年，随着盐徐高速公路徐宿段、京福高速公路徐州东绕城段建成通车，江苏省高速公路总里程突破 2 000 千米，达到 2 003 千米。2006 年，沿海、盐徐高速公路全线建成通车，江苏省高速公路总里程突破 3 000 千米，达到 3 355 千米。2007 年，江苏省高速公路总里程已达到 3 558 千米。2008 年，随着苏通大桥、宁杭二期建成通车，江苏省高速公路通车总里程达到 3 725 千米，首轮规划的“四纵四横四联”高速公路网络主骨架全面建成，江苏省在全国率先实现了高速公路联网畅通。根据江苏省高速公路网规划（2017—2035 年），到 2035 年，江苏省高速公路网的合理规模为 6 000～7 000 千米。全省高速公路网采用放射线与纵横网格相结合的布局方案，总体上形成“十五射六纵十横”的布局形态

射线（15 条）。射一：南京市至徐州市；射二：南京市至连云港市；射三：南京市至盐城市；射四：南京市至南通市；射五：南京市至上海市；射六：南京市至上海二通道；射七：南京市至杭州市；射八：南京市至杭州二通道；射九：南京市至宣城市；射十：南京市至黄山市；射十一：南京市至芜湖市；射十二：南京市至合肥二通道；射十三：南京市至合肥；射十四：南京市至洛阳市；射十五：南京市至滁州市。

纵线（6 条）。纵一：赣榆至吴江；纵二：东海至吴江；纵三：阜宁至宜兴；纵四：新沂至宜兴；纵五：邳州至溧阳；纵六：徐州市至明光。

横线（10 条）。横一：沛县至丰县；横二：连云港市至徐州市；横三：连云港市至宿迁市；横四：滨海县至泗洪县；横五：大丰区至徐州市；横六：盐城市至蚌埠市；横七：启东市至扬州市；横八：太仓市至溧水区；横九：太仓市至高

淳区；横十：上海市至吴江区。

到2035年，江苏省高速公路面积密度会增加至约6.2千米/百平方千米，将有力支撑全省区域协调发展战略的实施。10万人口以上城镇、运输机场、沿江沿海重点港区、国家级开发区以及5A级旅游景区覆盖率将达到95%，节点连通度提高至2.0，总体上实现四路连通。新增高速公路过江通道4座，高速公路过江通道达到15座，平均间距缩短至25千米，布局更加均衡。新增省际高速公路9条，省际高速公路出入口增加至42个，完善江苏省与长三角地区以及其他周边省市之间的省际高速公路布局，实现省际“主动脉”全面畅通。

1.2.3 江苏省旅游发展概况

江苏省作为我国旅游业发展的领先省份，将推动高质量发展为主线，积极加快重大项目落地，推进品牌建设，提升游客满意度，努力打造国际著名的旅游目的地。江苏省共拥有国家历史文化名城13座和江苏省历史文化名城3座、中国历史文化名镇和江苏省历史文化名镇32座、中国历史文化街区5处，拥有的国家历史文化名城、中国历史文化名镇和中国历史文化街区的数量均居全国首位。

江苏省非物质文化遗产众多，江苏省已有联合国教科文组织“人类非物质文化遗产代表作”10项、国家级非遗代表性项目125个、国家级代表性传承人132名、国家级非遗生产性保护示范基地5个；省级非遗代表性项目611个、省级非遗代表性传承人532名；省级非遗传承示范基地21个、非遗生产性保护示范基地25个、非遗研究基地14个、文化生态保护实验区10个。

江苏省旅游资源丰富，自然景观与人文景观相互交融，有古镇水乡，有千年名刹，有古典园林，有湖光山色，有帝王陵寝，有都城遗址，可谓“吴韵汉风，各擅所长”。截至2019年12月，江苏省有4处世界遗产（另有3处正在申遗中）、5A级旅游景区22家（表1-2）、4A级旅游景区超过100家、2处国家级旅游度假区、2处国家级地质公园、3处国家级自然保护区、16个国家级森林公园、5处国家重点风景名胜区、28座全国优秀旅游城市、120处全国重点文物保护单位、645处省级文物保护单位。

表 1-2 江苏省国家 5A 级旅游景区

城市	旅游景区
南京市	钟山风景名胜区-中山陵园风景区、夫子庙-秦淮风光带景区
无锡市	中央电视台无锡影视基地三国水浒景区、灵山景区、鼋头渚景区、惠山古镇景区
徐州市	云龙湖景区
常州市	环球恐龙城休闲旅游区、天目湖景区、中国春秋淹城旅游区
苏州市	周庄古镇景区、同里古镇景区、苏州园林（拙政园、虎丘山、留园）、金鸡湖景区、吴中太湖旅游区、沙家浜·虞山尚湖旅游区
南通市	濠河景区
连云港市	花果山景区
淮安市	周恩来故里旅游景区
盐城市	大丰中华麋鹿园景区
扬州市	瘦西湖风景区
镇江市	金山·焦山·北固山旅游景区、句容茅山景区
泰州市	溱湖旅游景区
宿迁市	洪泽湖湿地景区

2014—2019 年江苏省旅游总收入呈不断上升趋势，2019 年旅游总收入为 14 321.6 亿元，同比增长 8.1%；2019 年江苏省国内旅游收入为 13 902 亿元，同比增长 8.2%，占旅游总收入的 97.07%。2018 年江苏省旅游外汇收入为 46.5 亿美元，同比增长 10.8%；2019 年江苏省旅游外汇收入为 47.4 亿美元，同比增长 2.0%。江苏省接待国内游客数量要远超于入境过夜游客数量，2018 年国内游客人数为 81 422.8 万人，入境过夜游客为 400.9 万人；2019 年国内游客人数为 88 000 万人，入境过夜游客为 399.5 万人；2019 年江苏省接待国内游客数量占总游客数量的 99.55%。2019 年江苏省入境过夜游客 399.5 万人次，同比下降 0.3%。其中，外国游客 266.5 万人次，同比增长 0.7%；港澳台同胞 133.0 万人次，同比下降 2.3%。随着旅游产业的蓬勃发展，旅游经济在我国地区生产总值中的占比越来越大。对旅游景区进行评级是中国旅游资源标准化管理的重要手段，A 级旅游景区则是中国特有的旅游景区质量评定标准。2019 年江苏省 5A 级、4A 级旅游景区接待游客 64 271.7 万人，同比增长 4.45%；南京市、苏州市接待游客数量分别是 12 868.49 万人、10 462.54 万人，同比增长分别为 9.9%、4.5%。

2019 年江苏省接待入境过夜游客 3 994 629 人，同比下降 0.3%；2019 年在江苏省接待的外国游客中居前 3 位的国家分别为日本游客、韩国游客、美国游客，接待人数分别为 458 077 人、442 470 人、273 196 人。为了促进旅游业的发展，保护旅游者的利益，便于饭店之间有所比较，江苏省对省内的旅游饭店进行了级别评定。星级越高，表示旅游饭店的档次越高。2019 年江苏省星级饭店出租率合计为 57.2%，其中五星级饭店的出租率最高，为 59%；2019 年江苏省星级饭店平均房价是二星级 189.5 元/（间·天），三星级 198.2 元/（间·天），四星级 318.6 元/（间·天），五星级 514 元/（间·天）。

江苏省也是沿海、沿江、新欧亚大陆桥等人口、经济密集带的结合部及长江文化和黄河文化的结合部。江苏省地缘上的优势使其成为中国对外商务经济和旅游经济的直接腹地，从而有能力成为国际旅游的门户和国内旅游的核心。

第2章　江苏省旅游经济网络结构演化过程

旅游业具有综合性强的独特产业特征，有着很好的乘数效应，已成为许多国家和地区的主导产业，对当地社会经济发展具有很强的带动作用。旅游经济是一个地区旅游业发展水平的重要反映，同样也是国民经济的支柱产业之一（孟德友等，2009）。区域差异始终是区域经济研究中一个十分重要的研究热点问题（欧向军等，2005），旅游产业的主导地位使得旅游经济在区域经济中扮演着十分重要的角色，因而旅游经济发展空间差异格局研究也就自然成为旅游经济分析中的一项重要的研究内容（Tosun，2003；姜海宁等，2009；汪德根等，2011）。随着国内经济的快速发展和居民收入的稳步提升，国内居民对旅游出行的需求日益高涨，国内旅游逐渐成为各地区旅游业发展的主力军，国内旅游的空间差异分析成为旅游差异研究的一个重要议题（宣国富，2012；王博等，2015）。国内旅游差异研究内容主要集中在旅游经济区域差异、旅游业关键指标及其影响要素分析两个方面。在旅游经济区域差异方面，学者主要运用变异系数、基尼系数、洛伦兹曲线、锡尔指数等指标在全国、省域、地区等不同空间尺度上进行旅游经济发展的区域差异分析，如陆林等应用多种指标定量分析了中国旅游经济区域差异空间特征（陆林等，2005）；宣国富等以江苏省为案例地，探讨了省域尺度旅游经济的等级规模结构及其演化过程（宣国富等，2011）；徐菁等利用趋同指标分析了长江三角洲地区旅游发展的空间分异与趋同特征（徐菁等，2008）。在旅游业关键指标及其影响要素分析方面，主要从旅游接待总人次、旅游总收入分析旅游业发展的空间差异（左冰，2011；杨建明，2009），并探讨旅游基础设施建设、旅游交通可达性、地区经济发展水平、景区资源丰度等方面对旅游空间差异的影响过程与作用机理。

不难看出，学者对区域旅游发展差异进行了大量的有益探索，取得了可喜的研究成果。注重相互联系的网络视角分析日益成为认识要素空间分布的一种崭新研究视角（朱冬芳等，2012；冷炳荣等，2011），然而在上述已有的研究中，研究者大多从区域本身出发探讨区域之间的内在差异，而忽视了不同区域之间存在的相互作用与相互联系的关系。地处东部发达地区的江苏省凭借其丰富的旅游资源、深厚的历史文化和优越的区位条件，旅游业发展始终走在全国的前列。为此，本章将以江苏省为研究案例地，构建分析模型测度不同城市之间的旅游经济联系强度和空间分布格局，并运用社会网络分析方法探讨不同年份江苏省旅游经济网络结构及其演化特征，以期从网络视角科学认知江苏省旅游经济发展的内在差异，为江苏省旅游经济发展战略决策提供理论指导。

2.1 数据来源与研究方法

2.1.1 数据来源

江苏省共有 13 个设区市，根据区位和经济发展程度不同，江苏省可以分成 3 类地区：苏南地区、苏中地区和苏北地区。苏南地区包括 5 个城市：南京市、苏州市、无锡市、常州市、镇江市，苏中地区包括 3 个城市：扬州市、南通市、泰州市，苏北地区包括 5 个城市：徐州市、连云港市、淮安市、盐城市、宿迁市。为分析江苏省城市间旅游经济网络结构的空间特征及其演化过程，本章选取 2004 年、2010 年和 2018 年 3 个年份作为研究的时间截面，研究中所涉及的各市国内旅游接待总人次、国内旅游总收入数据源于 2005 年、2011 年以及 2019 年的《江苏省统计年鉴》。关于江苏省 13 个城市之间的距离，本书选择的是两个城市之间的通过高速公路作为出行方式的最短距离。两个城市间的高速公路距离通过百度地图查询来获取。

2.1.2 研究方法

2.1.2.1 旅游经济联系强度模型

在旅游经济研究中，区域旅游经济联系强度可以有效地表达不同城市之间旅游经济联系的数量关系。该强度可以有效地反映不同城市之间旅游经济的相互作用情况。这样的作用可以概括为两个方面：一是区域旅游中心城市对周边旅游城市的辐射带动情况，二是周边城市对中心城市辐射带动的接受能力。区域旅游经济联系强度的具体计算公式如下：

$$R_{ij}=\frac{\sqrt{P_iV_i}\times\sqrt{P_jV_j}}{D_{ij}^b} \tag{2-1}$$

式中，R_{ij}为i和j两个城市间的旅游经济联系强度；P_i、P_j分别为城市i和j的国内旅游总人次，万人；V_i、V_j分别为城市i和j的国内旅游总收入，亿元；D_{ij}为城市i与城市j之间的距离大小，km；b为距离衰减参数，通常取值为2（冷炳荣等，2011）。

需要说明的是，随着国民收入的稳步提升，可支配收入不断增加，居民的出游动力越来越强，国内旅游发展的步伐日益加快，成为中国旅游业发展的核心力量，对中国旅游业的高质量发展具有十分重要的意义和作用，因而本书以国内旅游收入作为核心分析指标来探讨城市之间的旅游经济联系强度。

2.1.2.2 旅游经济网络评价指标

社会网络分析方法已经在企业管理、经济发展、社会工作、人口流动等诸多学科领域中得到了十分广泛的应用（刘军，2004）。社会网络分析方法能够从网络联系的视角审视各个旅游城市在旅游联系网络中的集聚与扩散关系，科学发现和定位各个城市节点在旅游经济联系网络中所扮演的角色，从而有效地认知区域旅游空间结构及其各个要素的内在联系。本书在构建城市间旅游经济联系强度模型的基础上，通过网络密度、节点中心性、核心-边缘模型等评价指标定量探讨江苏省旅游经济联系网络的结构特征。目前，已有许多网络分析软件集成了包括上述指标的网络分析的算法。本书需要分析的以上3个指标均通过Ucinet社会网络分析软件来进行运算实现。

网络密度。该指标主要从整体上衡量区域旅游经济网络中各个城市节点之间联系程度，可以用联系网络中实际存在连线数与所有理论上可能存在最多连线数的比值来计算获取，具体的计算公式如下：

$$D=\left[2\sum_{i=1}^{k}d_i(n_i)\right]/[k(k-1)]$$

$$d_i(n_i)=\sum_{j=1}^{k}d_i(d_i,d_j) \tag{2-2}$$

式中，D 为网络密度；k 为节点数；d_i（$d_{i,}\ d_j$）为两节点的关系函数，当 i 节点、j 节点间存在直接联系时，d_i（$d_{i,}\ d_j$）值为 1；如果两节点间不存在直接联系，取值为 0。D 值在 0～1，数值越高，说明节点间的联系通道越多，联系也就越密切。

节点中心性。该评价指标主要用于测度各个节点在经济网络中所处的地位。中心性按照定义方式的不同又可以分为 3 种类型：度数中心性、接近中心性和中介中心性。3 个中心性的计算公式分别为

$$C_D(n_i)=\sum_{j=1}^{n}x_{ij} \tag{2-3}$$

$$C_C(n_i)=1/\sum_{j}^{1}d(n_i,n_j) \tag{2-4}$$

$$C_B(n_i)=\sum_{j}^{1}\sum_{k}^{1}g_{jk}(n_i)/g_{jk} \tag{2-5}$$

式中，C_D（n_i）、C_C（n_i）、C_B（n_i）分别为网络中 i 节点的度数中心性、接近中心性和中介中心性，公式中各个指标的具体含义可以参见刘军编著的《社会网络分析导论》一书（刘军，2004）。度数中心性表示旅游经济网络中该节点与其他节点存在联系边的数量总和，它体现了各个旅游城市之间的旅游经济交换和联系情况，直接交换越频繁，度数中心性越高。接近中心性定义为某旅游节点城市到网络中其他所有节点城市拓扑距离之和的倒数，主要用以测算节点城市与网络内其他节点城市联系的紧密程度，该指标可以被用来描述各个旅游城市之间旅游经济联系的畅通程度。中介中心性是指位于旅游经济网络中其他节点城市对最短路径连线上的节点城市数量，主要用于衡量旅游节点城市在旅游经济联系上对其他旅游城市的控制和依赖程度。

核心-边缘模型。运用核心-边缘模型可以清晰直观地判断出各个节点城市在整个网络联系中所处的位置，可以有效地反映旅游节点城市在旅游网络中的核心度，同时可以对节点城市所处的位置进行有效的科学量化分析，核心 边缘区域的识别诊断可以通过 Ucinet 社会网络分析软件中的 Network-core/periphery 模块来计算得出。

2.2 网络特征演化分析

2.2.1 网络密度分析

本书首先根据公式（2-1）测算出各个城市间的旅游经济联系强度，并通过旅游经济联系强度的计算值构建网络联系，得到2004年、2010年和2018年3个年份的江苏省旅游经济网络结构图，如图2-1所示。从图中可以看出，江苏省各个城市之间的旅游经济联系强度在3个年份中呈现出不断增强的态势，苏南地区、苏北地区的旅游经济联系在空间上存在明显的不均衡现象，和以往区域空间差异的分析相一致。但是随着时间的推移，南部和北部城市之间的联系日趋紧密，2004—2018年江苏省旅游经济联系强度平均值增长迅猛，从2004年的996.22增长到2018年的23 667.81，旅游经济联系强度提升较为显著。苏州市—无锡市之间的旅游联系强度在3个年份始终是最大的，说明苏州市和无锡市两个城市之间存在显著的旅游联系，在整个联系网络中具有十分突出的地位；苏州市—常州市、苏州市—南京市等城市之间的联系强度在3个年份也较大，说明相关城市之间亦有着较强的经济联系，其对江苏省旅游发展亦有着较为突出的作用；2010年和2018年南京市和镇江市、扬州市、常州市的联系进一步密切。相对来说，江苏省内发达旅游城市之间旅游合作联系密切，广大的苏北地区，如淮安市、盐城市、宿迁市等城市的对外联系强度较低，旅游联系总体上显得比较滞钝，对区域旅游发展所起的作用不强。

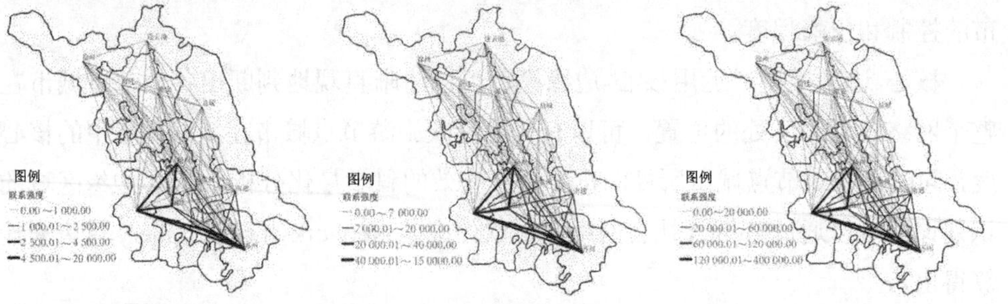

a. 2004年　　b. 2010年　　c. 2018年

图2-1　江苏省旅游经济联系强度

为了进一步分析江苏省旅游经济的网络结构特征，本书以 2010 年江苏省旅游经济平均联系强度为阈值，大于该阈值的设定为存在联系，小于该阈值的则认为城市之间没有直接联系。根据公式（2-2），笔者测算了江苏省旅游经济联系的整体网络密度，计算结果如表 2-1 所示。可以看出，3 个年份的网络密度均在 0.6 以下，但数值从 2004 年的 0.012 8 增加到 2018 年的 0.512 8，说明江苏省旅游经济网络联系并非十分紧密，但网络密度值呈逐渐增大的趋势，这表明各城市之间的连通能力在逐步增强，城市之间的旅游联系日趋紧密。由此可见，江苏省各市之间旅游经济的交流行为越来越普遍，相互合作的程度不断提升，不同城市之间关联彼此的旅游作用力正在逐渐变强。

表 2-1　江苏省旅游经济关系网络密度

项目	2004 年	2010 年	2018 年
网络密度	0.012 8	0.217 9	0.512 8

2.2.2　节点中心性分析

在旅游经济相互联系的网络结构分析中，度数中心性主要用来表征一个旅游城市与网络中其他旅游城市间的相互联系与交换能力程度，接近中心性用来测度网络中城市间旅游经济联系的通畅程度，中介中心性是用来衡量一个旅游城市在旅游经济关系上对网络中其他旅游城市的控制及其依赖程度。通过对 3 类不同中心性的测度，可以有效地衡量各个旅游城市在区域旅游经济联系网络中的地位及其所具有的职能，可以从节点的视角分析探讨网络的空间结构特征。

笔者同样以市域为研究单元，以 2010 年的江苏省旅游经济平均联系强度为阈值，继而测算 2004 年、2010 年和 2018 年 3 个年份各个城市的 3 种不同类型的节点中心度，如表 2-2 所示。可以看出，江苏省旅游经济网络存在较强的不均衡性，核心节点的角色地位突出。进一步分析 3 类中心度的差异及其变化情况，可以发现在度数中心性方面，3 个年份城市的度数中心性大多呈现出上升的趋势，但上升的幅度存在差异，其内部差异却在不断地加大，这一趋势说明江苏省内部各个城市之间的旅游经济联系主要集中在少数旅游核心城市，旅游经济联系呈现出明显的不均衡现象，核心旅游城市在区域联系中扮演着十分重要的角色；苏州市、无锡市、南京市无疑是在全省旅游格局中具有较强的竞争能力的 3 个城市，在旅游经济网络结构中占据主导地位，拥有明显的竞争优势；徐州市、连云港市、宿迁市等地与江苏省其他城市的旅游经济联系相对较少，在区域旅游发展中则相对滞后，在网络中所起的作用不强。

表 2-2　旅游经济网络中心性指标

城市	度数中心性			接近中心性			中介中心性		
	2004 年	2010 年	2018 年	2004 年	2010 年	2018 年	2004 年	2010 年	2018 年
南京市	0	5	11	0	14.118	50	0	0	14.015
无锡市	1	6	10	8.333	14.286	48	0	3.030	7.197
徐州市	0	0	3	0	0	37.500	0	0	0
常州市	0	5	7	0	14.118	42.857	0	0	0.253
苏州市	1	6	11	8.333	14.286	50	0	3.030	14.015
南通市	0	2	6	0	13.636	41.379	0	0	0
连云港市	0	0	2	0	0	36.364	0	0	0
淮安市	0	0	4	0	0	38.710	0	0	0
盐城市	0	0	4	0	0	38.710	0	0	0
扬州市	0	5	9	0	14.118	46.154	0	0	3.662
镇江市	0	5	7	0	14.118	42.857	0	0	0.253
泰州市	0	0	6	0	0	41.379	0	0	0
宿迁市	0	0	0	0	0	0	0	0	0
均值	0.154	2.615	6.154	8.333	14.097	42.826	0	0.466	3.030
标准差	0.361	2.588	3.348	0	0.202	4.555	0	1.093	5.105
最小值	0	0	0	8.333	13.636	36.364	0	0	0
最大值	1	6	11	8.333	14.286	50	0	3.030	14.015

在接近中心性方面，2004 年只有无锡市、苏州市这些知名旅游城市之间的旅游经济联系较为畅通，2010 年新加入的城市有南京市、常州市、南通市、扬州市

和镇江市，这些城市均分布在长江两岸的苏南地区和苏中地区，但是还没有一个苏北城市加入，这种现象说明旅游经济联系还是仅限于区域的局部平衡，无法在大范围内有效地进行旅游地之间相互作用及影响的研究。

在中介中心性方面，2010—2018 年增幅十分明显，这表明江苏省旅游经济联系主要发生在苏州市、无锡市、南京市、扬州市等少数城市之间，这几个城市在江苏省旅游经济发展中扮演着举足轻重的重要角色。

总体来说，通过对上述 3 种不同类型中心性的分析，可以看出苏州市在江苏省旅游经济网络中处于核心的领导地位，与其他城市之间的旅游联系较为畅通；苏南地区城市之间的旅游联系亦比较紧密，已经达到了区域内部健康稳定发展的水平，这些城市对省内其他城市的辐射影响较大；与此相反，苏北地区旅游发展整体滞后，与苏南地区、苏中地区的旅游经济联系不足，同时苏北地区内部城市之间的联系也较为薄弱。

2.2.3　核心-边缘分析

通过以上城市间旅游经济联系强度分析，进一步探讨江苏省旅游发展的核心-边缘结构特征，将江苏省 13 个设区市划分为核心区域、半核心区域、边缘区域 3 种类型区域，划分结果如图 2-2 所示。从划分结果中可以看出，江苏省的旅游经济在 3 个年份中均呈现出明显的核心-边缘结构。2004—2018 年江苏省旅游经济网络中的核心区域基本保持不变，核心地区均分布在经济发达的苏南地区，边缘地区均分布在经济欠发达的苏北地区。具体到各个设区市，无锡市、苏州市始终处于江苏省旅游经济网络结构中的核心位置，南京市在 2010 年和 2018 年两个年份处于核心地区，核心区对周边地区有着较强的辐射作用；半核心区域主要包括以下区域：南通市、扬州市、镇江市、泰州市等，该类区域处于核心区域的周边，明显受到核心旅游城市的辐射和影响。苏北地区 5 个设区市离旅游经济网络核心区域较远，旅游资源较为匮乏，景区开发不力，地区经济发展水平不高，居民的出游能力较弱，因而在网络中处于边缘地区。总体来说，江苏省旅游发展的核心-边缘结构特征明显，在空间上呈现出明显的不均衡现象。

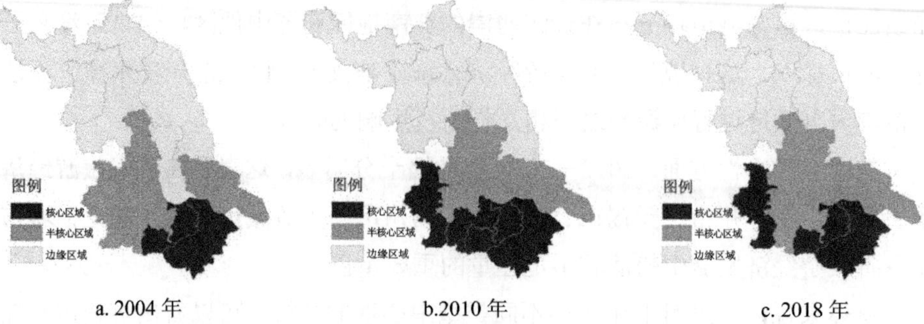

图 2-2 江苏省旅游经济核心-边缘结构

核心旅游地区对全省旅游经济发展的贡献较大，辐射作用效果也十分明显，地位较为突出，功能显著，主导着全省的旅游发展，对江苏省旅游经济稳定健康发展有着至关重要的作用；半核心旅游地区在串联城市旅游经济活动中起到转承作用，和核心旅游地区相辅相成，同时又是核心地区向边远地区辐射传导的重要通道；边缘旅游地区则由于自身资源或区位条件的制约，旅游经济发展规模不大、能级不高，主要依赖于接受其他核心城市的辐射影响，本身旅游发展的自主性、独立性不高，但是旅游开发的潜力较大。虽然城市间的旅游经济联系和合作不断增多，区域之间的发展差异也有所缩小，但在区域空间上的差异依然较大，苏南地区、苏中地区内部的旅游联系相对较大，而苏北城市之间的联系则相对滞后，在网络中的参与性有待进一步增强。在未来的旅游发展中，应该逐步加强核心旅游地区和边缘旅游地区之间的旅游合作，进一步发挥苏南地区的旅游辐射带动作用，推动苏中地区和苏北地区旅游发展，增强苏北地区旅游经济增长的动力，加大苏北地区旅游资源的开发力度，提升苏北旅游经济规模量级，实现江苏省内部旅游经济的平衡发展。

2.3 旅游经济网络结构的影响因素分析

江苏省旅游经济网络结构呈现出明显的空间分异特征，且在不同发展时期，这样的空间分异呈现出一定的稳定性。为什么会存在这样的空间分异？旅游经济网络结构特征的影响因素是什么？本书拟从旅游资源禀赋、经济社会发展水平、道路交通条件 3 个方面来进行进一步的阐述。

2.3.1　旅游资源禀赋

旅游资源是发展旅游业的根本和基础，是旅游业发展的必要条件，因而旅游经济发展水平受区域旅游资源禀赋的影响很大，旅游资源的禀赋条件直接决定着景区开发和区域旅游经济的发展。苏州市、无锡市、南京市等苏南城市拥有丰富的旅游资源，且这些地区经济和区位条件较好，旅游开发建设也相对较为成熟，该地区拥有众多的 5A、4A 等高等级景区，旅游经济发展水平在全省始终居于领先地位，在江苏省旅游经济网络中具有非常强的影响力和竞争力，这几个城市之间的旅游经济联系也十分紧密。与苏南地区相比，苏北地区的旅游资源相对较为匮乏，在江苏省旅游经济网络结构中处于边缘地位，与其他城市的旅游经济联系紧密度也较弱。

江苏省旅游等级较高的景区大多数分布在旅游资源较为丰富的苏南地区，旅游经济发展存在明显的空间不均衡性：苏北地区旅游发展水平较低，而苏南地区旅游发展水平较高。截至 2021 年年底，江苏省共有 24 家 5A 级旅游景区，数量居全国省区第一位，苏南地区、苏中地区、苏北地区分别拥有 5A 级旅游景区 16 家、4 家、4 家，整个苏南地区的 5A 级旅游景区数量占全省的比例达到 66.66%，这也在一定程度上说明了旅游资源禀赋及有效地对其进行开发利用是一个地区发展旅游产业的重要基础。

2.3.2　经济社会发展水平

旅游产业的发展始终离不开旅游地所在区域的经济社会发展水平，社会经济的发展影响着旅游地的建设和发展，进而影响旅游地在旅游经济网络中的功能和地位，决定旅游经济空间的相互作用度数以及网络结构的发育水平。旅游业作为现代服务业的重要组成部分，同时又与第一产业、第二产业具有高度融合性，诞生了工业旅游、乡村旅游等新型的旅游业态。这些新的旅游关联产业具有密度高、带动强、发展快的产业特征，且易于形成旅游产业集群，产生规模效应。

南京青奥会、苏州世乒赛等重要节事活动的举办对所在城市的旅游产业经济、品牌建设具有重要的推动作用。2004—2018 年，江苏省国内旅游总收入增长了

8.10 倍，旅游接待总人次也增长了 4.90 倍，旅游经济联系总量大幅增长了 22.76 倍。在快速增长的同时，江苏省经济发展的内部差异依然巨大。以 2018 年为例，江苏省设区市生产总值（以下用 GDP 表示）排名前 3 的分别是苏州市、南京市和无锡市，全部位于苏南地区；排名靠后的 3 个设区市全部位于苏北地区，分别为宿迁市、连云港市和淮安市。数据结果显示江苏省地区经济发展存在较大的区域差异，南北差异较大，苏南地区经济发展水平较高，发展速度较快，人均 GDP 也位居全省前列，相对来说苏北地区的发展就显得比较滞后。从区域差异格局来看，江苏省国内旅游发展格局与经济发展格局具有较好的空间耦合特征，即经济发展越好的地区，旅游发展水平越高，反之经济发展越落后，旅游发展水平也就越低。

区域经济发展水平对地区旅游发展的影响可以概括为两个方面：从供给角度来说，区域经济较为发达的地区，有着较好的经济发展水平和财政收入，这些地区拥有更多的资金用于区域高级别旅游景区的开发建设，推动业态的融合创新，从而可以提供更加丰富多样的旅游产品，促进区域旅游经济发展，用高水平供给推动旅游产业的转型升级；从需求角度来说，一个地方经济越发达，居民的收入越高，居民的出游动机也就越强烈，该地区的旅游需求也就越旺盛，由于受到出游时间的限制，长距离的旅游出行相对较少，而大量的旅游行为出现在城市的周边地区，因而发达的经济催生了大量的旅游需求，也为本地的周边游提供了巨大的市场，进而带动本地的旅游发展。

2.3.3 道路交通条件

旅游交通的通达性是旅游业发展的又一至关重要的条件，优越的道路交通条件是对外发生旅游活动联系的重要前提和根本保障。便捷的交通将大大压缩旅游客源地和旅游目的地之间的时空距离，可以有效改善游览者原有的心理距离，带来时空收敛效应，有助于扩大旅游流动，增强城市间的区域旅游联系，从而影响区域旅游经济活动在未来的发展走向。随着经济发展的不断深入，基础设施投资不断加大，江苏省交通基础设施持续完善，出行条件得到明显改善，立体化的综合交通网络体系正逐步形成。与此同时，我们也要清楚地看到，江苏省内部交通便捷程度仍然存在较大的差异，苏中地区和苏北地区的交通体系建设依然落后于经济发达的苏南地区。

在公路方面，江苏省高速公路建设始终走在全国的前列。苏南地区高速公路纵横交错、路网密集，已形成了以沪宁、沿江、宁杭等为骨架的高速交通网络体系，路网密度在江苏省居于领先地位；苏中地区、苏北地区虽然也建设了徐连、宁连、徐盐、京沪等主要高速交通线路，但整体网络密度仍然明显低于苏南地区，快速路网体系还处于快速发育阶段，高速公路网络系统还需要进一步加密完善，以方便游客的进入和本地居民的出行。公路方面的差异使得苏南地区的居民出行优于苏北地区。

在铁路方面，高速铁路的建设对时空距离的压缩更为强烈，极大地改变了居民原有的出行方式，扩大了高铁沿线城市之间的人员流动，同时也大大增强了旅游活动的空间流动性，使高铁游成为沿线旅游者的重要选择。已通行的沪宁高铁、京沪高铁、宁杭高铁等主要干线高铁主要位于苏南地区，使苏南地区城市之间的联系变得更加便捷。与此同时，苏中地区和苏北地区的高速铁路建设相对苏南地区而言起步较晚，苏中地区的宁启铁路经过改造，但其通行速度仅为 200 千米/小时，苏北地区的连淮扬镇、徐宿淮盐等铁路的建设完成，对沟通苏南地区、苏北地区具有一定的连接效果。苏南地区和苏北地区的铁路，特别是高速铁路建设依然存在明显的差异，苏北地区滞后于苏南地区，也进一步拉大了苏南地区与苏北地区之间的交通出行差距。

由此可见，苏州市、无锡市、常州市等城市位于苏南交通网络结构的中心位置，与长三角地区其他城市联系便捷，这给苏锡常旅游圈的发展提供了得天独厚的交通条件，使其成为江苏省旅游经济的核心区域。

2.4　本章小结

本章基于相关统计数据，构建了旅游经济联系强度模型，运用社会网络分析法，从旅游经济网络视角研究江苏省旅游经济的网络结构，分析江苏省旅游经济网络结构空间特征以及演化特征，探讨江苏省各设区市在全省旅游经济网络结构中的角色与功能，以期能够全面把握江苏省的旅游经济特征，引导江苏省旅游协调、健康、高质量地发展。

研究结果显示江苏省旅游经济网络密度在 3 个年份中不断变大，但江苏省旅游经济网络结构的不均衡性依然较强，核心节点角色突出。苏州市、无锡市、南京市等苏南城市处于江苏省旅游经济网络结构的核心位置，并对南通市、扬州市、镇江市、泰州市等处于半核心地区的城市形成有效的辐射和影响。在此基础上，本章进一步从旅游资源禀赋、经济社会发展水平、道路交通条件 3 个方面对影响江苏省旅游经济发展的网络演化的因素进行深入分析。研究结果表明一个地区旅游资源越丰富，社会经济发展水平越高，交通基础设施越完善，该地区旅游经济发展条件也就越优越，在整个经济网络中的地位也就越高。

本章主要从宏观角度来探讨分析江苏省旅游经济网络结构及其演化，研究尚存在一定的局限性。旅游经济网络结构是不同城市之间旅游经济相互作用、相互影响的结果的综合反映。本书对旅游经济的影响因素和制约条件的分析尚不够全面，主要从旅游地客观的角度进行考虑，未对旅游者的旅游动机和行为偏好等主观因素进行分析。在以后的研究中，可以加强对比研究，扩大研究范围，尝试着将旅游者的主观因素考虑进来，力求更加科学地分析不同城市在旅游经济网络中的角色和功能定位。

第 3 章 江苏省旅游经济发展时空格局

3.1 旅游时空格局研究背景

随着社会经济的快速发展，旅游业已经发展成为全球经济体系中增长势头最为强劲、产业规模最大、社会贡献度最高的朝阳产业之一，旅游业日益凸显出它在全球经济及在各个国家产业体系中的重要地位（Yang et al.，2014）。旅游业的整体发展以各个目的地国家的经济发展水平为基础，并受到其经济发展水平的制约。与此同时，旅游业产业的发展质量又直接或间接地促进和影响着国民经济中相关产业的发展（Pratt，2015）。旅游业的一个重要特点在于其综合性，因而旅游业涉及的面比较广，具有明显的经济效益和社会效益。旅游业的高质量发展能够有效地促进地区产业结构的调整和优化，为社会提供大量的就业机会，从而可以显著地提高当地的经济发展水平以及居民的物质和文化生活水平。

旅游业的重要作用，使得区域旅游经济发展始终受到研究者的广泛关注，成为旅游研究的热点问题之一（Song et al.，2012）。研究主题涉及很多方面：如旅游发展的影响因素方面分析，这些因素主要包括旅游吸引物、国际贸易、经济扩张、基础设施等要素（Yang et al.，2014）；旅游发展带来的经济、社会、环境等方面影响，在促进地区经济发展的同时，也带来了许多社会和环境问题（Cárdenas-García et al.，2015；Pratt，2015）；旅游发展和其他要素的相互关系，如交通基础系统、对外直接投资等都极大地促进了区域旅游经济的发展（Khadaroo et al.，2007；Chen et al.，2015；Albalate et al.，2016；Samimi et al.，2017），而政治不稳定会阻碍区域旅游健康发展（Saha et al.，2014）；全球化、城市化极大地激发了居民的旅游需求，促进了区域旅游发展，特别是发展中国家的旅游发展（Rutty et al.，

2015；Luo et al.，2016）；有学者从演化经济的视角，探讨区域旅游发展过程（Brouder，2014）；还有学者从网络的视角分析区域间的旅游合作，认为区域旅游合作能够为合作的参与者提供潜在的经济利益（Zee et al.，2015）。与此同时，旅游业也在不断努力寻求新的分析方法、分析工具和理论观点，以更好地理解区域旅游发展，解释其运行规律（Song et al.，2012）。

时空这两个维度是认知社会文化、政治与经济活动的基本框架，旅游活动也不例外，可以从这两个维度进行探讨（Hall，2005）。区域旅游经济发展是一个复杂的巨系统，并置于一定的时空框架之中，因而空间和时间是无法忽略的两个维度。在空间维度方面，建立在旅游要素基础上的旅游产业、旅游活动均以空间为载体，旅游发展在空间上呈现出不同的状态格局，同时又受到空间的影响。在格局研究上，学者注重于空间异质性的探讨，以中国为例，分析了旅游发展的空间异质性以及不同地区的发展模式存在的差异（Yang et al.，2014）；利用 GIS 和 ESDA 方法分析了旅游供给要素的空间分布格局（Sarrión-Gavilán et al.，2015）；利用全要素效率（TFP）模型分析了旅游发展效率的空间差异及其成因（Zha et al.，2017）；利用 SAM 模型分析了旅游发展和居民收入之间的空间不平等性（Incera et al.，2015）。在格局分析的基础上，学者尝试探讨区域旅游发展的空间集聚特征、集聚效应及各区域和比邻区域的相互关系（Majewska，2015；Karmanova et al.，2015），进而分析旅游发展过程中的溢出效应（Lazzeretti et al.，2009；Ma et al.，2015）。在旅游发展的空间影响方面，学者尝试引入空间滞后模型（SLM）和空间误差模型（SEM）（Anselin，1988；Can，1992；Dubin，1992）来进行分析，借助 SLM 分析了意大利地方旅游增长动力（Capone et al.，2008）；利用 SEM 模型很好地分析了区域旅游发展和居民收入分配之间的相互关系（Marcouiller et al.，2004）。

在时间维度方面，一个地区的经济发展总是会受到该地区原有经济发展基础的影响（Pike et al.，2017），旅游经济发展亦是如此，理解区域发展历史与发展背景有助于深刻认知一个区域当前和未来的旅游发展（Saarinen et al.，2017）。在时间维度分析中，最为著名的分析模型就是探讨旅游地演化的旅游地生命周期模型（TALC）。该模型由 Butler 在 1980 年提出（Butler，1980），该模型在旅游目的地的分析中得到了广泛的应用，用于分析不同类型目的地的发展过程。亦有学者利用时间序列数据，分析了旅游业发展过程及其对区域经济增长的内在贡献，以希腊这一重要的旅游国家为例，分析得出旅游业发展对希腊整个国民经济发展有着重要的贡献（Dritsakis，2004）；探讨了墨西哥旅游业的发展对经济增长的促进作用，研究认为旅游业有着较大的贡献（Brida et al.，2008）；以马来西亚为例，深入分析了旅游业和经济发展之间的内在关系（Tang，2011）。也有学者运用不同年份的普通面板数据，分析旅游发展过程及其影响因素问题，利用面板数据分析了非洲旅游业发展对该地区经济增长的影响（Fayissa et al.，2008），借助面板数据详细阐述了巴西旅游业发展过程及其影响因素（Brida，2011），利用面板数据分析了经合组织和非经合组织国家之间旅游业发展差异的演化过程（Lee et al.，2008）。与此同时，学者还尝试在时间维度分析中引入时间滞后因素，利用 ADL 模型（Li et al.，2011）、TVP-ECM 模型（Li et al.，2006）来分析历史基础水平对旅游经济发展的影响。

在空间和时间分析的基础上，研究者尝试从时空结合的视角进行更为深入的分析，主要关注于旅游产业和旅游业发展的时空差异、时空关系等。以中国为例，研究者分析了 1991—2010 年中国入境旅游发展的时空差异（Wang et al.，2015）；利用 SAM 模型分析了不同旅游发展阶段，旅游在降低居民收入差异中所起的作用（Li et al.，2016）；利用 GIS 空间分析技术和数理统计方法探讨了酒店产业与交通设施、景区要素等之间的时空关系（Li et al.，2015）；通过对企业进行问卷调查，从时空结合的视角对旅游发展进行动态监测，以便更好地促进目的地旅游产业的可持续发展（Sijtsma et al.，2015）。

通过以上分析，可以发现学者在旅游发展的时空方面研究给予了足够的学术关注，取得了较为丰硕的研究成果，但是有两个问题值得进一步的思索。第一个问题是旅游业发展影响因素的全局性（global）和局部性（local）问题。Tobler 认为地理空间要素总是存在近邻效应，距离越近，要素之间的联系也就越发紧密（Tobler，1970）。毫无疑问，作为区域经济的一个重要组成部分，区域旅游业发展和其他区域经济发展类型一样，存在要素的空间依赖、时间依赖，并且这样的依赖存在空间异质性。然而在以往的分析中，研究者往往认为这样的影响因素是稳定的，并可以利用全局回归模型来探讨相关因素对区域旅游业发展的影响。然而在现实世界中，有些影响要素在空间上的作用强度是存在差异的，即存在空间不平稳性，因而学者开始关注旅游业发展影响要素的地区属性，并利用传统的 GWR

分析模型（Fotheringham et al.，2002）和SALE模型（Pace et al.，2004）来进行非稳定性探讨，利用国内高速公路交通收费数据，刻画了区域交通流量的空间特征，进而分析了旅游交通碳排放影响因素的空间异质性（Jin et al.，2017）；以美国为例，探讨了旅游业发展在解决农村贫困方面的空间差异（Deller，2010）。但是在这些分析中，所有的影响要素均被认为是非平稳的，存在空间异质性。现实世界中，全局因素和局部因素均是普遍共存的，即同时存在全局和局部影响因素，因而无论是将所有要素看成平稳的，还是均将其全部视为非平稳的，都存在明显的分析缺陷（Yao et al.，2016），因而需要从局部和全局相混合的综合视角来深入研究区域旅游业发展的影响因素，而不是将全局要素和局部要素割裂开来，进行孤立的要素分析。

需要关注的第二个问题是时空滞后及其时空滞后的局部性问题。在区域旅游业发展的影响要素分析中，不仅要考虑相关要素的影响，而且要思考一个区域的自身发展水平及其周边区域旅游过往的发展基础带来的影响（Pike et al.，2017）。周边区域的影响往往通过相邻区域的发展水平来进行计算分析。一个区域的旅游发展受到邻域发展基础的影响有多大呢？在不同区域的邻域影响是否存在空间异质性呢？要回答这两个问题，就需要进一步探讨邻域空间的时间滞后性问题，即从空间和时间的综合视角来构建时空滞后变量。在此基础上，需要进一步探讨时空滞后变量的空间非平稳性问题，即分析时空滞后变量对区域旅游发展影响的空间异质性及其这样的异质性如何随着时间的变化而变化。

经过改革开放40多年的发展，中国已发展成为世界上第二大经济体。当然在现阶段，中国面临着产业结构的调整，包括传统经济制造业的转型升级，以及现代服务业的高质量转型。与此同时，快速的城市化和居民收入水平的大幅提高，极大地激发了居民的旅游需求，旅游业已发展成为中国国民经济的战略支柱性产业，对国家和地区经济发展起到重要的推动作用（Huang et al.，2016）。进入21世纪以来，中国旅游业也进入了发展的“快车道”，中国的国内旅游者数量在2016年达到了44.40亿人次，旅游收入更是达到了3.94万亿元。旅游产业的快速发展对旅游研究同样提出了新的挑战，研究者们遇到了很多新的问题。目前中国旅游研究主题日益广泛，包括但不限于旅游数据收集和分析建模、目的地管理与规划、区域旅游发展影响等研究主题（Zhou et al.，2015；Tseng et al.，2015；Zhang et al.，2017）。中国乃至国外的旅游业学者以这一快速发展的经济体为理论和实证分析的案例地，使得中国成为促进全球旅游研究更进一步发展的关键地区（Zhong et al.，2015）。

为了解决以上分析中存在的两点不足，本章以旅游业快速、高质量发展的江苏省为案例地，来探讨区域旅游发展中时空异质性问题。本章分析的主要贡献在于利用半参数的 GWR 模型，在考虑时空滞后变量的基础上，从全局和局部相混合的视角，探讨区域旅游发展和相关影响因素之间的时空关系。半参数 GWR 分析模型已被应用于解释各种要素空间分布的成因：如区域房价成因（Yao et al.，2016）、酒店价格形成（Latinopoulos，2018）、人口分布（Huang et al.，2018）等问题，分析结果表明半参数 GWR 分析模型具有很好的解释性。本章的主要研究框架组织如下：首先介绍了相关数据收集以及半参数 GWR 分析模型分析方法。其次，利用半参数 GWR 模型探讨了影响区域旅游发展的相关变量的时空特征及其作用的异质性。最后，在结论和讨论部分总结了本章的主要发现和潜在贡献。以期通过本章的分析，使读者更好地认识区域旅游发展的过程和相关的影响因素作用机制。

3.2 数据来源和研究方法

3.2.1 数据来源

随着中国经济的快速发展，居民可支配收入日益提升，居民的旅游需求也日益强烈，国内旅游业在中国旅游产业发展中占有越来越重要的地位，这也是旅游业在中国扩大内需、构建双循环新发展格局的一个重要的体现。以江苏省为例，2014 年国内旅游收入占全省旅游总收入的比重达到了 97.69%（江苏省统计局，2015），由此可见国内旅游在整个旅游产业发展中的重要地位，因而本章依然选择国内旅游收入作为江苏省各个县域单元旅游产业发展的重要评价指标。作者获取了 2010—2014 年江苏省各个县域单元尺度的国内旅游收入数据（江苏省旅游局，2015）。

图 3-1 描述了 2014 年江苏省各个县域的国内旅游收入分布情况，2014 年国

内旅游收入最高的单元为南京市区，收入值达到了 1 376.78 亿元；国内旅游收入最少的县域单元为丰县，收入值仅有 1.45 亿元。从图 3-1 中可以看出，江苏省国内旅游收入呈现出明显的空间分异特征，具有较强的空间不均衡性，高收入的县域单元主要分布在苏南地区，而苏北地区的国内旅游收入普遍较低，高值地区和低值地区的集聚特征较为明显。表 3-1 总结了 2010—2014 年 5 个研究年份的江苏省国内旅游收入基本情况：包括各个县域单元旅游收入的最大值、最小值、平均值及其标准差。从表 3-1 中可以看出，国内旅游收入在各个研究年份实现了稳步增长，各个指标均呈现出了明显上升的趋势，如各个单元的旅游收入最大值从 2010 年的 830.22 亿元快速增加到 2014 年的 1 376.78 亿元，增加了 65.83%；各个单元的旅游收入最小值从 2010 年的 0.46 亿元增加到 2014 年的 1.45 亿元，各个单元国内旅游收入的平均值也从 2010 年的 78.76 亿元增加到 2014 年的 135.88 亿元。江苏省国内旅游收入呈现出稳步增长态势，且保持较快的增长速率，这也表明旅游产业在江苏省国民经济体系中占有的地位越来越重要，对拉动社会经济发展的动力越来越足。

在区域旅游发展的影响因素分析中，研究涉及的数据可以概括为两大类：一类是空间因素，如各个县域之间的空间距离，本章同样将两个县域之间的最短公路距离设为县域之间的空间距离，该数据通过百度地图（https：//map.baidu.com/）的距离量算获取；另一类数据是县域尺度的社会经济统计数据，如旅游收入、人口规模、地区生产总值等，这些数据源于江苏省统计年鉴和江苏省旅游统计调查结果。

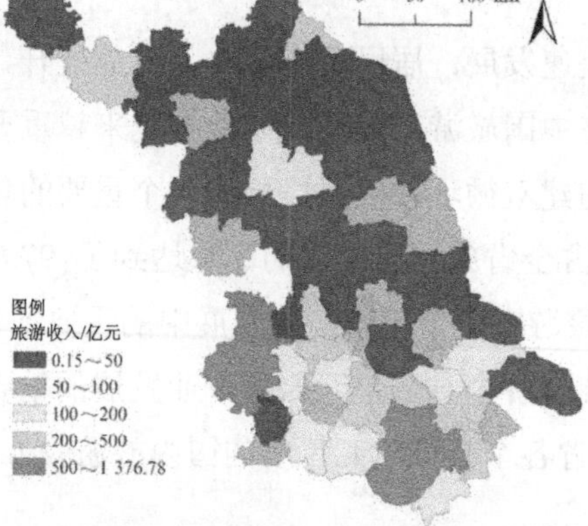

图 3-1　2014 年江苏省各县域的国内旅游收入分布情况

表 3-1 旅游收入统计参数

年份	旅游收入/亿元			SD
	最大值	最小值	平均值	
2010	830.22	0.46	78.76	147.144
2011	961.92	0.51	94.13	172.852
2012	1 098.11	0.71	110.10	201.167
2013	1 234.53	1.06	124.99	217.248
2014	1 376.78	1.45	135.88	235.469

3.2.2 研究方法

本章利用空间混合模型中的半参数地理加权回归模型（GWR）来分析区域旅游发展中的时空变量问题及全局性变量、局部性变量问题。传统的 GWR 模型是用来分析空间变量异质性的经典模型之一，半参数 GWR 模型是传统 GWR 模型的拓展和延伸（Fotheringham et al.，2002；Nakaya et al.，2005）。在本章的研究中，利用半参数 GWR 模型，在全局和局部两个层面去分析区域旅游经济发展与相关因素在空间上相互关联的异质性，并比较传统的全局回归模型、GWR 模型以及半参数 GWR 模型的回归结果的差异，分析判断回归结果的拟合情况，选择其中拟合最优的模型作为解释模型。

在介绍半参数 GWR 模型之前，有必要先来回顾一下全局回归模型和传统的 GWR 模型。以往区域旅游发展分析的全局回归模型可以用公式（3-1）来表示：

$$T_i = \sum_j \beta_j X_{ij} + \varepsilon_i \tag{3-1}$$

式中，地区 i 和地区 j 为观测值；T 为 i 地区的旅游收入，万元；X 为协变量；β 为各种协变量的参数；ε为误差项。

在公式（3-1）中，所有数据变量均被认为是全局变量，获得的参数估计值也被假设是在空间上绝对稳定的，其对被解释变量的作用效果是相同的。本书认为县域旅游的发展往往会受到空间的影响，呈现出明显的空间集聚特征。此外，在旅游经济发展的集聚区附近往往会形成一个自我组织的特殊区域，呈现出空间上的差异，而且不同影响因素的作用在不同县域单元上会呈现出不同的结果，作用效果存在空间差异，即存在空间异质性。

由于在以往的研究中，全局回归模型的分析忽视了前述的空间非平稳性，因而全局解释模型无法捕捉到复杂的空间非平稳性。因此，为了解决这一问题，需要找更灵活的空间分析模型。地理加权回归模型是一种能够有效捕捉空间过程变化的局部建模技术（Fotheringham et al.，2002），其计算模型可以用公式（3-2）来表示：

$$T_i = \sum_j \beta_{ij}(u_i, v_i) X_{ij} + \varepsilon_i \tag{3-2}$$

式中，（u_i，v_i）为第 i 次观测值在空间上的地理位置；参数β_{ij}（u_i，v_i）为第 i 次观测到的（u_i，v_i）的函数。

这些局部参数往往利用定义的周围邻居数据来进行参数估计，且周边数据的空间权重往往通过高斯模型或者双平方（bisquare）模型来进行定义，来解决距离带来的影响差异。通过优化带宽来选择合理的相邻数量值（Fotheringham et al.，2002）。带宽的优化方式有两种：一种是基于空间距离，即通过距离阈值来选择参与估计的数量，其参与估计的样本数量是存在差异的；另一种是利用临近单元的数量来确定，通过选择最临近单元的数量来进行系数估计，但是在空间距离上可能存在较大的差别。

传统的 GWR 模型虽然克服了全局模型的限制，但是却只注重于分析不同影响因素在空间作用上的差异，并且假设这些影响因素均是非平稳的变量。在现实世界中，影响区域旅游发展的要素是复杂多样的，可能既有在全局层面具有显著意义的影响因素，又有在局部层面具有显著意义的影响因素，因而需要从全局和局部两个层面来进行综合的考虑。扩展后的半参数 GWR 模型可以有效满足这样的分析需求。半参数 GWR 统计分析模型允许一些参数在空间上是固定的，即全局变量，而其他参数在空间上是变化的，即局部变量，这样可以同时表征平稳和非平稳的空间关系和过程（Yao et al.，2015），可以用公式（3-3）表示：

$$T_i = \sum_k \gamma_k X_{ik} + \sum_j \beta_{ij}(u_i, v_i) X_{ij} + \varepsilon_i \tag{3-3}$$

式中，k 为与区域旅游收入相关的全局协变量数；j 为与旅游收入相关的局部协变量数，其他变量的含义和上述公式中的含义相同。

在本章的分析中，公式（3-3）将被用来重点分析区域旅游发展的影响因素作用效果。

在进行分析之前，首先要通过共线检验来进行变量的筛选工作，从而剔除不必要的共线变量。此外，还有两个问题需要进一步地解释说明，一是权重矩阵的设定问题，二是最优模型的选择问题。本章我们利用双平方模型来进行距离权重矩阵的定义。最优模型校正选择，涉及带宽优化、全局和局部变量选择，我们利用 AICc 值来进行最优模型的判定（Akaike，1974）。AICc 方法已被广泛地用于校正模型选择，AICc 数值越小，表明模型的拟合结果越好。公式（3-3）中的权重矩阵设定、带宽优化、变量选择、参数估计都可以在 GWR 4 软件中进行计算分析。

在影响因素的选择方面，传统的分析模型中往往只关注目的地资源、客源市场和交通距离这 3 个影响因素（Leiper，1990），本章在此基础上进一步考虑了目的地周边单元旅游发展基础对目的地发展的影响情况，增加了有关于时空滞后因素的分析。在目的地影响因素方面，本章选择了常住人口、地区生产总值、固定资产投资、社会消费品零售总额、景区分值等分析指标；本书将客源市场和交通距离综合起来进行考虑，构建了两个综合指标：加权平均经济距离和加权平均人口距离。区域经济发展总是受到时间和空间的影响，存在时空滞后特性，为此本书构建了时空滞后因素，来反映一个旅游目的地单元的发展对周边区域旅游发展情况的时空依赖。在进行回归分析前，本书首先利用统计产品与服务解决方案软件（SPSS）对所有变量进行共线性检验，剔除了方差膨胀因子（VIF）大于 10 的变量，消除共线变量的影响，最终筛选得到 GDP、景区分值、加权平均经济距离和时空滞后 4 个影响因素，并以此来进行进一步的解释分析。需要说明的是，为了便于比较不同变量的参数估计，需要对各个变量进行标准化处理，本书选择标准差标准化来进行数据预处理。

接下来，进一步阐述选取的 4 个分析变量，X_1 为观测单元的 GDP，以此来表示区域单元的经济发展情况对旅游发展的影响。X_2 为景区分值，代表一个区域的旅游吸引能力，景区分值利用单元内的 A 级旅游景区（中国的旅游景区被划分为 5 个等级，5A 等级最高，1A 等级最低）数量及其等级加权求和计算得到，1A～5A 的权重分别被设定为 1 分、2 分、3 分、4 分和 5 分（Huang et al.，2017）。X_3 为加权平均经济距离，综合表达距离影响下的客源市场情况。X_4 为时空滞后因素，表示一个区域旅游经济发展对周边旅游发展的时空依赖情况。本书将观测单元周边相邻县域上一年国内旅游收入的平均值作为该单元的时空滞后因素，相邻县域定义为存在边界的所有县域单元。计算如公式（3-4）所示：

$$WD_i = \sum_j E_j d_{ij} / n \tag{3-4}$$

式中，WD_i 为加权平均经济距离；E_j 为第 i 个观测单元的 GDP 数值；d_{ij} 为两个县域单元政府所在地之间的最短公路里程距离，该距离同样利用百度地图测算得到。

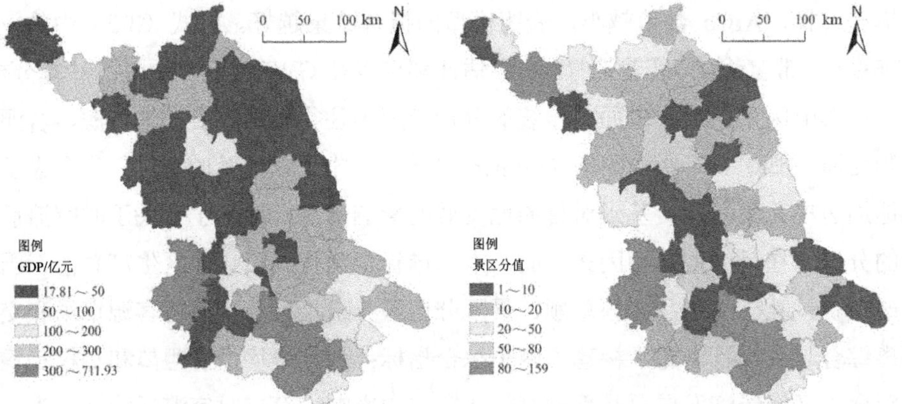

a. GDP　　b. 景区分值

c. 加权平均经济距离　　d. 时空滞后因素

图 3-2　变量的空间分布特征

图 3-2 给出了 2014 年度 4 个影响因素统计和计算结果的空间分布情况。江苏省县域单元经济发展的空间分异特征明显，江苏省南部地区经济发展较好，而北

部地区经济发展明显落后。在景区分值上，内部空间差异特征同样十分明显，南部部分县域旅游景区开发较好，如苏州市区、南京市区、无锡市区和常州市区等，而北部大部分县域单元的景区分值较低，仅徐州市区的分值在 80 分以上，总体来说，苏北地区缺乏重要的旅游吸引物。加权平均经济距离数值较小的区域偏向于江苏省南部的中心区域，该区域具有更好的旅游发展区位优势，接近于客源市场，这也从侧面反映了江苏省经济重心向南偏移的现象，苏南地区在江苏省经济中所占的比重较高；相反，江苏省北部加权平均经济距离数值较大，远离经济重心，旅游发展的客源市场潜力较小。时空滞后因素的计算结果南北差异同样十分明显，南部区域时空滞后因素数值明显地高于北部地区，说明苏南地区县域的周边邻域的旅游发展水平整体优于苏北地区。

3.3 结果分析

3.3.1 全局回归结果分析

为了便于比较全局模型、GWR 模型以及半参数 GWR 模型 3 个模型中，哪一个模型更适合于解释区域旅游发展的影响因素，我们需要对 3 个模型的计算结果进行进一步的比较分析。首先，我们利用全局回归模型计算了区域旅游发展和影响因素之间的作用关系。研究涉及 2010—2014 年的数据。由于 2010 年缺少时空滞后因素数据，无法进行时空滞后因素参与的回归进行分析，所以笔者利用最小二乘线性（OLS）方法估计得到了 2011—2014 年 4 个年份的全局回归模型，参数估计结果如表 3-2 所示。

表 3-2 全局模型参数估计

年份	常数项	β_1	β_2	β_3	β_4	Adjusted R^2
2011	95.323*	74.314*	83.729*	−4.944	−1.333*	0.788
2012	111.290*	80.942*	82.723*	−19.682	−14.523*	0.783
2013	127.430*	119.938*	90.652*	−18.878	−16.908*	0.790
2014	126.715*	135.917*	86.277*	−8.610*	−3.420*	0.810

注：* $p<0.05$。

从表 3-2 中的估计结果来看，4 个年份的决定系数 R^2 均在 0.8 左右，最小的为 0.783，最大的为 0.810，说明 OLS 全局回归模型对区域旅游发展情况具有较好的解释性。其中 GDP（β_1）、景区分值（β_2）和时空滞后（β_4）对区域旅游收入具有非常显著的影响，均能通过 5%水平的显著性检验，而加权平均经济距离（β_3）只是在 2014 年才通过了 5%水平的显著性检验，其他 3 个年份的回归结果的显著性较差。从估计系数来看，单元的经济发展水平和景区发展水平对区域旅游经济发展呈现出显著的正相关，且 β_1 系数的数值稳步增加，而 β_2 系数的数值则相对稳定。这一计算结果说明地区经济发展对区域旅游发展的支撑作用在不断地增强，景区建设对区域旅游发展的贡献则较为稳定。而加权平均经济距离和时空滞后因素对旅游经济发展表现为负相关，说明这两个要素对区域旅游发展具有一定的阻碍作用，制约着区域旅游发展。

3.3.2 半参数 GWR 结果分析

3.3.2.1 模型比较

在进行半参数 GWR 模型分析的时候，首先要确定 4 个影响因素中哪些因素在空间上是稳定的，具有全局性的意义，需要将这些影响因素作为固定影响因素；哪些因素具有空间上呈现出不稳定性，是有着局部意义的影响参数。因此，我们需要在每一个可能存在的两类影响因素的组合方式中，获取不同组合方式情况下的最优带宽，以及在最优带宽下校正得到的半参数模型参数。通过比较这些校正模型的 AICc 值的大小来比较模型的优劣，选择拥有最小 AICc 值的校正模型作为最优半参数 GWR 模型。

在 4 个年份中，半参数 GWR 模型的局部参数全局性和局部性的检测结果如表 3-3 所示。从检测结果来看，地区生产总值以及时空滞后两个影响因素在 4 个年份中均呈现出明显的空间不稳定性，是局部空间变量，需要对其进行局部系数估计。而景区分值始终是具有全局意义的影响因素，需要将其固定为全局性变量。加权平均经济距离这一影响因素，在 2011 年和 2013 年在全局层面具有意义，是全局性变量，而在 2012 年和 2014 年两个年份中变现为局部变量，具有局部层面的价值。

表 3-3 半参数地理加权回归模型中的局部参数测试

年份	常数项	β_1	β_2	β_3	β_4
2011	√	√	F	F	√
2012	√	√	F	√	√
2013	F	√	F	F	√
2014	√	√	F	√	√

注：F 表示全局变量，√ 表示局部变量。

半参数GWR模型的分析结果是否优于全局回归模型和传统的GWR模型呢？利用 AICc 值和 R^2 两个指标来比较全局回归模型、GWR 模型以及半参数 GWR 模型 3 个模型的拟合结果，计算结果如表 3-4 所示。需要说明的是，表 3-4 中的 AICc 数值在不同年份之间不具有比较意义，而在同一年份的不同分析模型之间具有比较价值。AICc 值越小，说明模型的拟合结果越好。如果 A 模型的 AICc 值减去 B 模型的 AICc 值达到或者超过了数值 3，那么说明这两个模型存在显著性差异，B 模型的拟合结果要明显优于 A 模型的拟合结果（Akaike，1974）。从表 3-4 中可以看出，4 个年份中半参数 GWR 模型的 AICc 值均是最小的，决定系数 R^2 的数值均是最大的。2011 年，半参数 GWR 模型的 AICc 值比全局回归模型和 GWR 模型的 AICc 值分别降低了 47.274 和 48.064，降低的数值明显地大于 3，说明半参数 GWR 模型显著优于全局回归模型和 GWR 模型，其他 3 个年份的情况也和 2011 年的一样，即半参数 GWR 模型优于全局回归模型和 GWR 模型。通过以上分析，可以看出综合考虑了全局变量和局部变量的半参数 GWR 模型，要明显地优于只考虑空间平稳的全局回归模型和只考虑空间不平稳的传统 GWR 模型，半参数 GWR 模型对区域旅游经济发展具有更好的解释性，因而下面重点分析半参数 GWR 模型的局部参数估计值。

表 3-4 不同模型的 AICc 值

年份	全局模型		GWR		半参数 GWR	
	AICc	Adjusted R^2	AICc	Adjusted R^2	AICc	Adjusted R^2
2011	737.568	0.788	738.358	0.801	690.294	0.959
2012	758.045	0.783	756.241	0.785	742.020	0.942
2013	771.301	0.790	743.351	0.960	691.132	0.962
2014	718.285	0.810	672.622	0.968	657.146	0.972

3.3.2.2 局部参数估计分析

通过以上分析，可以发现 GDP 和时空滞后两个变量在 4 个年份中均呈现出显著的局部特征，是局部变量。我们将进一步讨论这两个变量的参数估计及其在空间上的异质性情况。对于任意一个局部变量，在任一年份均会计算得到 63 个局部参数估计值来描述该参数对区域旅游发展的影响，每个单元的估计值是存在差异的，体现了影响因素作用的空间异质性。GDP 和时空滞后的 4 个年份的参数估计结果如图 3-3 所示。

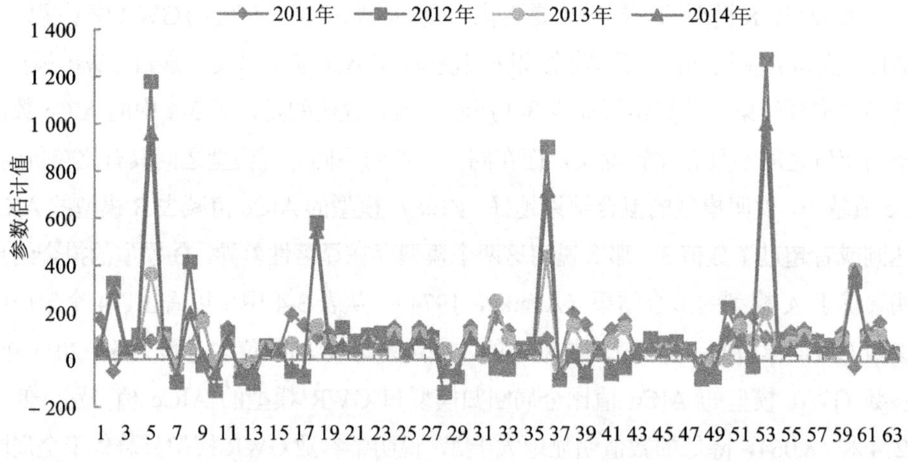

a. GDP

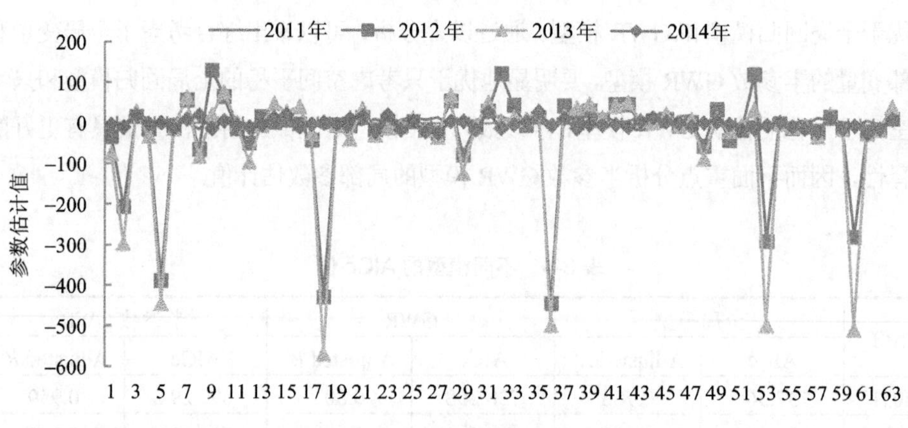

b. 时空滞后

图 3-3 局部参数估计结果的时间变化

从图 3-3 中可以看出这两个影响因素在不同单元的参数估计值均存在较大的差异，但在峰值变化上 4 个年份又存在一定的一致性。这说明每个变量在相同单元上的影响程度总体保持不变。进一步考虑两个变量在每个年份上参数估计的显著性，及其在空间上的分布情况，利用 ArcGIS 进行了数值的可视化，结果如图 3-4 和图 3-5 所示。为了便于观察和分析，我们仅仅显示了具有显著性意义的参数估计结果。在本书中，所有参数估计值的显著性均利用 *t* 值来进行回归系数的假设检验（Byrne et al.，2009），显著性水平设置为 0.05。

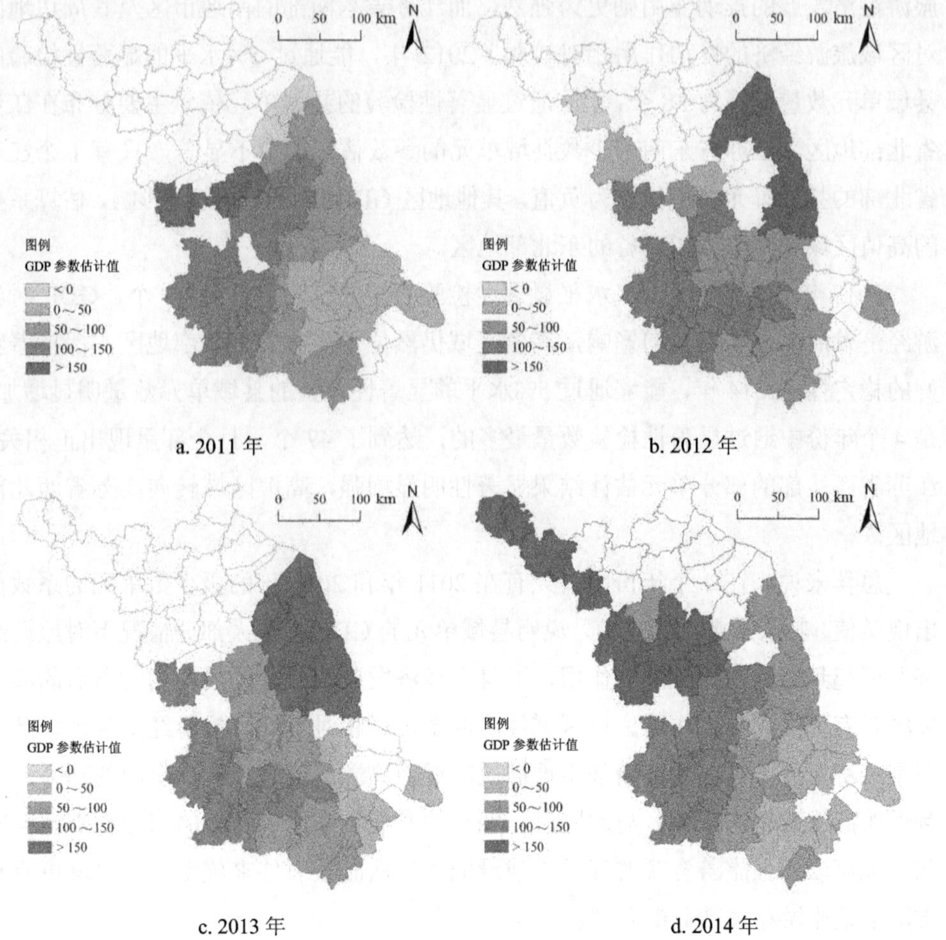

a. 2011 年　b. 2012 年　c. 2013 年　d. 2014 年

图 3-4　GDP 局部参数估计的空间差异

4个年份的GDP的局部参数估计值在空间上的分布情况如图3-4所示，可以看出各个县域单元的参数估计结果各不相同，说明GDP对县域单元旅游经济发展的影响程度存在明显的空间异质性。

2011年，有43个县域单元能够通过5%水平的显著性检验，大部分县域单元的显著性较好，无法通过显著性检验的县域单元主要分布在江苏省北部地区。GDP的参数估计值呈现出西北高、东南低的分布格局，只有靠近北部边界的两个县域单元呈现出负相关，其他地区均呈现出正相关，南京市区及其周边地区的GDP对旅游经济发展的推动作用则更为强烈，而江苏省东南部的南通市区及其周边地区对区域旅游经济的推动作用相对较弱。2012年，能通过5%水平的显著性检验的县域单元数量下降为38个，无法通过显著性检验的县域单元依然主要分布在江苏省北部地区，江苏省东南部少数县域单元的参数估计结果不显著，只有1个江苏省北部的县域单元参数估计为负值，其他地区GDP均呈现出正向影响，估算系数的高值区域主要位于江苏省的东北部地区。

2013年，能够通过5%水平显著性检验的县域单元数量为40个，GDP对旅游经济发展均呈现出正向影响，高值区域仍然位于江苏省东北部地区，保持着较好的稳定性。2014年，能够通过5%水平的显著性检验的县域单元数量明显增加，是4个年份中通过显著性检验数量最多的，达到了47个，且全部呈现出正相关，江苏省西北部的部分单元估计结果显著性明显增强，高值区域转向江苏省西北部地区。

总体来说，在4个年份中，只有在2011年和2012年的极少数单元的系数值出现负值，其余系数均为正值，说明县域单元的GDP在绝大部分情况下对旅游经济发展起到极其重要的推动作用，而且在经济发展和旅游发展均相对滞后的苏北地区具有更强的推动作用。该区域经济旅游发展相对落后，旅游经济基础较差，但是经济发展可以有效地增强本地居民的近距离游憩能力，提升出游的动力，培育近距离旅游客源市场。与此同时，经济的发展带来投资能力的增强，当地政府和企业可以增强旅游资源的开发与建设能力，从而吸引外来旅游者，也就更容易推动当地旅游相关产业的发展。

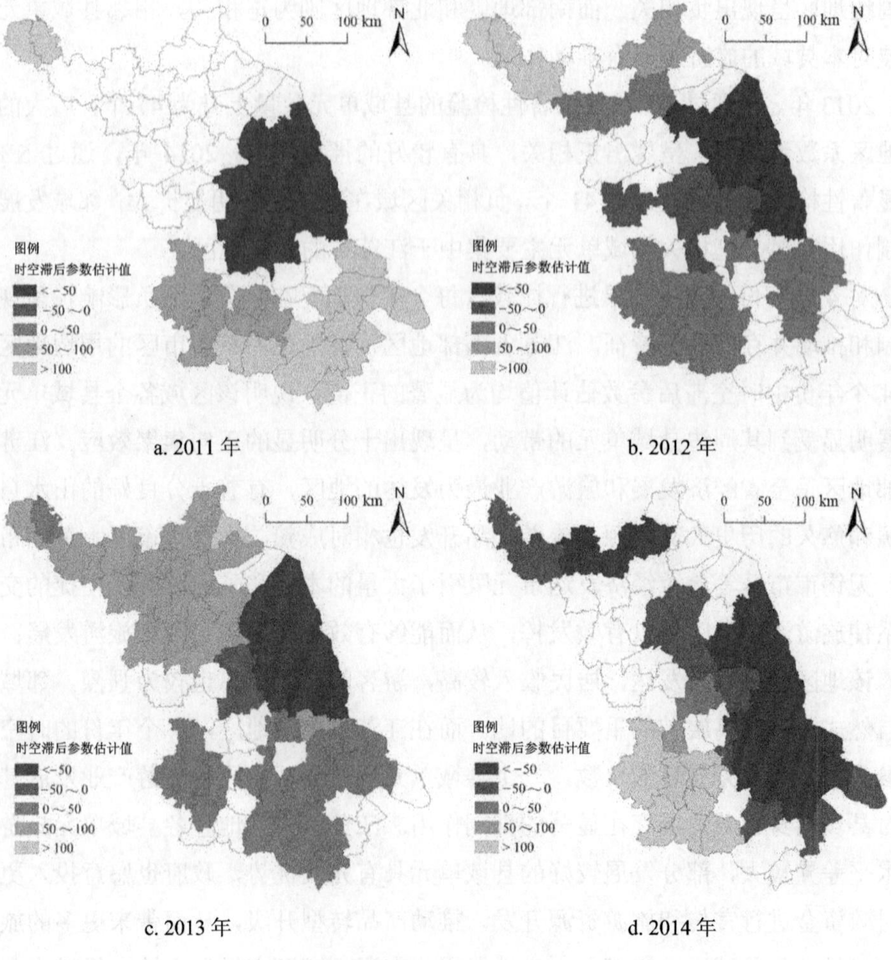

图 3-5 空间滞后局部参数估计的空间差异

图 3-5 描述了 4 个年份的时空滞后因素的局部参数估计值在空间上的分布情况，同样可以看出不同县域单元的参数估计值同样存在较大的差异，说明各个县域单元对时空滞后的依赖存在差异。

2011 年，有 35 个县域单元能够通过 5%水平的显著性检验，主要集中于江苏省中部地区和南部地区，江苏省中部地区呈现出明显的负相关，时空滞后因素存在抑制作用，而南部地区则为正相关，起到较好的推动作用。2012 年，能够通过 5%水平显著性检验的县域单元数量达到 40 个，江苏省中部地区的盐城市市区及其周边地区呈现出负相关，而南部地区和北部地区则为正相关，相邻县域单元的发展对本县域的旅游发展有推动作用。

2013 年，能通过 5%水平显著性检验的县域单元数量上升为 47 个，广大的苏北地区系数为正值，呈现出正相关，具有较好的推动作用。2014 年，通过 5%水平显著性检验的县域单元为 41 个，负相关区域在东部地区明显扩大，邻域发展的抑制作用明显，正相关县域单元主要集中于江苏省的西南地区。

对 4 个年份的分析结果进行比较，每个年份均存在显著的正负影响，呈现出抑制和推动并存的格局特征。江苏省南部地区，特别是南京市市区的周边地区，在 4 个年份中时空滞后参数估计值均为显著的正值，说明该区域各个县域单元的发展明显受到其周边县域单元的带动，呈现出十分明显的正向集聚效应。江苏省南部地区是全省经济发展和旅游产业最为发达的地区，有着十分良好的山水自然资源和悠久的历史人文资源，旅游产品开发也相对成熟，南京市市区、苏州市市区、无锡市市区等旅游经济发达单元吸引了大量的本地和外地游客，便捷的交通体系使旅游溢出效应得以有效发挥，从而能够有效地带动周边区域旅游发展；此外，该地区经济较为发达，居民收入较高，游客的出游意愿也较为强烈，邻域单元自然成为近距离旅游的重要目的地。而在江苏省中部地区，4 个年份的时空滞后参数估计值均为显著的负数，一个县域单元周边县域单元的旅游产业发展基础会对县域自身旅游发展存在显著的抑制作用。江苏省中部地区各县域单元旅游发展水平差异较大，部分发展较好的县域单元具有先发优势，政府也愿意投入更多的财政资金进行宣传和旅游资源开发，推动产品转型升级，从而带来更多的旅游收入，推动本县域进一步深入、良性发展，在远离客源市场和本地市场潜力有限的情况下，周边旅游产业欠发达地区自然会受到旅游发达地区的抑制，旅游发展则变得更加困难。

3.4 本章小结

区域经济发展往往存在空间依赖、时间依赖，在区域内部呈现出明显的时空异质性。而在以往对区域旅游发展影响因素的研究中，研究者往往认为这些因素在空间上是平稳的，进而利用全局回归模型进行分析，来探讨影响因素的作用强度。然而在现实世界中，有些因素在空间上对不同地区的作用程度是存在差异的，表现出空间近邻效应，即这些影响因素的作用存在空间不平稳性，因而需要从局部和全局的混合视角来综合研究区域旅游经济影响因素的时空特征，而不是从局部或者全局的视角进行孤立的分析。本章使用了混合模型——半参数 GWR 模型来解释区域旅游经济的时空机制和空间效应，特别研究了区域旅游发展影响因素的邻域效应（空间依赖性）的时空变化。研究结果表明，半参数 GWR 模型能够很好地处理全局和局部的空间关系，校正的模型 AICc 值要明显小于全局回归模型和传统的 GWR 模型，拟合结果更优，影响变量的参数估计也更加准确。

本章最重要的贡献在于从时空综合的视角阐述了区域旅游经济发展与相关影响变量之间的全局与局部关系，以及这些变量作用程度在空间和时间上的变化情况。在以往的旅游经济分析中，时空滞后因素被广泛地运用于区域经济发展研究中，用于解释区域经济发展中的近邻效应，然而这些分析往往是通过全局模型来实现的，并且认为邻域效应在空间上是平稳不变的，对每个地区的影响是相同的。然而时空滞后因素具有空间不平稳性，时空滞后在不同地区的作用程度也是存在明显差别的。本书创新性地将时空滞后因素作为局部变量进行分析。研究发现只有江苏省南部地区的邻域促进作用才会显现，相反在有些地区，如江苏省中部地区，邻域旅游发展反而会起到不同程度的抑制作用。

本章另一个有价值的地方是从局部视角量化了 GDP 对区域旅游发展的空间效应。GDP 在整体上对区域旅游发展具有很好的推动作用，但推动作用的强度却存在明显的空间差异。江苏省南部地区的推动作用要强于北部地区，即经济较发达地区的推动作用要强于经济欠发达地区，由此可以看出一个地区的经济发展水平越高，对旅游业发展的促进作用也就愈加明显。

当然，本章在研究分析中还存在一些问题，如一个局限就是只利用了江苏省短短 5 年的旅游收入数据来研究 4 个年份的区域旅游发展的影响因素及其空间变化情况，较短的研究年限可能使我们对区域旅游发展的规律性把握存在一定的困难，无法深入理解区域旅游经济发展中各相关变量作用的演变过程和演化机制。尽管如此，受制于研究区域长时段旅游数据获取难度，现有的研究数据仍然为新的半参数 GWR 模型分析提供了可能，并得到了一些新的且具有意义的研究结论，为有关于区域旅游经济与其他相关要素间时空模式分析提供了一个有用的崭新研究视角。在未来的研究中，我们会努力地补充相关研究数据来进行长时段的过程分析，以期深刻理解区域旅游发展。

概括来说，旅游产业是国民经济中最为重要的产业之一，是宏观经济的重要组成部分，同时也是关系着居民生活品质的民生产业之一。对于旅游发展过程的研究视角和研究方法有很多，定性的或者定量的均有。本书基于地理信息系统（GIS）的空间分析，特别是空间统计，提供了一套强有力的分析工具，该工具可以通过明确考虑空间依赖性和空间异质性来研究区域旅游经济的发展过程。本书证明了综合考虑全局和局部视角的混合模型方法（半参数 GWR 模型）在区域旅游发展过程中对空间效应、全局和局部关系的建模上存在优势。毫无疑问，半参数 GWR 模型通过捕获空间稳定和非平稳过程的能力，以及引入时空滞后的局部参数估计的分析框架，为其他地区旅游经济发展和其他类型产业发展提供了一种新的可行的空间分析方法和建模思路。

第 4 章　江苏省旅游景区布局及其对经济发展的响应

4.1　江苏省旅游景区空间分布差异

4.1.1　空间分布差异概述

本章进一步从 A 级旅游景区、工农业旅游示范点的视角来探讨江苏省内旅游景区的空间分布差异。首先考察分析不同类型景区在 13 个设区市的空间分布情况，以此来表征江苏省旅游产品的开发情况及其开发的空间不均衡性问题。相应的统计结果如表 4-1 所示。从表 4-1 中可以看出：

苏州市、南京市和无锡市是 A 级旅游景区分布数量较多的 3 个设区市，A 级旅游景区的分布数量分别为 43 个、43 个和 35 个，数量明显多于其他各设区市。泰州市的 A 级旅游景区的数量是最少的，仅为 14 个，约为苏州市和南京市的三分之一；其次是宿迁市和盐城市，A 级旅游景区数量都为 16 个。从工业旅游示范点的分布情况来看，数量分布最多的是徐州市和苏州市，数量都为 11 个，两个设区市的工业旅游示范点数量占到江苏省总数的一半以上，集中现象较为明显，呈现出集聚分布的态势，而无锡市和盐城市却没有工业旅游示范点分布，该类型的空间分布不均衡现象十分突出。

从农业旅游示范点的分布情况来看，苏州市仍然是分布最多的设区市，数量达到了 30 个，约为整个江苏省总数的四分之一，其次是常州市和无锡市，数量分别是 17 个和 14 个；农业旅游示范点分布最少的是南通市，数量仅为 2 个，其次是宿迁市，数量为 4 个，该类型的空间不均衡现象也较为突出。

从3种类型景区的合计数量来看，景区数量最多的是苏州市，数量为84个，其次是南京市和无锡市，数量分别为60个和49个，这3个市同样也是江苏省旅游人数和旅游收入最高的3个设区市，可见旅游业的发展程度和旅游景区的多少之间存在较为密切的关系；旅游景区分布最少的是泰州市，旅游景区数量仅为20个，不到苏州市的四分之一，其次是盐城市和宿迁市，数量分别为21个和22个。由此可见，江苏省旅游景区在区域内的空间分布并不均衡，存在较大的空间差异性。总体来说，江苏省南部地区的景区分布较多，而苏北地区的旅游景区相对较为匮乏，景区的开发建设相对滞后，这和江苏省经济发展的南北差异存在一定的关联性。

表4-1　不同类型旅游景区数量的市域差异

城市	A级游景区	工业旅游示范点	农业旅游示范点	合计
南京市	43	5	12	60
无锡市	35	0	14	49
徐州市	20	11	5	36
常州市	22	1	17	40
苏州市	43	11	30	84
南通市	28	2	2	32
连云港市	17	3	11	31
淮安市	17	2	5	24
盐城市	16	0	5	21
扬州市	22	3	7	32
镇江市	20	1	7	28
泰州市	14	1	5	20
宿迁市	16	2	4	22
合计	313	42	124	479

为了更好地分析江苏省不同区域内的空间差异情况，我们将江苏省的13个设区市分成3个区域：苏南地区、苏中地区和苏北地区，这也是江苏省常用的地区间分类方式。苏南地区包括沪宁沿线的5个市：苏州市、无锡市、常州市、镇江市和南京市；苏中地区包括长江北岸的3个市：扬州市、泰州市、南通市；苏北

地区涵盖江苏省北部的 5 个市：徐州市、淮安市、盐城市、连云港市和宿迁市。按照上述区域分类方式，对这 3 个区域内 3 种不同类型的旅游景区进行分类统计，统计结果如表 4-2 所示。

表 4-2　不同类型旅游景区数量的区域差异

地区	A 级旅游景区	工业旅游示范点	农业旅游示范点	合计
苏南区域	163	18	80	261
苏中区域	64	6	14	84
苏北区域	86	18	30	134

从表 4-2 中可以看出，截至 2015 年苏南地区旅游景区在数量上占有绝对的优势，从总的旅游景区数来看，苏南地区共有旅游景区 261 个，占到了全省总数的 54.49%，超过了总数的一半的比例，数量优势十分明显。而苏中地区和苏北地区所占的份额分别为 17.53%和 27.98%，明显低于苏南地区。其中，在 A 级旅游景区数量上，苏南地区、苏中地区和苏北地区所占的比重分别为 52.08%、20.48%和 27.44%；工业旅游示范点主要集中在苏南地区和苏北地区，两个地区的数量均为 18 个，而苏中地区数量仅为 6 个；农业旅游示范点更加集中于苏南地区，苏南地区的数量达到了 80 个，占到了全省总数的 64.52%，约为总数的三分之二，而苏中地区和苏南地区的数量分别为 14 个和 30 个，比例为 11.29%和 24.19%，所占份额较低，空间分布极不均衡。

表 4-3　每百平方千米不同类型旅游景区分布密度差异　单位：/100 km^2

城市	A 级旅游景区	所有旅游景区
南京市	0.651 8	0.909 5
无锡市	0.750 4	1.050 6
徐州市	0.172 8	0.311 1
常州市	0.502 9	0.914 3
苏州市	0.486 0	0.949 4
南通市	0.349 9	0.399 9
连云港市	0.228 4	0.416 4
淮安市	0.169 5	0.239 3

城市	A 级旅游景区	所有旅游景区
盐城市	0.106 8	0.140 2
扬州市	0.331 4	0.482 1
镇江市	0.520 4	0.728 6
泰州市	0.232 2	0.331 7
宿迁市	0.184 8	0.254 0
全省	0.307 8	0.471 1

在总量分布的基础上，我们进一步从单位面积上对景区分布密度进行探讨，计算了百平方千米拥有景区数的分布密度，结果如表 4-3 所示。结果显示，江苏省 A 级旅游景区的整体密度为 0.307 8/100 km^2，如果算上工业旅游示范点和农业旅游示范点，江苏省所有景区的分布密度为 0.471 1/100 km^2。但是在设区市层面，江苏省内部的景区分布密度存在很大的差异，其中 A 级旅游景区密度最高的是无锡市，密度为 0.750 4/100 km^2，其次是南京市和镇江市，密度分别为 0.651 8/100 km^2 和 0.520 4/100 km^2；密度最低的是盐城市，密度仅为 0.106 8/100 km^2，数值不到无锡市的七分之一，淮安市和徐州市的景区密度也相对较低，分别为 0.169 5/100 km^2 和 0.172 8/100 km^2，在 13 个设区市中有 6 个设区市的景区密度低于全省的平均密度。将各个设区市的 A 级旅游景区密度从高到低进行排序，结果为无锡市＞南京市＞镇江市＞常州市＞苏州市＞南通市＞扬州市＞泰州市＞连云港市＞宿迁市＞徐州市＞淮安市＞盐城市。从排序结果上可以看出，苏南地区 5 个设区市排在景区密度的前 5 位，苏中地区 3 个设区市的景区密度紧随其后，而苏北地区 5 个设区市则排在景区密度的最后 5 位，可见景区密度在空间上的分布依然呈现从南到北依次递减的特征。

而从所有景区的分布密度来看，景区密度最高的依然是无锡市，其密度达到了 1.050 6/100 km^2，紧随其后的是苏州市、常州市和南京市，3 个设区市的景区密度都大于 0.9/100 km^2；景区密度最低的依然是位于苏北地区的盐城市，其密度为 0.140 2/100 km^2，景区密度相对较低的还有淮安市和宿迁市，景区密度分别为 0.239 3/100 km^2 和 0.254 0/100 km^2，13 个设区市中有 7 个设区市的景区密度低于全省的平均密度，比 A 级旅游景区的景区密度增加 1 个。从所有景区密度的从高到低的排序上来看，无锡市＞苏州市＞常州市＞南京市＞镇江市＞扬州市＞连云港市＞南通市＞泰州市＞徐州市＞宿迁市＞淮安市＞盐城市。所有旅游景区的排序相对于 A 级旅游景区密度排序来说，局部发生了一定的变化，但是区域分布的南北差异特征依然十分明显。

表 4-4　每百万人拥有旅游景区数量的市域差异　单位：个

城市	A 级旅游景区	所有旅游景区
南京市	6.891 0	9.615 4
无锡市	6.756 7	9.459 5
徐州市	2.207 5	3.973 5
常州市	6.432 7	11.695 9
苏州市	6.222 8	12.156 3
南通市	3.548 8	4.055 8
连云港市	3.648 1	6.652 3
淮安市	2.333 3	4.705 9
盐城市	2.000 3	2.625 0
扬州市	4.680 9	6.808 5
镇江市	7.462 7	10.447 8
泰州市	2.794 4	3.992 0
宿迁市	3.106 8	4.271 8
全省	4.229 7	6.473 0

近距离范围内的居民是各个旅游景区最为重要的客源，同时一个地区的旅游景区多少也能够在一定程度上反映当地居民的生活水平，是居民生活质量的重要体现，是满足人民对美好生活向往的现实需求，因而有必要从人口的角度来探讨旅游景区分布的空间差异。本章进一步以百万人口拥有的景区数来进行分析，依然从 A 级旅游景区和所有景区两个维度进行统计分析，统计结果如表 4-4 所示。

通过计算发现，江苏省每百万人平均拥有的 A 级旅游景区数量为 4.229 7 个，如果考虑上工业旅游示范点和农业旅游示范点，则江苏省每百万人平均拥有的景区数量为 6.473 0 个。同样，其分布在江苏省域内部依然存在很大的差异，从 A 级旅游景区来看，每百万人拥有的 A 级旅游景区数量最高的是镇江市，数量为 7.462 7 个，其次是南京市和无锡市，数量分别为 6.891 0 个和 6.756 7 个；拥有数量最少的是盐城市，仅为 2.000 3 个，与镇江市相差较大，数量相对较少的还有徐州市和淮安市，分别为 2.207 5 个和 2.333 3 个。将各个设区市每百万人拥有 A 级旅游景区的数量按照从高到低进行排序，结果为：镇江市＞南京市＞无锡市＞常州市＞苏州市＞扬州市＞连云港市＞南通市＞宿迁市＞泰州市＞淮安市＞徐州市＞盐城市。苏南地区的 5 个设区市依然占据排名的前 5 位，苏中地区和苏北地区的城市在后面的排名中交替出现，说明苏南地区的旅游发展在人均拥有旅游景区方面依然走在全省的前列。

从所有景区来看，每百万人拥有的景区数最高的是苏州市，数量为 12.156 3 个，其次是常州市、镇江市和南京市，数量分别为 11.695 9 个、10.447 8 个和 9.615 4 个；数量最少的依然是盐城市，数量仅为 2.625 0 个，个数不足苏州市拥有量的四分之一，数量相对较少的还有徐州市和泰州市，分别为 3.973 5 个和 3.992 0 个。从百万人拥有所有景区的数量高低排序来看，苏州市＞常州市＞镇江市＞南京市＞无锡市＞扬州市＞连云港市＞淮安市＞宿迁市＞南通市＞泰州市＞徐州市＞盐城市，拥有量排在前 5 位的设区市依然是苏南地区的 5 个市，苏中地区和苏北地区的拥有量排名则靠后。

从以上的分析中可以看出，无论是从绝对景区数量的排名，还是从考虑了面积、人口这样影响因素的排名来看，苏南地区在景区建设方面都有着无法比拟的地区优势，旅游资源的开发及其向产品的转化都走在全省的前列。相反，苏北地区的资源开发相对缓慢，景区建设方面还需要进一步的深化。

4.1.2 分布差异的定量分析

区域差异是现代经济发展中的一种常态，深刻把握区域发展差异将有利于区域均衡发展。旅游产业作为国民经济发展的一个重要组成部分，对国民经济发展具有举足轻重的作用，而旅游业的发展依赖于景区的发展，因为景区是旅游业得以发展的重要物质载体，因而有必要对旅游景区分布的差异进行详细的定量化研究，这样才能更好地认识区域差异，从而科学制定均衡发展的策略。

为了定量表征江苏省旅游景区在各个行政区上的分布差异及其格局变化，采用变差系数和均衡度指数计算模型来刻画区域差异。变差系数的计算公式如下：

$$CV = \frac{\sqrt{\frac{1}{n}\sum_{i=1}^{n}(X_i - \overline{X})^2}}{\overline{X}} \tag{4-1}$$

式中，CV 为变差系数；n 为样本数；X_i 为样本值，个；$\overline{X}$ 样本平均值，个。其值越接近于 0，表明分布越均衡。

进一步从均衡的视角来考虑，本书利用另外一个指标——均衡度来表征整体均衡情况，具体计算公式如下：

$$E = \frac{\sum_{j=1}^{n} x_{ij} \log_2 x_{ij}}{\log_2(1/n)} \tag{4-2}$$

式中，x_{ij} 为第 i 类景区在第 j 行政区内分布数量占其总数的百分比，%；n 为行政区的个数。

由于某些区域内没有景区分布，所占的比例也就为 0，这样公式就会因为对数问题而无法计算。为了使对数有意义，公式能够顺利计算，本书统一使用 0.000 1 来近似代替 0。均衡度结果越接近于 1，说明景区在各个行政区的分布也就越均衡。

由行政区的分布图可以看出，各个行政区的划分并不均衡，存在一定的空间差异性，而且区域差别很大。因此，有必要考虑其自身的各个属性差异，这样才能更好地反映江苏省旅游景区的空间分布情况，才能使评估均衡度的结果更加准确合理。基于此考虑，本书引入均衡比指数的概念。该指数可以计算在不同面积、人口和经济条件下要素空间分布的均衡情况。该指数最突出的作用就是可以有效测度兼顾不同要素背景下的空间均衡情况，其具体的计算公式如下：

$$ER = \sum_{j=1}^{n} |R_{ij}| = \sum_{i=1}^{n} |\log_2(\frac{a_{ij}}{a_i} / \frac{A_j}{A})| \tag{4-3}$$

式中，ER 为均衡比系数；R_{ij} 为第 i 类景区在第 j 行政区内的均衡比；a_{ij} 为第 i 类景区在第 j 行政区内的分布数量，个；a_i 为第 i 类景区的总数量，个；A_j 为第 j 行政区内的面积、人口或者经济总量，km^2、万人或亿元；A 为所有行政区总面积、总人口或者经济总量，km^2、万人或亿元；n 为行政区总个数。

如果第 i 类景区在行政区内的分布数量占全省的比例与研究区与总面积、总人口或者经济总量占全省的比例一致，那么其均衡比系数为 0，表明其空间分布是相对均衡的。因此，数值越小，说明江苏省景区在要素约束下的空间分布越均衡。

均衡度指数和均衡比指数都是用来定量测度江苏省旅游景区在空间上的分布均衡程度指标，这有利于把握江苏省旅游景区分布的空间差异及其分布规律。对宏观上指导江苏省旅游景区的空间布局和建设具有重要的参考意义，可以为政府在今后的发展中制定合理的发展政策提供依据，可以有效促进旅游景区在不同行政区内的分布更加合理。

4.1.2.1 整体均衡情况

计算得到不同类型景区的变差系数和均衡度系数，结果如表 4-5 所示。从变差系数来看，江苏省 A 级旅游景区的变差系数最小，为 0.403 2，说明江苏省 A 级旅游景区在各个设区市的分布相对均衡，而工业旅游示范点空间分布的变差系数最大，在各个行政区内的分布差异较大，分布最不均衡，原因是工业示范点主要分布在徐州市、苏州市两地，占到了总数的一半，集中聚集特征明显。从均衡度系数来看，也可以得出和变差系数相同的结论，A 级旅游景区的均衡度系数最大，为 0.970 9，分布最为均衡，而工业旅游示范点的均衡度系数最小，为 0.793 1，工业旅游示范点的区域分布差异明显。

表 4-5 不同类型旅游景区的变差系数和均衡度系数

项目	A 级旅游景区	工业旅游示范点	农业旅游示范点	所有旅游景区
变差系数	0.403 2	1.100 4	0.761 1	0.475 9
均衡度系数	0.970 9	0.793 1	0.905 5	0.961 6

为了更好地分析各个设区市景区分布和面积分布、人口分布和经济分布的关系，我们计算了面积均衡比系数、人口均衡比系数和经济均衡比系数，其中经济指标选取各个设区市的地区生产总值（GDP）作为计算指标。我们把景区分为 A 级旅游景区、工业旅游示范点、农业旅游示范点和所有旅游景区 4 种类型，分别进行了面积均衡比系数、人口均衡比系数和经济均衡比系数计算，计算结果如表 4-6 所示。

表 4-6　不同类型旅游景区的均衡比系数

系数	A 级旅游景区	工业旅游示范点	农业旅游示范点	所有旅游景区
面积均衡比系数	9.578 8	35.294 1	14.989 5	9.871 9
人口均衡比系数	7.379 3	34.920 3	13.515 5	8.121 4
经济均衡比系数	5.776 7	36.877 6	8.841 1	6.054 9

从表 4-6 中可以看出，在不同类型的景区中，A 级旅游景区的各项均衡比系数最小，分布最为均衡；工业旅游示范点的均衡比系数最大，分布最不均衡。对 A 级景区来说，经济角度的 A 级景区分布均衡性最好，经济均衡比系数为 5.776 7，面积均衡比系数相对较大，为 9.578 8；对于工业旅游示范点来说，人口均衡比系数最小，为 34.920 3，相对分布均衡，而经济均衡比系数最大，均衡性较差；对于农业旅游示范点而言，经济约束下的均衡比系数最小，分布也最为均衡，面积均衡比系数最大。所有景区中，也是经济约束下的均衡比系数最小，为 6.054 9；面积均衡比系数最大，为 9.871 9。

从各种类型中的均衡比系数可以看出，经济约束下的均衡比系数都相对较小，而面积均衡比系数相对较高，这说明旅游景区的分布和经济发展存在较大的关系，而受到各市地域面积的影响则相对较小，也就是说，一个区域经济发展越好，其景区的分布也就越多；相反，如果一个地区经济发展越差，其旅游景区的分布也就越少。

4.1.2.2　各市均衡情况

在上述的整体分析中，我们可以看出江苏省的整体均衡度情况，但却很难发现各个市之间的内部差异，为此需要对各个均衡比系数进行分解，进而得出各个市的均衡比系数。利用公式（4-3）计算得到各个市的均衡比系数。我们可以利用计算结果，分析各个市对均衡比的贡献程度，也分析各个市的景区建设与经济、人口、面积等影响因素的协调情况。

从 A 级景区来看，在各市的面积均衡比系数中，有 7 个城市的面积均衡比系数大于 0，说明这 7 个城市在面积的比较中占有优势，其中系数最大的是无锡市，面积均衡比系数为 1.285 6，其次是南京市、镇江市和常州市，系数分别为 1.082 4、0.757 6 和 0.708 1；另外 6 个城市的面积均衡比小于 0，说明这 6 个城市相对来说不具有优势，其中面积均衡比系数最小的是盐城市，系数为–1.527 3，淮安市、徐州市的面积均衡比系数也较少，分别为–0.860 8 和–0.832 6。在各市的人口均衡比系数中，有 6 个城市的人口均衡比系数大于 0，说明这 6 个城市在面积的比较中占有优势，其中系数最大的是镇江市，人口均衡比系数为 0.819 1，其次是南京市、无锡市和常州市，系数分别为 0.704 2、0.675 8 和 0.604 9；另外 7 个城市的面积均衡比小于 0，说明这 7 个城市相对来说不具有优势，其中人口均衡比系数最小的依然是盐城市，系数为–1.080 6，徐州市、泰州市的人口均衡比系数也较小，分别为–0.938 2 和–0.598 0。在各市的经济均衡比系数中，有 7 个城市的面积均衡比系数大于 0，说明这 7 个城市在面积的比较中占有优势，其中系数最大的是宿迁市，经济均衡比系数为 1.267 9，其次是连云港市、淮安市，系数分别为 1.165 6、0.857 8；另外 6 个城市的面积均衡比小于 0，说明这 6 个城市相对来说不具有优势，其中经济均衡比系数最小的是苏州市，系数为–0.700 7，无锡市的经济均衡比系数也较小，为–0.434 5。

从工业旅游示范点来看，在各市的面积均衡比系数中，有 4 个城市的面积均衡比系数大于 0，说明这 4 个城市在面积的比较中占有优势，其中系数最大的是苏州市，面积均衡比系数为 1.589 7，其次是徐州市、南京市，系数分别为 1.202 6、0.875 7；另外 9 个城市的面积均衡比系数小于 0，说明这 9 个城市相对来说不具有优势，其中面积均衡比系数最小的是盐城市和无锡市，系数分别为–13.847 和–12.163 3，泰州市、淮安市和常州市的面积均衡比系数也较小，分别为–1.316 3、1.050 6 和–0.853 7。在各市的人口均衡比系数中，有 5 个城市的面积均衡比系数大于 0，说明这 5 个城市在面积的比较中占有优势，其中系数最大的依然是苏州市，人口均衡比系数为 1.487 9，其次是徐州市、南京市，系数分别为 1.097 1、0.497 5；另外 8 个城市的人口均衡比系数小于 0，说明这 8 个城市相对来说不具有优势，其中人口均衡比系数最小的依然是盐城市和无锡市，系数分别为–13.400 2 和–12.773 1，泰州市、南通市和常州市的人口均衡比系数也较小，分别为–1.507 6、–1.162 9 和–0.956 9。在各市的经济均衡比系数中，有 6 个城市的面积均衡比系数大于 0，说明这 6 个城市在面积的比较中占有优势，其中系数最大的是徐州市，经济均衡比系数为 1.993 3，其次是连云港市、宿迁市，系数分别为 1.560 8、1.165 6；另外 7 个城市的面积均衡比系数小于 0，说明这 7 个城市相对来说不具有优势，其中经济均衡比系数最小的依然是无锡市和盐城市，系数分别为–13.883 4 和–12.390 9，常州市、镇江市和泰州市的经济均衡比系数也较小，分别为–1.629 8、–0.989 1 和–0.983 3。

从农业旅游示范点来看，在各市的面积均衡比系数中，有 6 个城市的面积均衡比系数大于 0，说明这 6 个城市在面积的比较中占有优势，其中系数最大的是常州市，面积均衡比系数为 1.671 9，其次是苏州市、无锡市，系数分别为 1.475 3、1.299 5；另外 7 个城市的面积均衡比系数小于 0，说明这 7 个城市相对来说不具有优势，其中面积均衡比系数最小的是南通市，系数为–2.286 4，盐城市、徐州市和宿迁市的面积均衡比系数也较小，分别为–1.869 6、–1.496 8 和–1.400 6。在各市的人口均衡比系数中，有 6 个城市的面积均衡比系数大于 0，说明这 6 个城市在面积的比较中占有优势，其中系数最大的依然是常州市，人口均衡比系数为 1.568 7，其次是苏州市、无锡市，系数分别为 1.373 5、0.689 7；另外 7 个城市的人口均衡比系数小于 0，说明这 7 个城市相对来说不具有优势，其中人口均衡比系数最小的依然是南通市，系数为–2.724 8，徐州市、盐城市和宿迁市的人口均衡比系数也较小，分别为–1.602 3、–1.422 8 和–1.109 3。在各市的经济均衡比系数中，有 7 个城市的面积均衡比系数大于 0，说明这 7 个城市在面积的比较中占有优势，其中系数最大的是连云港市，经济均衡比系数为 1.873 4，其次是常州市、宿迁市，系数分别为 0.895 8、0.603 7；另外 6 个城市的面积均衡比系数小于 0，说明这 6 个城市相对来说不具有优势，其中经济均衡比系数最小的依然是南通市，系数为–2.358 4，徐州市的经济均衡比系数也较小，为–0.706 1。

从所有景区来看，在各市的面积均衡比系数中，有 6 个城市的面积均衡比系数大于 0，说明这 6 个城市在面积的比较中占有优势，其中系数最大的是无锡市，面积均衡比系数为 1.157 2，其次是苏州市、常州市、南京市，系数分别为 1.011 0、0.956 7 和 0.949 1；另外 7 个城市的面积均衡比系数小于 0，说明这 7 个城市相对来说不具有优势，其中面积均衡比系数最小的是盐城市，系数为–1.748 9，淮安市、宿迁市和徐州市的面积均衡比系数也较小，分别为–0.977 2、–0.890 9 和–0.598 5。在各市的人口均衡比系数中，有 7 个城市的面积均衡比系数大于 0，说明这 7 个城市在面积的比较中占有优势，其中系数最大的是苏州市，人口均衡比系数为 0.909 2，其次是常州市、镇江市，系数分别为 0.853 5、0.690 7；另外 6 个城市的人口均衡比系数小于 0，说明这 6 个城市相对来说不具有优势，其中人口均衡比系数最小的是盐城市，系数为–1.302 1，徐州市、泰州市和南通市的人口均衡比系数也较小，分别为–7 040、–0.697 3 和–0.674 5。在各市的经济均衡比系数中，有 7 个城市的面积均衡比系数大于 0，说明这 7 个城市在面积的比较中占有优势，其中系数最大的是连云港市，经济均衡比系数为 1.418 5，其次是宿迁市、淮安市，系数分别为 1.113 5、0.741 4；另外 6 个城市的面积均衡比系数小于 0，说明这 6 个城市相对来说不具有优势，其中经济均衡比系数最小的是无锡市，系数为–0.542 9，苏州市、南通市的经济均衡比系数也较少，分别为–0.348 5 和–0.308 1。

4.1.3 旅游景区离散度分析

空间点状分布的离散程度或集中程度是表现地理要素空间分布特征的重要指标，也是分析点要素分布规律的重要数量方法。一般来说有 3 种不同的测度指标来进行分析，分别表示地理要素 3 种不同的地域联系，即各点相互之间的离散程度、对平均中心的离散程度和对于某一个指定位置的离散程度。

4.1.3.1 测度模型

地理现象的点状分布类型可能是均匀分布的，也可能是集中分布的，还有可能是随机分布的，如图 4-1 所示。各种点分布状况是多种要素共同作用的结果，其中衡量各点状要素之间的离散程度最常用的有两种方法：最近邻点指数和邻点平均数，本书利用最近邻点指数来进行测度。

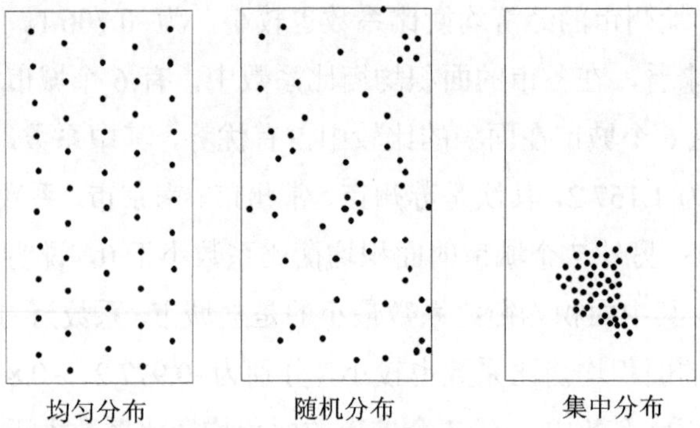

图 4-1 点空间分布类型

最近邻点指数是由克拉克（Clark）和伊凡斯（Evans）构造的一个测度点状要素分布密集程度的统计指标，是以随机分布的状况作为一种标准去衡量实际的点状要素分布的测量方法。其计算如公式（4-4）所示：

$$R = \frac{\overline{d_1}}{\overline{d_e}} \tag{4-4}$$

式中，$\overline{d_1}$ 为实际的两点之间最邻近平均距离，km；$\overline{d_e}$ 为理论的随机分布型的最邻近平均距离，km；计算如公式（4-5）所示：

$$\overline{d_e} = \frac{1}{2\sqrt{D}} \tag{4-5}$$

式中，$D = N / A$ 即为点的密度，个/km^2。其中 A 为区域面积，km^2；N 为区域内点的个数，个。

根据 R 值的不同，可以分析点状要素的不同分布状态。当 $R = 1$ 时，$\overline{d_1} = \overline{d_e}$，说明点状分布是随机型分布；当 $R < 1$ 时，$\overline{d_1} < \overline{d_e}$，说明点状分布趋向于凝聚型分布；当 $R > 1$ 时，$\overline{d_1} > \overline{d_e}$，点状分布趋于离散型的均匀分布。

采用指标 R 的优点在于：可以把要讨论的点的空间分布图式放在一个从凝集的、通过随机的一直到均匀分布的连续广阔的定量范围之内，此尺度范围为 0～2.149，如图 4-2 所示。图 4-2 表示了 R 数值的连续变化及 R 数值与其对应的点的空间分布模式。R=0，代表在其中的 d_1=0，即意味着点与点之间的距离为 0，也就是说明这些点的分布集中在一个点上，而没有占据其他空间，或者也可以说它们均在一个点上重复进行，成为凝集分布的一个最极端形式。大于 1 的 R 值根据所取数值的不同，则代表着各种不同的空间分散程度，从一个平方分布的模型中产生了 R=2 的结果，而基于一个三角形网络的特殊规律模型中产生了 R=2.149 的结果（王洪芬，2001）。

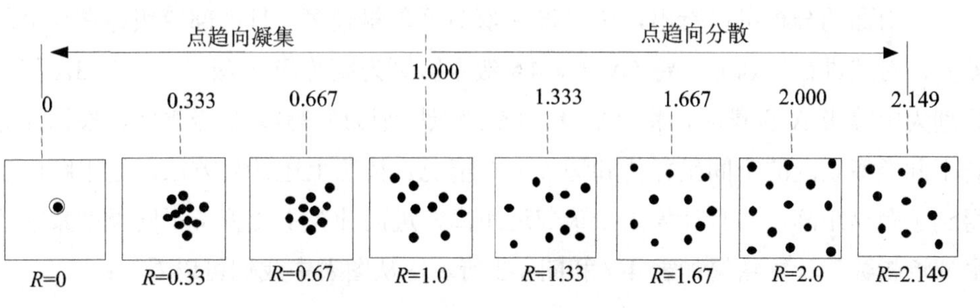

图 4-2　点空间分布系列谱图

本书采用顺序法来求取江苏省区域内 A 级景区的最邻近平均距离 $\overline{d}_1$。顺序法假定在某一地区分布 n 个点，以任意一点作为基准点 i，测定从这一点到其他点的距离 d_{ih}（$h \neq i$，h=1, 2, …, n）。其次测定从基准点 i 到区域边界的最短距离 d_{ib}，在所测定的 $n-1$ 个距离中，选出 $d_{ih} \leqslant d_{ib}$ 条件的距离（这一条件称为边界条件），假定选出的是 p 个距离，从小到大顺序排列为 d_{i1}，d_{i2}，…，d_{ip}，也就是说：

$$d_{i1} \leqslant d_{i2} \leqslant d_{i3} \leqslant \cdots \leqslant d_{ij} \qquad (j=1,2,\cdots,p)$$

若 i 有 j 个此种距离，则称 d_{ij} 为 i 的第 j 级距离。n 个点依次作为基准点得到顺序化距离的资料矩阵如下：

$$\begin{bmatrix} d_{11} & d_{12} & \cdots & d_{1j} & \cdots & d_{1p} \\ d_{21} & d_{22} & \cdots & d_{2j} & \cdots & d_{2p} \\ \vdots & \vdots & & \vdots & & \vdots \\ d_{i1} & d_{i2} & \cdots & d_{ij} & \cdots & d_{ip} \\ \vdots & \vdots & & \vdots & & \vdots \\ d_{n1} & d_{n2} & \cdots & d_{nj} & \cdots & d_{np} \end{bmatrix}$$

其中，行代表顺序号，为 1，2… j … p；列代表点号，为 1，2… i … n。这个矩阵第一列的要素和就是最邻近距离的合计。用其除以 n_1，计算如公式（4-6）所示：

$$\overline{d}_1 = \frac{1}{n_1}\sum_{i \in I} d_{ij} \tag{4-6}$$

式中，求和号下的 $i \in I$ 为 i 属于满足边界条件的最邻近点数的集合；n_1 为点数。

本书用以上方法来分析江苏省旅游景区的集聚情况。

4.1.3.2　测度结果

从前面的分析可以看出，江苏省 A 级景区数量较多，且内部等级存在较大的差异，对其进行了划分，将 5A 级、4A 级景区划为高等级 A 级景区，将 3A 级景区划为中等级 A 级景区，将 2A 级、1A 级景区划为低等级 A 级景区，根据江苏省不同类型景区的空间坐标值和边界分布情况，按照上述计算方法，运用顺序法得到了距离矩阵，并且计算出了最邻近距离，进而计算了江苏省不同类型景区的最邻近指数，计算结果如表 4-7 和图 4-3 所示，从图表中我们可以看出：

表 4-7　不同类型旅游景区邻近指数

景区	N	A/万 km^2	$\overline{d}_1$ /km	$\overline{d}_e$ /km	R
工业旅游示范点	42	10.26	15.61	28.31	0.551 4
农业旅游示范点	124	10.26	10.01	14.38	0.696 1
高等级 A 级景区	92	10.26	4.72	16.70	0.282 9
中等级 A 级景区	71	10.26	9.35	19.01	0.491 6
低等级 A 级景区	151	10.26	9.47	13.03	0.726 5

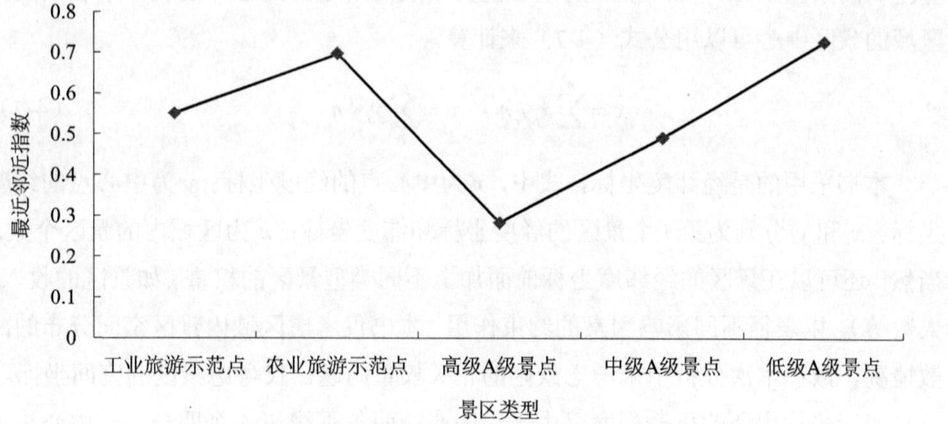

图 4-3　不同类型旅游景区邻近指数

（1）在不同类型和不同级别计算结果方面，江苏省 A 级景区的最近邻点指数都始终小于 1，说明江苏省各个类型的景区在空间上分布不是均衡或者随机分布的，而是在分布形态上呈现出明显的聚集分布特征，有些区域分布多，有些地方分布少，但各个不同类型景区的集聚程度上存在差异。

（2）从江苏省不同类型景区的内部差异来看，在所有类型景区中，低等级 A 级景区的空间分布是最为均衡的，其最近邻近指数最高，达到了 0.726 5，其次是农业旅游示范点，其最近邻近指数也达到了 0.696 1，分布也相对均衡；其他 3 种类型的旅游景区的最近邻近指数都相对较低，在空间上的集聚分布特征更加明显，其中最近邻近指数最小的是高等级 A 级景区，系数仅为 0.282 9，这主要是由于高级别的A级景区主要分布在苏南地区，而江苏省北部该类型的景区分布相对较少。

4.1.4 景区相对平均中心离散度测度

景区相对平均中心的离散度是衡量地理现象的分布与中心关系的数量指标。中心位置周围点状分布现象的疏密程度，能够显示出中心位置对于其周围现象的影响状况。所谓景区中心，是指假设景区所在区域上为一同质的平面，而每个景区都是平面上的一个质点。因此，景区中心变化也就成了研究景区空间变化的一个十分重要的方面。这里，我们借鉴口地理学中常用的要素中心的计算方法来测算区域的景区中心。每一个点的中心位置一般是用地图的经纬度坐标来表示的。区域的景区中心可以用公式（4-7）来计算。

$$x=\sum_{1}^{n}x_i/n，\quad y=\sum_{1}^{n}y_i/n \tag{4-7}$$

本书采用的是经纬度坐标，式中，x为中心点的经度坐标；y为中心点的纬度坐标；x_i和y_i分别为第i个景区的经度坐标和纬度坐标；n为区域内的景区个数。当然，还可以在景区的经纬度坐标前面加上不同类型景区的权重（如景区的收入、人数等），以表征不同影响因素的约束作用。本书仅考虑区域内景区空间分布的离散情况，故在本次分析中未考虑景区的相关权重问题，仅考虑景区的空间坐标。

对于平均中心的离散程度可由平均中心的两条垂线与4个四分之一中心［中心的计算公式依然利用公式（4-7）求得］的4条垂线构成4个小区，各个小区的面积大小用于表示对中心的离散程度，面积数值表示离散程度的大小：小区面积越大，则对平均中心的离散程度也就越大；反之，小区面积越小，则离散程度也就越小。

离散程度的大小也可以用相对数值来表示。以4个四分之一中心所包围的矩形面积为基准，也可以用紧邻原点的任何一个小区为基准，求得4个小区面积对于基准区的比值计算得到，计算如公式（4-8）所示：

$$I_d=\frac{Q}{A} \tag{4-8}$$

式中，Q为小区面积；A为四分之一中心线所包围的矩形面积。

离散程度指数I_d数值的变化范围为$0\leqslant I_d\leqslant 1$。显然，当呈现为集中分布状态时，$I_d = 0$；当以 4 个小区平均中心构成的矩形面积为基准时，均匀分布的离散程度指数 $I_d = 0.25$；而以任意的一个小区为基准时，均匀分布时 $I_d = 1$。

表 4-8　不同类型旅游景区离散度指数

城镇节点	平均中心	4 个方向的平均中心			
		东北	西北	西南	东南
所有景区	（119.647 44，32.371 63）	（120.250 20，32.924 32）	（118.720 26，33.728 97）	（119.079 13，31.833 09）	（120.463 33，31.581 04）
工业旅游示范点	（119.870 15，32.230 30）	（120.770 51，33.560 97）	（119.110 74，33.560 95）	（119.025 66，31.817 10）	（120.770 51，31.536 04）
农业旅游示范点	（119.714 01，32.280 40）	（120.215 63，32.779 87）	（118.732 82，33.873 67）	（119.156 200，31.708 73）	（120.480 96，31.470 51）
高等级 A 级景区	（119.695 19，32.146 49）	（120.261 72，32.702 67）	（119.677 28，33.439 30）	（119.069 28，31.824 12）	（120.443 47，31.471 19）
中等级 A 级景区	（119.665 66，32.386 45）	（120.379 42，32.853 06）	（118.632 45，33.590 82）	（118.959 54，31.798 70）	（120.473 24，31.674 51）
低等级 A 级景区	（119.507 90，32.607 07）	（120.099 34，33.158 43）	（118.649 88，33.899 44）	（119.035 44，31.925 97）	（120.327 06，31.821 90）
	S（标准差）	4 个方向的离散指数			
		东北 L_1	西北 L_2	西南 L_3	东南 L_4
所有景区	0.007 8	0.259 9	0.245 1	0.240 2	0.254 8
工业旅游示范点	0.132 8	0.413 0	0.348 3	0.109 2	0.129 5
农业旅游示范点	0.021 7	0.217 1	0.255 2	0.277 8	0.249 9
高等级 A 级景区	0.067 2	0.193 2	0.174 9	0.300 2	0.331 7
中等级 A 级景区	0.029 5	0.221 7	0.219 4	0.277 9	0.281 0
低等级 A 级景区	0.039 1	0.247 7	0.197 9	0.246 2	0.308 2

图 4-4 不同类型旅游景区中心分布

利用公式计算得到离散度指数和区域景区中心，计算结果如表 4-8 和图 4-4 所示。从图表中可以看出，不同类型景区的离散度指数存在一定的差异性，其在各个方向上所表现出的特征也各不相同，在各个方向上的离散度指数也存在明显的差异。通过计算不同方向上离散度指数的标准差，可以衡量离散度指数分布的差异程度，所有景区的离散度指数差异最小，其标准差系数仅为 0.007 8，4 个方向的离散度指数差异性较小，差异性最大的是东北方向，离散度指数为 0.259 9，差异性最小的为西南方向，离散度指数为 0.240 2，两者之间仅相差 0.019 7，均较为接近 0.25 这个理想值。标准差系数最大的是工业旅游示范点，数值为 0.132 8，说明工业旅游示范点在各个方向上的分布均存在明显的不均衡性，有明显的方向倾向，在各个方向上的排序为 $L_1 > L_2 > L_4 > L_3$。农业旅游示范点的标准差系数也相对较小，系数为0.021 7，说明农业示范点的分布差异也相对较小，在各个方向上的排序为$L_3>L_2>L_4>L_1$，在4个方向上的离散度指数依次为0.277 8、0.255 2、0.249 9和0.217 1，最大值和最小值相差0.060 7，说明各个方向存在一定的差异，但是差异不太大。

3种类型的A级景区的离散度指数差异也比较明显，其中标准差系数最高的是高等级A级景区，系数为0.067 2，说明高等级景区在各个方向上的分布相对不均衡；标准差系数最低的是中等级A级景区，为0.029 5，说明中等级A级景区在各个方向上的分布相对均衡，低等级A级景区标准差系数居于其中，为0.039 1。高等级A级景区在4个方向上的离散度指数大小排序关系为$L_4>L_3>L_1>L_2$，中等级A级景区在4个方向上的离散度指数大小关系为$L_4>L_3>L_1>L_2$，低等级A级景区在4个方向上的离散度指数大小关系为$L_4>L_1>L_3>L_2$，3个等级在各个方向上的排序关系相同，说明这样的相互关系具有一致性，即在东南方向上的各类A级景区均分布较多，呈现出集中分布，西南方向次之，而西北方向、东北方向的景区分布相对较少。

通过中心点坐标的计算，我们继而可以分析江苏省不同类型旅游景区的区域中心点分布情况，中心点就是一个区域中距离每个景区的距离平方和最小的一点，其位置取决于不同景区的空间分布位置。

6种类型的景区中心分布在3个县域单元，所有景区中心、中等级A级景区和低等级A级景区的中心点分布在扬州市的江都境内，农业旅游示范点和工业旅游示范点的中心点分布在镇江市的扬中境内，而高等级A级景区的中心点分布在镇江市区。6种类型的景区的中心都偏向于南方，说明江苏省的景区分布存在较大的南北部不均衡性，其中南部偏多，而北部相对缺乏。不同类型景区之间的分布也存在差异，其中低等级A级景区的中心距离其他5个类型的景区中心较远，距离最近的中等级A级景区中心也有28.6千米，且偏于北方，说明低等级A级景区在苏北的分布比例相对较多；高等级A级景区中心位于最南端，距离所有景区中心有25.4千米，这主要是5A级景区大都分布于在长江以南地区，4A级景区也有很大的比例分布在江苏省南部地区。所有景区的中心坐标为（119.647 44，32.371 63），与其最为接近的是中等级A级景区的中心，距离仅相差2.4千米。

4.2　江苏省景区建设对区域经济的响应格局

区域差异发展是现代经济发展的一种常态，把握区域发展差异有利于更好地推动区域均衡发展，旅游业作为国民经济发展的一个重要组成部分，对国民经济发展举足轻重。不难看出一个地区旅游的发展十分依赖于当地景区的发展，因为景区是旅游业最为重要的物质载体，景区空间分布格局的研究已成为旅游研究的一个十分重要的方面。总体来说，该方面的研究主要集中在目的地演化模式、景区空间分布特征、目的地——客源地空间关系 3 个方面。

在演化模式研究方面，学者试图运用区位论（Christaller，1964）、核心-边缘理论（Gormsen，1981；汪宇明，2002）、点轴结构理论（汪德根等，2005）、中心地理论（李玲等，2005；黄静波，2008）等经典的区域空间结构理论来解释旅游地空间结构的特征及其演进规律，同时运用这些理论来指导旅游景区开发和区域发展。

在景区空间分布特征方面，学者尝试运用紧密度指数、最邻近点指数、地理集中度指数、分形指数等数理统计方法（章锦河等，2004；许志晖等，2007）和泰森多边形（Voronoi 图）、密度分析、空间自相关等空间分析方法（谢志华等，2008；袁俊等，2005；丘萍等，2009），对 A 级旅游景区、世界遗产等不同类型旅游景区在多个空间尺度上进行了广泛的研究，探讨了景区格局的区域差异（王昕等，2010）、自然地理背景（长安，2006）及其景区的经济影响域（牛亚菲等，2010）等问题。

在目的地——客源地空间关系研究方面，学者主要从旅游供给与旅游需求的地域分布规律和空间联系特征出发（牛亚菲，1996），探寻景区的市场域及其各级阈值（王铮等，2002；王瑛等，2000）；近年来，学者还从旅游目的地间的空间位移（Alan，2006）、旅游路线选择（Bertine et al.，2006；Shih，2006）等视角建立计量模型来研究目的地——客源地空间关系的演化特征与演化规律，以期揭示空间关系的内在机理。

以往景区空间格局研究主要侧重于景区的空间布局方面研究，而对景区建设和其他相关要素之间的相互关系及其作用机理缺乏深入有效探讨，区域经济发展无疑是影响旅游景区建设至关重要的要素之一，原因如下：首先，一个区域的经济发展越好，与旅游景区建设相关联的基础设施配套也就越完善，景区建设和发展也就相对容易；其次，一个地区的经济发展越好，当地居民的收入水平也就越高，潜在的旅游需求也就越旺盛，本地游客无疑是旅游景区最为重要的客源，因而这对景区的建设和发展也就提供了必要的保障，也为景区的良好发展提供了客源基础。

那么在考虑区域经济变化的基础上，区域内部旅游景区的变化呈现出什么样的空间格局特征，这样格局特征的影响因素和作用机制又如何？这些问题都亟待深入地探讨研究。此外，上述景区的空间差异研究大多假设区域之间是相互独立的，不存在任何的相互作用。而事实上，区域发展的相关理论和实践表明，区域之间是广泛存在扩散（涓滴）效应或极化（回波）效应，这些效应可以缩小或扩大区域之间的空间差异（崔功豪等，1999），传统的区域经济差异度量方法，因其缺乏空间视角，从而忽略了空间因素的影响，尤其是对空间相关性和异质性的分析。基于此，本书构建旅游景区空间格局对区域经济发展的响应指数，并以江苏省为案例地，运用空间变差函数，深入地分析区域旅游景区建设和区域经济发展的内在关系、空间格局、演变过程和影响因素，为区域旅游健康发展提供有益的理论指导，为区域均衡发展提供参考依据。

4.2.1　数据来源

江苏省既是旅游资源的高富集区，又是全国主要的客源产生地，旅游经济高度发达各项指标始终走在全国的前列。从旅游需求来看，江苏省的旅游需求正在向高品质、个性化的旅游方向发展；从供给视角来看，该地区旅游景区建设步伐明显加快，旅游景区的密度位居全国各省份前列，特别是高等级景区的密度，因而旅游景区的高密度、高质量已经成为江苏省景区分布的基本特征。因此，分析江苏省旅游景区空间分布对区域经济发展的响应特征及其响应差异更具有理论意义和应用价值。

国家旅游局在 1999 年颁布了《旅游景区质量等级的划分与评定》标准，该标准的颁布主要是为了更好地推进旅游目的地的标准化管理，以期有效地提升旅游景区的管理水平和服务质量。自该评定标准颁布以来，已经深刻而显著地改变了我国旅游景区建设和管理长期落后的面貌，极大地推进了中国旅游景区的建设，A 级景区已经成为游客出行的重要参考依据，对推动旅游资源开发和区域旅游发展具有重要意义，因而本书选择以 A 级旅游景区作为本章分析的研究对象。

本书选取 2001 年、2005 年和 2009 年 3 个年份为研究断面，同时以 2001—2005 年、2005—2009 年 2 个时间段作为研究段。以县域单元为研究尺度，选取江苏省 68 个县域单元为研究对象，研究相关的数据资料取自 2022—2010 年的《江苏省统计年鉴》。需要说明的是，本书对行政区划调整的区域进行相应的合并处理，以保持研究数据的连续性，以及不同年份和时间段研究结果的可比较性。

4.2.2 分析方法

4.2.2.1 响应指数

$$R = \frac{\sum_{i}^{n_{t+T}} f_i - \sum_{i}^{n_t} f_i}{G_{t+T} - G_t} \times 100 \tag{4-9}$$

式中，n_{t+T}、n_t 分别为一个区域在 $t+T$、t 两个时间节点上旅游景区的个数；f_i 为旅游景区的权重，本研究将 5A 级、4A 级、3A 级、2A 级、1A 级旅游景区权重分别设为 5、4、3、2、1，将所有景区的权重求和即得到一个区域的景区分数；G_{t+T}、G_t 分别为该地区在 $t+T$、t 两个时间节点的地区 GDP，亿元；R 为该区域的响应指数，即用该区域 GDP 每增加 100 亿元，景区分数的增加数值来进行表示。

4.2.2.2 空间变差函数

空间变差函数也称为半变异函数，是描述区域化变量随机性和结构性的基本手段之一，也是进行区域插值的重要方法。设区域化变量 $Z(x_i)$ 和 $Z(x_i+h)$ 分别是 $Z(x)$ 在空间位置 x_i 和 x_i+h 上的观测值[$i=1,2,\cdots,N(h)$]，则空间变差函数可以表示为

$$\gamma(h) = \frac{1}{2N(h)} \sum_{i=1}^{N(h)} [Z(x_i) - Z(x_i+h)]^2 \tag{4-10}$$

式中，$N(h)$ 是分隔距离为 h 的样本量。空间变差函数是在区域化变量满足平稳条件和本征假设的条件下定义的。数学上可以证明，半变异函数大时，空间自相关减弱。距离是方差图的最重要特征，此外，方向也是一个重要的特征量，即各向

同性和各向异性。

表征变差函数的第 4 个参数是分维数，其数值由变异函数$\gamma(h)$和间隔距离 h 之间的关系来确定：

$$2\gamma(h)=h^{(4-2D)} \tag{4-11}$$

分维数 D 是双对数直线回归方程中的斜率，它是一个无量纲数。分维数 D 的大小，表示变异函数的曲率，可以作为随机变异的度量。利用分维数分析，可以对不同变量之间空间自相关的强度进行比较，其值越接近 2，说明空间分布越均衡。需要说明的是，随机分维数 D 和形状分维数有本质的不同，两者的含义不相同。

理论上的半变异函数是未知的，但我们可以通过数值来进行拟合分析。常用的$\gamma(h)$模型有：线性模型、指数模型、球状模型、高斯模型、幂函数模型、抛物线模型等，我们需要对各个模型的拟合结果作进一步的比较分析，选出最优的拟合模型作为分析的模型。

4.2.3　响应格局及其空间差异分析

4.2.3.1　景区格局分布

首先，需要计算各个单元的景区分值，依据各个县域单元拥有的不同等级景区数量及其不同级别景区的权重，计算各个单元在 2001 年、2005 年和 2009 年 3 个不同年份的旅游景区分值，并利用 Jenks 断裂点法，将各个县域单元每个年份的景区分值聚类为 4 类，计算结果如图 4-5 所示。

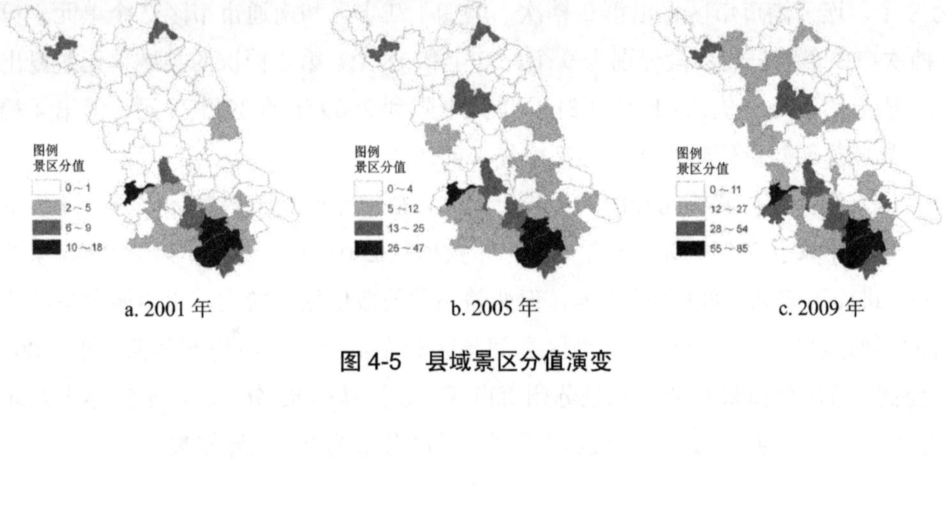

a. 2001 年　　b. 2005 年　　c. 2009 年

图 4-5　县域景区分值演变

从图中可以看出：

（1）从总体格局来看，江苏省旅游景区分布呈现出南多北少的格局，大多旅游景区，特别是优质的高等级旅游景区，主要分布在长江以南地区，而苏中地区和苏北地区旅游景区分布较少。例如，2009年，A级景区在苏南区域所占比例高达51.91%，占据了全省分值的一半以上；而苏中区域和苏北区域所占的比重分别为20.38%和27.71%，和苏南地区的旅游景区数量有着明显的差距。

（2）从演化过程来看，旅游景区的建设速度明显加快，3个年份各个县域单元的景区平均分值分别为1.88、6.71和16.39。苏中地区、苏北地区的旅游景区建设速度则更为迅速，2001年，苏中地区和苏北地区A级旅游景区较为缺乏，仅有的少数景区也主要集中分布在设区市的市区，其他县域单元多位于聚类的第4档次。2005年，长江以北区域的旅游景区建设有了一定程度的改善，部分县域单元脱离了聚类的第4档次。2009年，苏北地区的旅游景区建设得到了进一步的发展，在淮安市、宿迁市等地的旅游景区分值有了明显的改善，旅游景区建设取得了一定的成效。

（3）从聚类结果来看，3个年份处于分值第1档次的单元未发生变化，均包含3个单元：南京市市区、苏州市市区和无锡市市区，且分值最高的始终都是苏州市市区。在第2档次这一级别上，在2001年有5个单元，分别是徐州市市区、连云港市市区、扬州市市区、常州市市区和吴江市；到了2005年，单元数量变为7个，增加了淮安市市区和镇江市市区2个单元；到了2009年，数量进一步增加为8个，连云港市市区退出第2档次，增加了江宁区和南通市市区2个单元。第3档次在3个年份的数量分别为9个、20个和18个。第4档次的县域单元数量出现了明显的下降，从2001年的51个单元下降到2009年的39个单元，但第4档次的县域单元数量依然是4个档次中最多的。

（4）从各个县域单元分值的差异上来看，旅游景区分值的整体差异在逐步下降，笔者计算了3个年份的变差系数，系数值从2001年的2.11下降到2005年的1.42，进而下降到2009年的1.04，但变差系数的数值依然较大，说明旅游景区分值的内部差异依然十分明显，地区之间景区分布依然存在不均衡现象。以2009年为例，景区分值最高的单元是苏州市市区，分值高达85分，而位于江苏省东北部灌河口的响水县却没有一个A级景区，景区分值为0，差异较大。

4.2.3.2 响应格局分布

在计算景区分值的基础上，利用公式（4-9）计算了各个县域单元的旅游景区建设对区域经济发展的响应指数，依然利用 Jenks 断裂点法，将响应指数聚类为 4 个等级，计算结果如图 4-6 所示。

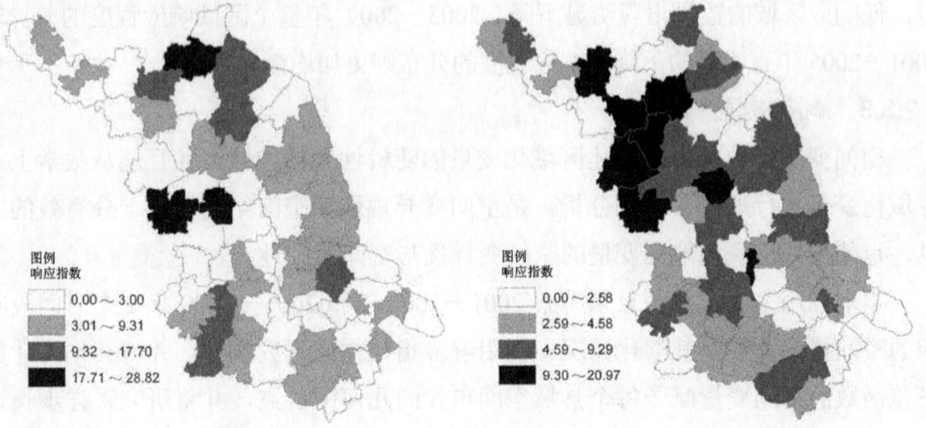

a. 2001—2005 年　　b. 2005—2009 年

图 4-6　响应指数演变

从图中可以看出：

（1）在 2001—2005 年，响应格局的空间分布规律并不突出，不同等级的响应单元分布零散。计算得到全省各个单元响应指数的平均值为 5.58，各个单元中响应程度最高的 3 个单元都分布在苏北地区，即盱眙县、金湖县和东海县，3 个县域单元的响应指数分别为 28.79、28.82 和 25.96；处于第 2 等级的县域单元数量为 9 个，主要位于江苏省的西南部和东北部。由此可见，两个高响应等级的区域数量所占比例相对较少。在这一时间段，江苏省有 21 个单元在该时段没有建设新的 A 级旅游景区，因而响应指数为 0，这些单元大多分布在长江以北地区。

（2）在 2005—2009 年，全省各个单元的响应指数平均值为 4.92，较 2001—2005 年的平均值有所下降，高响应区域主要分布在苏北地区，特别是洪泽湖的周边地区，低响应县域单元主要分布在长江东部沿岸地区、灌河口两岸及其东陇海沿线地区。处于响应第 1 等级的县域单元数量达到了 7 个，第 2 等级的县域单元数量更是达到了 17 个，高效应单元较 2001—2005 年有明显上升，低响应单元的数量出现显著下降，江苏省的景区建设速度明显加快。

（3）从 2001—2005 年和 2005—2009 年比较来看，高响应县域单元的数量有着明显的增加，第 1 等级的单元数量增加了 133.33%，第 2 等级的县域单元数量也增加了 88.89%，且高响应单元的分布范围更加集中于江苏省北部地区。与此同时，低响应区域的数量出现明显下降。2005—2009 年整个区域响应程度的差异较 2001—2005 年有明显的下降，响应程度的分布则更加均衡。

4.2.3.3 响应格局差异分析

空间变差函数能同时描述区域化变量的随机性和结构性，并且能从数学上对区域化变量进行严格有效地分析，是空间变异规律和空间结构分析十分有效的工具，也能很好地表达地理变量的空间变异性与空间相关性。

本书利用空间变差函数来考察 2001—2005 年和 2005—2009 年 2 个时间段响应的空间格局差异及其演化情况。利用响应指数作为研究数据，并将其作为计算变差函数的空间变量赋予每个县域空间单元的几何中心点，并将研究采样步长设定为 35 千米（保证步长的大小乘以步长数约等于样点间最大距离的 0.5 倍），分别计算实验变差函数（理论变差函数是未知的，只能从有效的空间样本中估计实验变差函数），对样点数据采用球体模型、高斯模型、指数模型、线性模型等模型进行拟合，最终选择拟合度最高的模型作为最后的研究模型，并计算各个年份在不同方向上的分维数，拟合结果如表 4-9、表 4-10 和图 4-7 所示。

表 4-9 响应格局变差函数拟合参数

时段	变程 a/km	块金值 C_0	基台值 C_0+C	块金系数 $C_0/(C_0+C)$	拟合模型 Model	决定系数 R^2
2001—2005 年	82.62	0.10	51.19	0.002	Gaussian	0.910
2005—2009 年	20.18	3.67	19.68	0.186	Spherical	0.969

表 4-10 变差函数分维数

时段	全方向		南—北		东北—西南		东—西		东南—西北	
	D	R^2	D	R^2	D	R^2	D	R^2	D	R^2
2001—2005 年	1.711	0.661	1.818	0.326	1.883	0.103	1.606	0.576	1.680	0.619
2005—2009 年	1.755	0.931	1.807	0.362	1.969	0.005	1.737	0.511	1.756	0.844

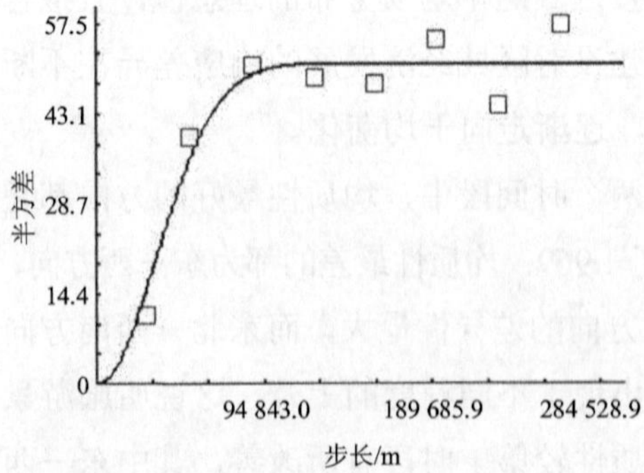

a. 2001—2005 年

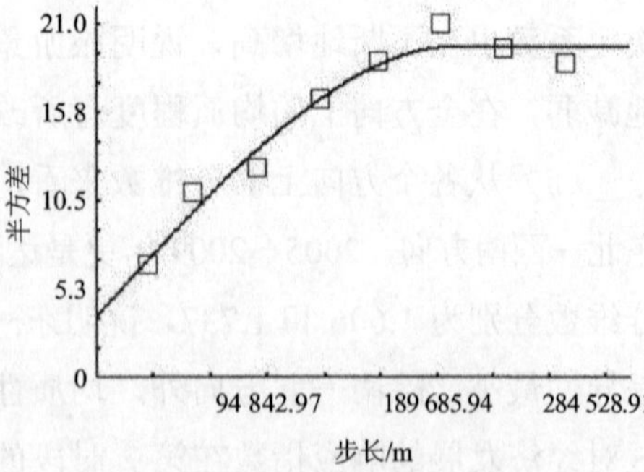

b. 2005—2009 年

图 4-7　响应指数变差函数演化

从图表中可以看出：

（1）由基台值、块金值和块金系数指标变化来看，江苏省旅游景区建设对区域经济发展的响应在 2001—2005 年和 2005—2009 年两个时间段，响应的空间差异在不断地增大，基台值从 2001—2005 年的 51.19 下降到 2005—2009 年的 19.68，同时块金值也出现明显的上升，但块金系数则出现上升，由 2001—2005 年的 0.002 上升至 2005—2009 年的 0.186，这表明在不断缩小的响应差异中，数据变异的随机成分在不同时期有着不同的表现，由空间相关引起的结构化分异在不断地减弱。

（2）在方差拟合图中显示，两个时间段的响应指数在既定步长下的变程下降较为明显，从 2001—2005 年的 82.62 千米下降到 2005—2009 年的 20.18 千米，这说明旅游景区建设对区域经济发展的响应差异由结构化空间梯度引起空间关联效应作用范围在不断减弱，影响在降低。

（3）通过最小二乘法选择的空间变差拟合模型在 2001—2005 年和 2005—2009 年两个时段所采用的拟合模型分别为高斯模型和球体模型，且决定系数都比较高，说明拟合程度均较好，且 2005—2009 年的拟合系数好于 2001—2005 年，由此可见两个时间段表现出不同的结构特征，表明在响应差异的随机性较弱，结构分布特征明显，且随着时间的推移，空间的自组织性有不断加强的趋势。

（4）从变差函数的全方向分维数来看，分维数值从 2001—2005 年的 1.711 上升到2005—2009年的1.755，数值越来越接近2这个均质分布的理想值，且拟合决定系数也在不断地增高，说明旅游景区建设对区域经济发展的响应差异在不断地减弱，在全方向上的均质程度有所改善，逐渐走向于均衡化。

（5）从各个方向上的分维数来看，在两个时间段中，均质性最好的方向都是东北—西南方向，2005—2009年更是达到了1.969；均质性最差的都为东—西方向，分维数分别为1.606和1.737，说明东—西方向的差异性最大，而东北—西南方向差异性最小。除南—北方向外，均质性都出现了不同程度的上升，这说明旅游景区对经济发展的响应指数在第2时段的均质性较第1时段有所改善，其中东—西方向差异的改善最为明显，内部差异明显降低。

（6）从Kriging插值拟合图来看，可以清晰地看出两个时段影响格局的演变过程，分布形态和内在结构。2001—2005年呈现出以东海、盱眙和金湖、高淳和溧水为中心的3个响应极核，并以极核为中心向外扩散。2005—2009年极核数量减少为1个，景区建设响应格局呈现以洪泽湖为中心的极核特征，并以此为中心向外扩散，长江以北区域，特别是苏北地区，旅游景区建设对区域经济的响应程度要明显高于苏南地区。

4.2.4 响应类型划分

旅游景区建设对区域经济发展响应指数的空间差异是客观存在的，但不同区域的响应指数有着不同的经济发展背景。为此，可以根据响应指数的差异情况及其经济发展的背景，对不同县域单元进行进一步的类型划分。首先，将响应指数聚类为3种类型，即高度响应型、中度响应型和低度响应型；其次依据GDP变化量的高低，聚类为2类，即高位型和低位型；最后将3种响应指数和2类经济背景进行交叉叠加分析，最终划分出6种响应类型，即低位低度响应型、低位中度响应型、低位高度响应型、高位低度响应型、高位中度响应型和高位高度响应型。按照上述6种类型，将2001—2005年和2005—2009年两个时间段的县域单元进行类型划分，划分结果如表4-11所示。

表 4-11　两个时间段的不同响应类型划分

类型	特征	2001—2005 年	2005—2009 年
低位低度响应型	该类型区域经济发展落后，经济增量少，而且旅游景区建设迟缓	六合区、浦口区、仪征市、高邮市、宝应县、江都区、如东县、启东市、通州区、扬中市、丹阳市、兴化市、靖江市、泰州市市区、丰县、铜山区、睢宁县、邳州市、赣榆区、洪泽县、响水县、滨海县、阜宁县、盐城市市区、沭阳县、泗洪县、泗阳县	浦口区、高淳区、溧水区、仪征市、江都区、海安市、如皋市、如东县、启东市、海门区、通州区、句容市、金坛区、溧阳市、兴化市、靖江市、泰兴市、姜堰区、丰县、铜山区、睢宁县、新沂市、东海县、涟水县、响水县、滨海县、阜宁县
低位中度响应型	该类型区域经济发展落后，经济增量少，区域旅游景区建设和经济发展相适应	江宁区、高淳区、海安市、如皋市、海门区、金坛区、溧阳市、泰兴市、姜堰区、沛县、灌南县、涟水县、射阳县、建湖县、东台市、大丰区、宿迁市市区、淮安市市区	高邮市、扬中市、赣榆区、灌云县、灌南县、连云港市市区、洪泽县、金湖县、射阳县、建湖县、东台市、大丰区、盐城市市区、淮安市市区
低位高度响应型	该区域经济发展落后，经济增量少，但景区建设速度较快，积极发展旅游业，希望通过旅游业带动经济发展	溧水区、句容市、新沂市、东海县、灌云县、连云港市市区、盱眙县、金湖县	宝应县、泰州市市区、邳州市、盱眙县、沭阳县、泗阳县、泗洪县、宿迁市市区
高位低度响应型	该区域经济发展较好，经济增量加大，但旅游景区建设速度相对经济发展较慢，旅游业发展还不够充分	南京市市区、南通市市区、常州市市区、宜兴市、江阴市、无锡市市区、张家港市、常熟市、太仓市、昆山市、吴江市、苏州市市区、徐州市市区	六合区、江宁区、常州市市区、江阴市、丹阳市、张家港市、常熟市、太仓市、昆山市、吴江市、徐州市市区
高位中度响应型	该区域经济发展较好，经济增量加大，旅游景区建设速度相对经济发展相匹配，旅游业发展还不够充分	扬州市市区、镇江市市区	南京市市区、无锡市市区、扬州市市区、南通市市区、镇江市市区、宜兴市、苏州市市区
高位高度响应型	该区域经济发展较好，经济增量加大，旅游景区建设速度相对经济发展更快，旅游业发展处于经济发展的龙头	无	无

从类型划分结果来看，低位低度响应型和高位低度响应型 2 种类型的县域单元数量最多，却没有一个县域单元符合高位高度响应类型，说明大多数县域单元旅游景区建设要明显落后于县域经济的发展。从两个阶段的比较上可以看出，区域单元类型的变化总体上较为频繁，只有约 40%县域单元保持了原有的类型，其中低位低度响应型和高位低度响应型未发生变化的县域单元较多，这也说明了低度响应型单元具有更好的稳定性，而中高度响应的县域单元的旅游发展对经济的响应更易发生变化。

4.2.5 演化影响因素及其调控措施

4.2.5.1 影响因素及其驱动机制

响应格局的演化过程是个十分复杂的系统，在从原有响应格局向现有响应格局的演化过程中，影响因素同样存在多样性，概括起来主要包括两个层面的影响因素：表征层面的影响因素和内在层面的影响因素。表征层面的影响因素主要是指和响应指数存在直接关联的影响因素，即县域单元的景区建设和县域单元经济发展情况两个方面。表征因素是表层的直接因素，其背后更为主要的是内在因素的影响，这些因素主要包括资源禀赋、客源市场、交通区位、发展政策等方面，其作用机制如图 4-8 所示。

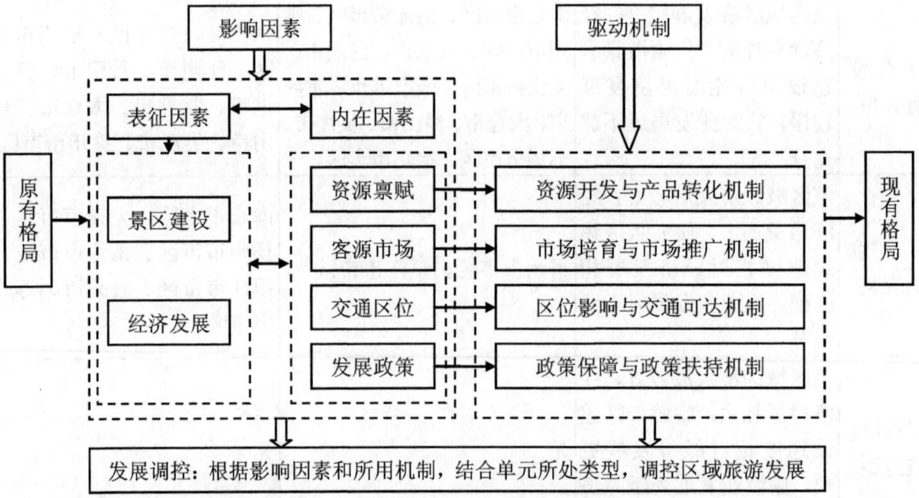

图 4-8 格局演化的影响因素及其驱动机制

旅游资源是景区建设的根本基础，旅游资源质量和旅游者空间行为之间存在着很强的相关性，旅游景区是以一定的地域空间单元为载体，表征具有观赏游憩价值的地表形态地理单元或人文景观。旅游资源质量直接影响着区域旅游的空间规划布局，旅游资源的差异也必然改变着旅游景区的开发格局，进而影响区域的响应格局。人文历史悠久、自然景观突出的高质量旅游资源往往被作为重点资源而优先得到开发，也最有可能成为区域旅游的中心节点，成为带动周边旅游发展的重要旅游载体。在旅游资源相对匮乏的区域，其旅游开发强度一般比较低，景点层次也较低，仅仅作为满足当地居民日常游憩休闲活动场所的基本需要，在旅游空间规划布局中地位并不高，可能发展成为区域旅游的末端旅游节点。某些区域若有重大自然或历史遗产发现，或者重大旅游建设项目的落成，其资源质量等级会得到明显提高，原有的旅游景区建设格局也将会随之发生改变。江苏省北部地区多为广袤的平原，且河网交错，因而该区域少有的丘陵以及面积较大的湖泊会优先被确定为旅游景区建设对象，也更容易吸引周边游客到此进行旅游观光度假，如泗洪县洪泽湖湿地公园、盱眙县第一山景区、邳州市艾山风景区等，这些景区的建设带动了当地的旅游发展。

客源市场是旅游景区能否建设以及建设规模的重要评判标准，客源市场的潜力有多大，客源市场结构如何，都将决定一个区域旅游景区的未来建设发展。旅游景区往往通过消费需求驱动和市场营销驱动发挥作用，旅游市场规模大小、旅游者消费能力大小、闲暇时间长短及市场需求的变化都直接影响区域旅游的投资方向、建设规模与发展潜力；而旅游形象塑造与市场推广则成为旅游景区知名度提升、旅游品牌塑造、游客与效益增长的重要动力。随着江苏省整体经济的快速发展，居民的消费能力日益增强，在休闲时间的约束下，短距离旅游始终是江苏省旅游的主力军，因此本地客源市场得到巨大的发展，因而许多县市，特别是旅游发展相对落后的苏北地区县市，利用这一机遇，加大了旅游景区建设步伐，加快地区旅游品牌的推广，有针对性地对苏南地区及其重要交通沿线等重要的客源市场进行持续的营销。这些市场行为既促进了当地国民经济的发展，又进一步推动了当地的景区建设，从而间接地改变了原有的响应格局。

交通区位是另一个重要的原因，它既决定了区域的经济发展，又影响着客源地和目的地之间沟通的便捷性。从旅游景区建设上看，苏南地区比邻上海，经济较为发达，交通区位优势也十分明显，因而该地区旅游资源开发也相对较早，旅游景区建设步伐也比较快。随着苏北地区交通的发展，原有的交通劣势有所改观，苏北地区旅游发展也明显加速，再加上自身旅游景区的匮乏，即便少量的旅游景区建设就能带来较大幅度的旅游分值的增长。从区域经济上来看，交通区位造成的江苏省区域经济的发展差异由来已久，苏南地区和苏北地区经济发展差异明显。苏南地区雄厚的经济基础，使得在同样增长率的情况下，国内生产总值（GDP）绝对增量明显高于苏北地区，从而导致苏南地区旅游景区建设对地区经济发展响应的灵敏度下降。相反，苏北地区的绝对增量相对较小，即便是少量的旅游景区建设也能够带动该地区响应指数快速增长，体现出很强的响应度。

区域发展政策是空间格局演化的重要推手，在区域发展中扮演着十分重要的角色。旅游景区建设本身就蕴含着潜在的经济行为，因而各个地区迥异的旅游发展政策，无时无刻不在左右着旅游景区建设和响应格局的变化。随着地区经济的快速发展，环保问题日益受到关注，产业结构调整的压力也日益突出，旅游业作为一项十分重要的现代服务产业，江苏省政府提出努力把旅游业发展成为江苏省国民经济战略性支柱产业和人民群众更加满意的现代服务业。江苏省以前对旅游业的发展重心多趋于苏南地区，苏南旅游得到快速发展。近年来，随着南北之间发展差距的不断加大，缩小区域间发展差异成为江苏省经济发展的根本要求，也是推动区域均衡发展的重要手段。旅游业作为国民经济的重要组成部分，省、市、县三级政府在两个层面推动苏北旅游经济的发展。如省政府将以徐州市、宿迁市、淮安市为主体的徐宿淮旅游圈纳入江苏省旅游三大旅游圈之一，沿江、沿海、沿运河三条特色旅游带中有两条旅游带贯穿苏北腹地，苏北旅游发展日益得到省级层面的高度重视。与此同时，许多市级政府、县级政府也从当地社会经济发展的内在需求出发，积极响应省级层面的相关旅游政策，发掘自身资源潜力，突出发展优势，积极对接国家、省级旅游发展圈轴，促进产业融合，以多元化的手段推进区域旅游跨越式发展，如盱眙县早在 2002 年就率先在全省县级城市中提出了“旅游兴县”的发展战略，把旅游业发展放到与新型工业化同等的高度，探索出了具有盱眙县特点的旅游业发展之路；泗洪县旅游业在“十一五”规划期间步入起步期，利用辖区内洪泽湖的生态优势，提出了“建设江苏省生态旅游第一县”的发展目标，旅游发展已驶入“快车道”，旅游业也发展成为泗洪县国民产业体系中的重要产业之一，建设了洪泽湖湿地公园、观鸟园、穆墩岛等沿湖生态旅游景区，其中洪泽湖湿地公园景区也创建成为宿迁市唯一的一家 5A 级旅游景区。

4.2.5.2　调控措施

不同的区域单元应根据自身所处的不同响应类型，以及内在的驱动机制，差异化制定与区域单元相符合的区域旅游发展政策。低位低度响应型县域单元应该寻求区域内独特的旅游资源，积极吸引外部投资，加快高质量旅游资源向特色化的旅游产品转化，以此带动区域经济和区域旅游的高质量发展。低位中度响应型县域单元应积极推广现有旅游产品，加大营销力度，大力开拓新产品，加快区域旅游经济健康稳步发展。低位高度响应型县域单元应看到旅游产业在国民经济发展中的重要地位，持续加强市场推广，塑造高端旅游品牌，促进现有产品的转型升级，推动旅游产业的业态融合创新，提升旅游产业的带动作用，使旅游经济成为区域经济向高位发展的重要引擎。高位低度响应型县域单元应充分发挥自身的经济基础优势，加大对旅游业的扶持力度，加大与旅游相关基础设施的投资力度，推动旅游资源向旅游产品的转化，使得旅游经济成为区域经济发展新的增长点。高位中度响应型县域单元旅游发展相对成熟，该类型单元应充分利用自身的经济优势和市场优势，打造高端休闲度假旅游产品，延伸产业链、拓展产业面，努力开拓新的旅游业态，并持续进行市场推广，加强品牌塑造能力，积极打造国内乃至国际一流的旅游目的地。

4.3　本章小结

本章以江苏省为案例地，运用空间变差函数，构建旅游景区格局对区域经济发展的响应指数，分析了区域旅游景区建设的格局特征及其演变过程，并探讨了旅游景区建设对区域经济发展响应的空间格局、演变过程、类型划分及其影响因素，提出了优化调控措施，得到了一些有益的结论，具体如下：

（1）江苏省旅游景区分布呈现出南多北少的空间格局，南京市市区、苏州市市区和无锡市市区的景区分值最高，处于第一等级，苏北地区的旅游景区建设得到了进一步的发展，淮安市、宿迁市等地旅游景区分值有了明显的改善，但其内部差异仍然巨大，2009 年变差系数依然高达 1.04。

（2）2001—2005 年，响应格局的空间分布规律并不突出，各个等级的县域单元分布零散。2005—2009 年，高响应区域的数量有着明显的增加，高响应县域单元主要分布在苏北地区，特别是洪泽湖周边地区，低响应县域单元主要分布在长江东部沿岸、灌河口及其东陇海沿线，响应分布更加均衡。

（3）旅游景区建设对经济的响应差异由结构化空间梯度引起空间关联效应作用范围在不断减弱，响应差异的随机性较弱，结构分布明显，且随着时间的推移，空间自组织性有不断加强的趋势。从分维数来看，景区响应差异在不断减弱，在全方向上的均质程度有所改善，逐渐走向均衡化。从各个方向上的分维数来看，两个时间段，均质性最好的都是东北—西南方向，均质性最差的都为东—西方向。

（4）根据响应指数的差异以及经济发展背景的不同，将各个县域单元划分为 6 种响应类型，其中低位低度响应型和高位低度响应型 2 种类型的县域单元最多，且具有较好的稳定性，中高度响应县域单元则更易发生变化。

（5）将响应指数变化的影响因素分为表征层面的影响因素和内在层面的影响因素两大类。表征因素主要包括景区建设和经济发展，内在因素主要包括资源禀赋、客源市场、交通区位和发展政策 4 个因素。分析了各个因素对响应格局的作用机制，并据此提出不同类型响应单元的差异化调控措施。

最后需要指出的是，本研究尚存在一定的局限性，对经济指标的选取过于单一，仅选择 GDP 这一单一指标来衡量区域经济发展，研究的时间跨度也较短，仅选择了 3 个时间断面和 2 个时间段。然而，长时间、多指标（甚至是指标体系）的研究对于揭示区域景区建设对区域经济发展的响应差异及其演变机制又是十分必要的，因而这些不足都将成为未来研究进一步深化的方向。

第 5 章　江苏省高速公路的交通流动特征

交通发展的水平决定了不同区域之间相互作用的强度与广度，交通发展影响和改变着原有的经济活动空间，是推动社会经济空间结构重塑的重要力量之一（Jin et al.，2013）。充分把握交通要素对区域经济活动的影响，对于深刻理解和认知各类经济要素及其经济活动的空间布局规律具有重要的意义。随着现代交通运输技术的快速发展，以高速公路、航空和高速铁路等为运输主体的快速交通网络已经逐渐形成，并成为现代交通运输体系中最为重要的组成部分（柯文前等，2016）。研究者也对这些快速的交通运输体系进行了广泛而深入的探讨，具体表现在以下几个方面：

在航空研究方面，国外研究者多注重从宏观的视角分析全球及其欧洲、北美等地航线组成的航空网络特点和演化过程（Paleari et al.，2010；Lordan et al.，2014；Jia et al.，2014），从微观视角探究各个航空公司的客运、货运网络的特点，并进一步提出网络设计和优化的方法（Bowen，2012；O'Kelly，2014；Reis，2014）；在国内，随着国内航空业的深入发展，航空业成为居民出行和货物运输的重要方式，航空港布局规律、空间服务范围和航空网络组织模式等研究已成为交通地理学的新兴研究领域（王姣娥等，2011），如探讨航空客流网络发展的空间模式（金凤君等，2005），分析中国东部、中部、西部地区航空客流之间的空间差异（王法辉等，2003），评价各个机场的中心性（莫辉辉等，2010）、各个机场体系格局（王姣娥等，2006），航空网络复杂性（Wang et al.，2011），以及基于航空网络的中国城市体系的等级结构（薛俊菲，2008）。

在高速铁路研究方面，近年来高速铁路的快速发展，大大改变了区域原有的时空格局。高铁以其快速准时、运输量大的特点而受到出行者的青睐，也改变了居民的出行方式。国内外地理学者侧重于高速铁路的空间效应分析，主要集中在以下两个方面：一是高速铁路建设开通带来的城市之间通达时间的改变，即可达性的变化（Gutiérrez et al.，2010；姜博等，2016；Jiao et al.，2014；蒋海兵等，2010），高速铁路开通明显地压缩了城市之间的通勤时间，"时空收敛"效应十分明显，改变了城市的区位特征，进而改变了原有的区域空间结构，不断地重构着区域发展的空间格局（Shaw et al.，2014；Chen，2012；焦敬娟等，2016）；二是高速铁路改变了原有城市间的要素流动方式与流动格局，要素在不同交通运输方式之间重新选择配置，影响了居民的日常出行行为和生产企业区位选择（Park et al.，2006；吴康等，2013；王姣娥等，2013；汪德根等，2015），从而进一步推进沿线城市的经济发展（Ureñaa et al.，2009；汪德根等，2016），在缝合区域发展不均衡的同时，也在另一面加剧了沿线城市和非沿线城市之间的发展潜力差距。

在高速公路研究方面，高速公路建设成本较低，公路网络更为密集，易于实现点对点之间的运输，日益优化的高速公路网同样带来了明显的时空收敛效应，已成为大中城市之间社会经济联系的重要途径（柯文前等，2016），对区域发展产生了较为深远的影响，地理学者研究主要集中在高速公路网的空间布局模式（王成金，2006），区域可达性改变（曹小曙等，2003；吴威等，2006；Ribeiro et al.，2010；王成金等，2016），公路物流网络体系构建（徐建等，2009；王鑫磊等，2012）及其基于公路流量的城市等级体系构建（王海江等，2016；陈伟等，2017）等方面。中国庞大的高速公路网络，加之不断增长的汽车保有量，使得公路成为货物运输和短距离居民出行的重要选择。

上述三类交通方式是城市之间联系的主要形式，其运营方式和运行速度的不同，使得它们在功能定位上存在明显的差异性和互补性（Black，2003），并且进行着多种交通范式的联合运输。人们选择高速公路作为交通方式时，更多地倾向于短距离流动，且人流与货流是相互混合，因而可以更有效地识别城市之间的关联结构及其空间联系（柯文前等，2016）。交通流量是区域之间联系最真实直观的反映，然而在以往的研究中，研究者多关注于高速公路网络本身，而对于高速公路流量的分析却十分地有限，其背后的根本原因是什么呢？研究数据是支撑不同要素间或者区域间时空关系研究的根基所在，研究数据获取的难易程度，直接影响到不同时空尺度上各类要素之间关系研究的深度与广度（刘法建等，2012）。中国的高速公路绝大部分是收费性公路，这样的收费记录对交通流量的研究具有十分重要的意义。高速公路联网收费数据对进出路联网车辆的相关信息进行了不间断、实时、连续的观测、记录和存储。建立在单个车辆记录之上的细粒度化的流量数据蕴含着十分丰富的时空信息，这些像“分子”一样的数据在宏观和微观之间架起了一座桥梁，为区域交通流动分析找到了良好的分析视角。

基于此，本书拟以江苏省为案例区，基于高速公路联网收费数据，获取数据中的时空信息，构建江苏省内高速公路网络 OD 流量矩阵，从收费站之间的流动和县域之间的流动两个层面深入探究江苏省交通流动特征，并在此基础上进一步分析影响区域交通流动格局的社会经济影响因素。

5.1　数据说明和研究方法

5.1.1　数据来源

江苏省地处长江三角洲地区，经济发达，地形以平原为主，北部和南部有少许丘陵分布，长江横贯其中，将江苏省分为南、北两大区域，南北经济发展不协调。江苏省高速公路建设始终走在全国前列，过江通道建设也在不断完善，江苏省境内高速路网密度位居全国各省（自治区、直辖市）第一位。高速公路的收费主要通过收费站来实现，收费站共有两种：一种是纳入全省联网的收费站点，进入该类站点时需要取卡，驶离这类站点的时候需要还卡缴费，绝大部分的收费站点是这一类型的站点，我们将其称为存在 OD 流量的收费站；另一种是没有纳入江苏省联网的收费站点，经过此类站点时只需要缴费就可以了，比如南京市的机场高速收费站。江苏省拥有存在 OD 流量的收费站共计 350 个。由于本书研究江苏省区域内部各个节点之间的空间联系特征，因而省界收费站点对本书来说缺乏研究意义，故将其相关的交通流动剔除，最终得到存在 OD 流量的收费站点 334 个，收费站点基本覆盖整个江苏省区域，具体分布如图 5-1 所示，这 334 个收费站点间的交通流量是本章研究的数据基础。

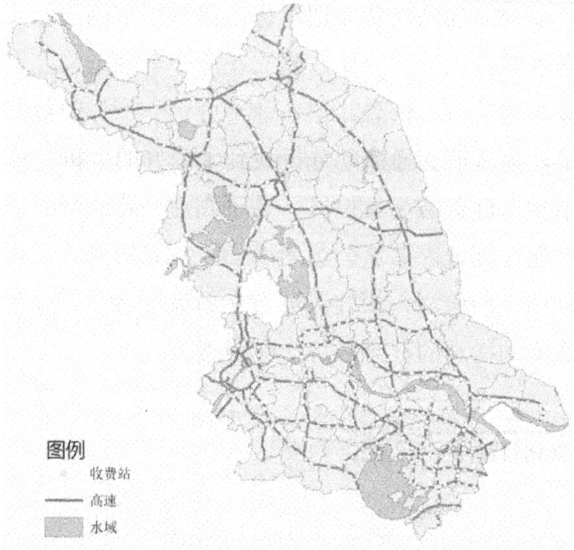

图 5-1 高速公路分布

本章的站点间的交通流数据源于江苏省高速公路运营管理中心，数据的年份为 2014 年，该数据记录了 2014 年全年江苏省高速公路网络真实的车流量。每辆汽车在高速公路的运行数据中，都记录着该车进站和出站的收费站名称、进出站时间、收费金额、车辆类型等信息，共计获得了 2014 年全年江苏省内车流记录 234 535 769 条，利用数据分析软件对车流记录进行逐条数据汇总，整理得到“进站—出站”构成 334×334 的二维 OD 交通流量矩阵，这个矩阵就方便地记录了 2014 年全年 334 个收费站点之间的汽车流量，并以此作为分析的数据基础。

鉴于目前中国大多数人口、经济等统计数据均是以县域为统计单元，为了更好地分析交通流动的成因，有必要进一步探讨县域层面上的交通流时空特征。江苏省共有 19 个县、55 个市辖区和 22 个县级市，由于部分市辖区面积往往较小，本章对其进行相应的合并处理，最终得到 63 个研究单元（图 5-1）。2014 年有高淳、如东、阜宁和金湖 4 区县没有收费站或收费站流量数据没有并入联网收费网络，故将这 4 个区县剔除。将县域内的所有收费站点的流量数据作为这一个县的流量，汇总得到县域单元尺度的 59×59 二维流量矩阵，用于分析县域之间的交通流动规律特征。本书在进行影响因素分析时还涉及一些社会经济统计数据，该类数据来源于 2015 年的《江苏省统计年鉴》（江苏省统计局，2015），并以此数据进行影响因素的分析。

5.1.2　研究方法

5.1.2.1　节点流量

在有向流动网络中，不同节点间的车流量存在较大的差异，造就了不同交通节点在流动网络中的地位差别，有的节点流量特别大，其地位也就很重要；相反，一些交通节点流量特别少，网络中的重要性也就比较低。一个节点的重要性可以用流入量、流出量和总流量 3 个指标来进行描述，三者计算公式如下：

流入量：

$$C_{\text{in}i} = \sum_{j=1}^{n} l_{ji} \tag{5-1}$$

流出量：

$$C_{\text{out}i} = \sum_{j=1}^{n} l_{ij} \tag{5-2}$$

总流量：

$$C_i = C_{\text{out}i} + C_{\text{in}i} \tag{5-3}$$

式中，$C_{\text{in}i}$、$C_{\text{out}i}$ 分别为网络中交通节点 i 的流入量和流出量，辆；l_{ji} 为从交通节点 j 流向交通节点 i 的流量，辆；l_{ij} 为从交通节点 i 流向交通节点 j 的流量，辆；C_i 为交通节点 i 的总流量，辆。

根据各个交通节点流入量和流出量的差异，计算各个交通节点的流出率，具体计算公式如下：

$$O_i = (C_{\text{out}i} - C_{\text{in}i}) / C_i \tag{5-4}$$

式中，O_i 为交通节点 i 的流出率，%；$C_{\text{out}i}$ 为交通节点 i 的流入量，辆；$C_{\text{in}i}$ 为交通节点 i 的流入量，辆；C_i 为交通节点 i 的总流量，辆。O_i＞0 表示该交通节点为净流出，数值越大，净流出比率越大；O_i＜0 表示该交通节点为净流入，交通节点的流入量大于流出量，同样数值的绝对值越大，净流入的比率越大。

5.1.2.2 Hellinger 相关系数

Hellinger 相关系数可以用来测度两者分布的相关性（Vegelius et al.，1986），假设两个连续分布函数的概率密度函数 p（x）和 q（x），那么在相同的 X 域内，Hellinger 相关系数可以用下面的公式计算得到

$$R_H = \int \sqrt{p(x)q(x)}dx \tag{5-5}$$

在离散分布的情况下，计算公式可以改写为下面的形式：

$$R_H = \sum_{x \in X} \sqrt{p(x)q(x)} \tag{5-6}$$

5.1.2.3 社区结构

社区结构（community）是假设整个网络是由若干个“群”或“团”构成，社区内节点之间的连接相对较紧密，而社区之间的连接相对比较稀疏。社区结构的识别是利用 Aaron 等（2004）提出的 CNM 算法。社区结构是基于“相似者相近”的原则进行划分，具有较短距离的城市属于同一个社区。城市距离是指城市在网络中的拓扑距离，而非城市间的真实地理距离。拓扑距离的计算综合考虑了城市间的连接性和联系强度，即具有车流联系的城市，其联系频数越高，城市间拓扑距离越小。整体上，位于同一个社区的城市之间具有较强的车流联系强度，而不同社区的城市间的联系相对较小。社区模块度（Community modularity）是由 Newman 和 Girvan（2004）提出的衡量网络社区结构明显程度的标准，是网络的一个固有属性值。计算公式如下：

$$Q = \frac{1}{2m} \sum_{ij} \left(A_{ij} - \frac{k_i k_j}{2m} \right) \delta(C_i, C_j) \tag{5-7}$$

式中，A_{ij} 为节点 i 和 j 之间的边权重，代表网络中所有边的权重之和；k_i 和 k_j 为节点 i 和节点 j 的在非加权网络中的度值；C_i 和 C_j 为节点 i 和节点 j 所在的社区；m 为网络中可能存在的最大连接数。Q 值介于 0～1，Q 值越接近 1，说明社区结构越明显，在现实网络中，Q 值通常介于 0.3～0.7。

5.1.2.4 地理加权回归（GWR）模型

GWR 模型在传统回归分析的基础上引入了空间自相关，该模型在探讨区域影响因素方面能很好地反映变量间的空间位置关系，同时它也能够捕捉空间数据

的非平稳性和相互差异（Brunsdon et al.，1998）。具体的 GWR 模型见本书的第 3 章研究方法部分。

5.2　流动特征分析

本部分拟从收费站点和县域单元两个尺度探讨高速公路车辆流动特征，以期更全面地了解江苏省高速公路汽车流动情况。在分析流动特征时，作者主要从流动路径和交通节点规模两个方面进行细致地刻画。

5.2.1　收费站之间流动特征分析

统计得到江苏省 334 个收费站点之间共存在流动路径 105 121 条，利用 ArcGIS 软件对二维流量矩阵中站点间流量数值大于 10 000 辆的路径进行可视化表达，结果如图 5-2a 所示。从图中可以看出，流量值较高的路径主要存在于江苏省南部地区，呈现出以南京市、苏州市、无锡市等市域范围内的核心收费站为中心的放射性结构，苏南地区网络密度较大。广大的苏北地区交通流动路径密度较小，且各个路径的流量较小。进一步分析得到不同流量数据及其流量占比情况，结果如表 5-1 所示，2014 年流量在 50 万辆以上的路径共有 22 条，这些路径的流量占总流量的比重为 7.37%；流量在 20 万～50 万辆的路径有 79 条，该区间的流量占比为 9.47%；流量在 1 000 辆以下的流动路径多达 84 126 条，而该区间段的流量占比却仅为 6.45%。由此可以看出，江苏省内收费站之间的车流主要发生在少数高流量的路径上，核心收费站点之间的车流肩负着区域之间联系的重任，而其他绝大多数路径的流量均较小，收费站点间的联系也较小。

根据“进站—出站”的两个收费站的空间坐标进行连线处理，可以得到路径的流动方向，将每一条路径的流动方向汇总，得到全部路径的流动方向分布如图 5-2b 所示。从图中可以看出，路径在各个方向上均有分布，但各个方向上的流量分布存在明显差异。统计 8 个方向上的流量占比如表 5-2 所示，东北方向和西南方向的占比仅分别为 6.60%和 6.25%，为流量占比最少的两个方向；西北方向和东南方向的流量占比最高，分别为 16.20%和 16.42%。可以看出，路径的流动方向主要集中于西北方向和东南方向，东北方向和西南方向的路径流量较少。

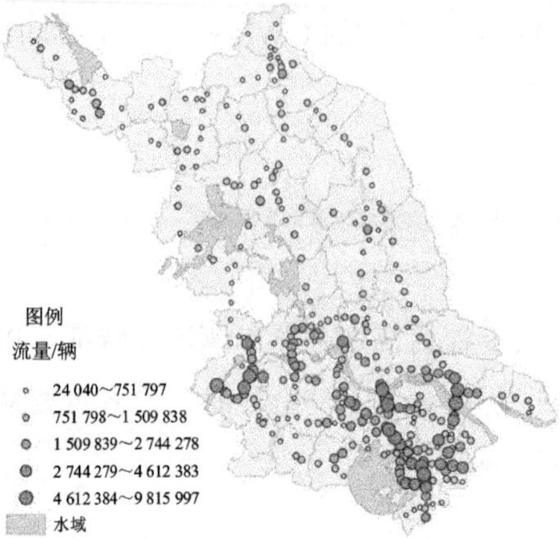

a. 收费站点间流动网络

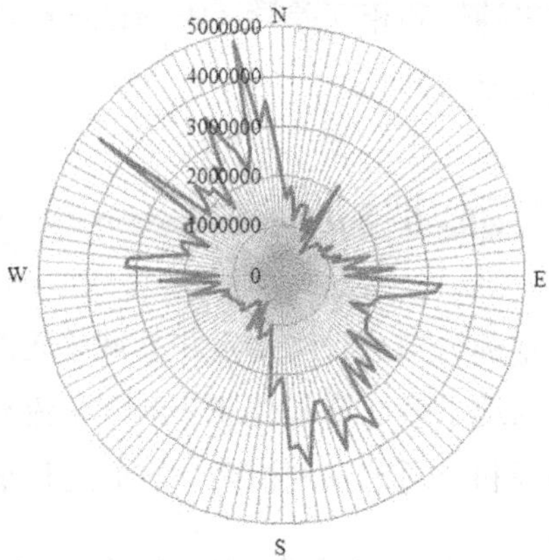

b. 站点间流动方向

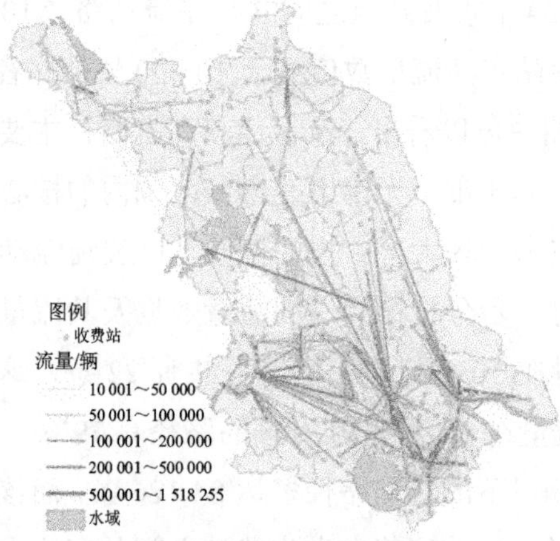

c. 高速公路收费站点流量分布

图 5-2 收费站点间流动特征

表 5-1 收费站间不同流量规模路径分布

流量规模/辆	路径数/条	流量占比/%	累计比例/%
＞500 000	22	7.37	7.37
200 001~500 000	79	9.47	16.84
100 001~200 000	193	11.26	28.10
50 001~100 000	419	12.23	40.33

流量规模/辆	路径数/条	流量占比/%	累计比例/%
20 001～50 000	1 409	18.45	58.78
10 001～20 000	2 015	12.04	70.82
5 001～10 000	3 189	9.60	80.42
2 001～5 000	6 521	8.82	89.24
1 001～2 000	7 148	4.31	93.55
≤1 000	84 126	6.45	100

表 5-2　各个方向流量占比

方向	北	东北	东	东南	南	西南	西	西北
流量占比/%	14.57	6.60	12.05	16.42	15.50	6.25	12.41	16.20

利用公式（5-1）和公式（5-2）分别计算各个站点的流入度和流出度，并利用 ArcGIS 中的 Hot Spot Analysis 算法分析各个区域流入和流出的热点区域，如图 5-3 所示。从图中可以看出流入热点和流出热点均分布在长江两岸的南京地区、苏州地区、无锡地区和南通地区，只是在内部热点程度上存在一些差异。广大苏北区域的收费站流入度和流出度普遍较低，缺乏流入和流出的热点区域。流入热点和流出热点在空间上存在很大的相似性，那么各个站点的流入度和流出度是否存在统计学意义上的相关性呢？利用公式（5-5）计算得到 334 个收费站点流入度和流出度的 Hellinger 相关系数为 0.939 6，说明两者具有较强的相似性，即高流入的站点也往往是高流出的站点。

根据公式(5-3)，计算得到 334 个收费站进出该站点的交通总流量，并用 Jenks 自然断裂法将其划分为 5 个等级，划分结果如图 5-2c 所示。从图中可以看出，总流量数值较高的收费站点主要分布在长江以南地区，且主要分布在南京绕越高速、沪宁高速苏州—无锡段、苏通高速、无锡—江阴高速等高速路线上；苏北地区收费站的中心性整体较小，车流量不大。从具体站点来看，总流量排名前 10 的收费站点有 9 个位于长江以南地区，其中 4 个位于无锡市，3 个位于南京市，2 个位于苏州市。数值最高的是沪宁高速上的南京收费站，该收费站位于省会南京市的东部，是沟通南京市和苏南其他地区联系的重要节点；在排名前 10 的收费站点中有 5 个位于沪宁高速上，也可以看出这一条高速在江苏省内交通中的重要地位。苏北地区高速公路收费站总流量较小，数值最小的收费站的总流量仅有沪宁高速南京收费站总流量的2.45‰，差距巨大。

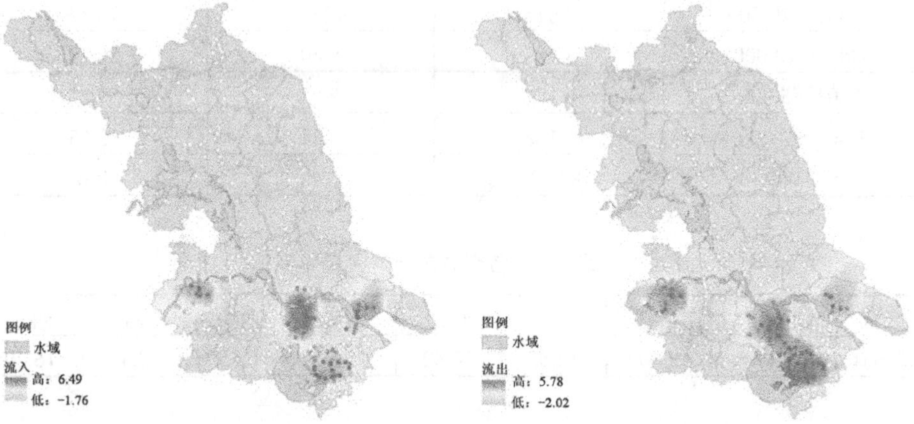

a. 流入热点分布　　b. 流出热点分布

图 5-3 高速公路站点流入和流出热点分布

5.2.2 县域间流动特征分析

从县域层面来看，59 个县域之间共存在流动路径 3481 条，利用 ArcGIS 软件对所有县域间流动路径进行可视化表达，结果如图 5-4a 所示。高流量路径主要存在于江苏省南部的县域之间，核心流动路径呈现出以南京市市区、苏州市市区、无锡市市区为核心的放射性结构。苏北地区县域之间的路径流量较小，缺乏交通流量较高的路径。进一步分析县域之间不同流量路径及其流量占比，2014 年县域之间流量在 300 万辆以上的路径数有 10 条，这 10 条路径的流量占全部流量的比例为 24.43%，接近于全部流量的 1/4，在县域之间交通流动网络中占有绝对的优势地位；流量在 100 万～300 万辆的路径数有 32 条，该区间流量占比为 21.47%，所占的比率也较高；流量在 1 万条以下的路径数多达 2 214 条，而流量占比却仅为 2.71%。可以看出，江苏省内的车流主要集中在少数县域单元之间，而大部分县域之间的交通联系较少。

同样计算各个县域单元在交通流动网络的流入量、流出量，进而计算各县域单元的总流量，结果如图 5-4b 所示。从县域单元总流量的计算结果来看，总流量整体上呈现出南高北低的分布格局，为了能够更好地分析其县域单元总流量分布的内部差异，对其进行重分类操作，将其划分为 5 个层级，如表 5-3 所示。

表 5-3　基于总流量的江苏省城市等级划分

层级	总流量/辆	县域
第一层级	＞20 000 000	苏州市市区、南京市市区、无锡市市区、常州市市区、南通市市区、江阴市
第二层级	10 000 000～20 000 000	昆山市、常熟市、扬州市市区、靖江市、徐州市市区、泰兴市、吴江区
第三层级	5 000 000～10 000 000	镇江市市区、江都区、如皋市、淮安市市区、宜兴市、盐城市市区、张家港市、连云港市市区、海门区
第四层级	2 000 000～5 000 000	姜堰区、丹阳市、扬中市、泰州市市区、溧阳市、宿迁市市区、灌云县、盱眙县、海安市、句容市、赣榆区、启东市、兴化市、溧水区、东海县、金坛区、东台市、高邮市、沭阳县、太仓市、涟水县
第五层级	＜2 000 000	泗洪县、灌南县、滨海县、泗阳县、仪征市、睢宁县、大丰区、新沂市、响水县、射阳县、沛县、邳州市、宝应县、洪泽区、建湖县、丰县

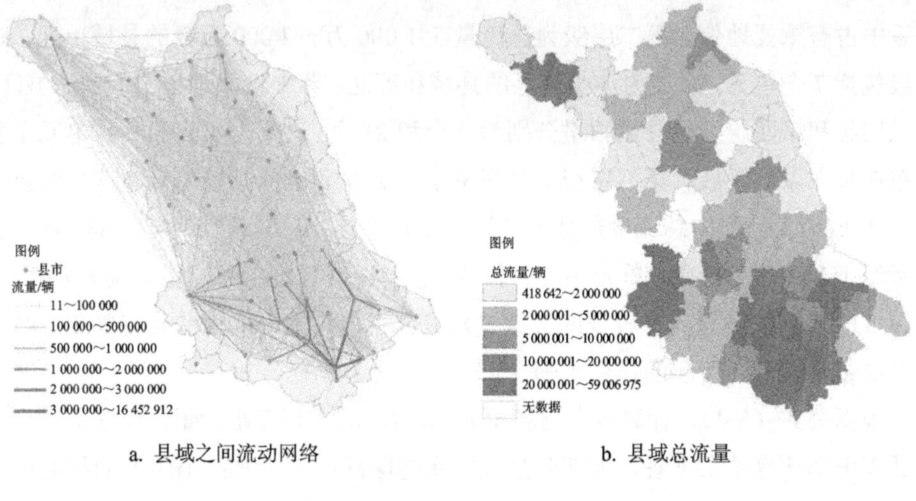

a. 县域之间流动网络　　　　b. 县域总流量

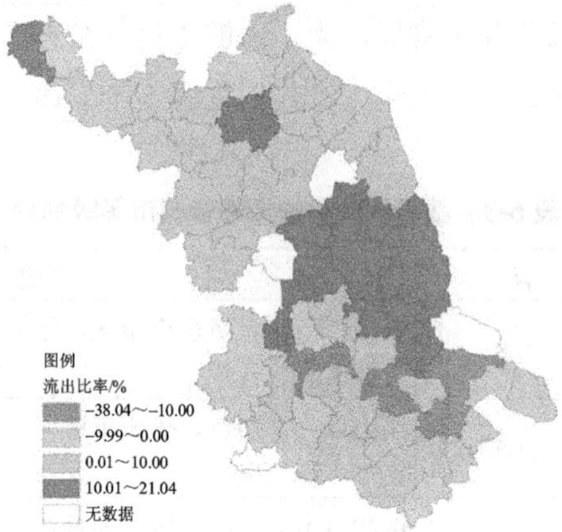

c. 县域流出率

图 5-4　县域之间流动特征

第一层级为总流量大于 2 000 万辆的县域单元，该层级包括 6 个单元，其中苏州市市区的交通总流量最高，达到了 59 006 975 辆，其次是南京市市区，总流量为 54 598 575 辆，这两个单元在江苏省内的交通联系中较为活跃，和其他单元的联系较为频繁，处于交通网络的核心地位；紧随其后的是无锡市市区、常州市市区和南通市市区，总流量分别为 34 785 432 辆、34 785 432 辆和 26 450 703 辆；可以看出，排在前 5 位的单元都是市域单元的中心城区，核心城市在省内的交通联系中占有重要地位。第二层级为总流量在 1 000 万～2 000 万辆的县域单元，该层级包括 7 个单元，主要为苏南地区的县域和苏北、苏中地区地级市的中心城区。第三层级和第四层级的县域数量分别为 9 个和 21 个，这两个层级的县域单元主要分布在长江以北区域。第五层级为总流量小于 200 万辆的县域单元，该层级包含 16 个县域单元，其中总流量最低的县域单元是丰县，总流量仅为 418 642 辆；总流量低于 100 万辆的县域单元还有 2 个，为建湖县和洪泽县，总流量分别为 888 274 辆和 912 735 辆；总流量较低的县域单元多位于苏北地区，这些县域单元在网络中的层级比较低，所起的作用不强。

根据公式（5-4），计算各个县域单元的流出率，计算结果如图 5-4c 所示。从县域流出率计算结果来看，大部分县域单元能保持在（–10%，10%）的相对均衡区间内，只有少部分县域单元突破了均衡空间，呈现出明显的净流出或净流入特征。流出率大于 10%的多县域单元主要在江苏省中部集聚，数值最高的是海安市，流出率为 21.04%，表现出明显的净流出；其次是如皋市，流出率为 18.64%，净流出现象也较为明显。流出率小于–10%的县域单元均分布在长江两岸地区，其中流出率最小的是靖江市，流出率为–38.04%，净流入现象十分明显；其次是扬中市，流出率为–25.05%，净流入特征也较为明显。

江苏省按照经济发展强弱通常被划分为苏南地区、苏中地区和苏北地区，苏南地区包括苏州市、无锡市、常州市、镇江市和南京市 5 个市域的范围，共计 17 个县域单元；苏中地区包括南通市、泰州市、扬州市 3 个市域的范围，共计 16 个县域单元；苏北地区包括徐州市、淮安市、盐城市、连云港市、宿迁市 5 个市域范围，共计 26 个县域单元。进一步分析了苏南地区、苏中地区和苏北地区县域中心度的等级规模差异，如图 5-5 所示。从图中可以看出等级结构差异明显，苏南、苏中和苏北中心度最高的分别是苏州市市区、南通市市区和徐州市市区，数值分别为 5 902 万、2 645 万和 1 188 万，苏州市市区中心度分别是南通市市区和徐州市市区中心度的 2.23 倍和 4.97 倍；苏南县域单元的平均中心度数值为 1 674 万，分别是苏中和苏北县域单元中心度的 2.46 倍和 5.84 倍；由此可见，苏南县域单元的交通活跃程度要明显高于苏中地区和苏北地区。

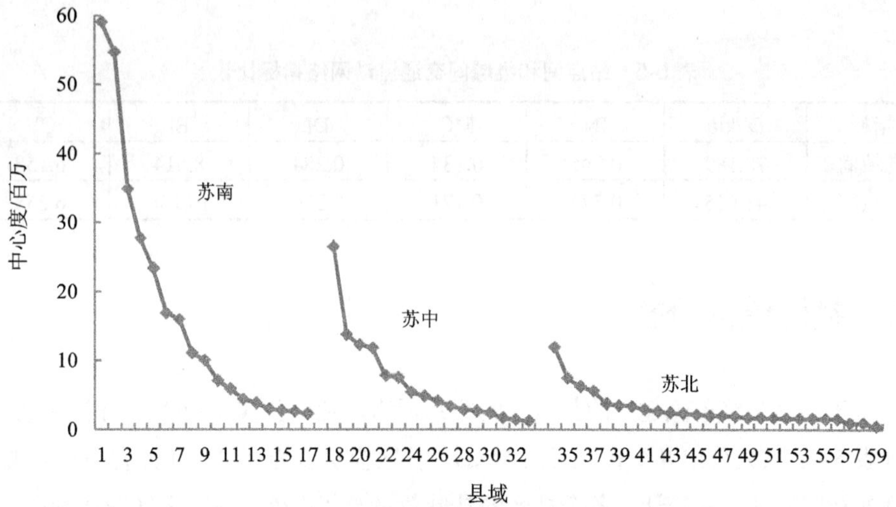

图 5-5　江苏省三大地带县域中心度位序规模分布

在县域尺度上，利用 Hellinger 相关系数分析了交通流入量、流出量、总流量和县域人口、经济分布之间的关系，结果如表 5-4 所示。从表中可以看出，6 个相关系数均在 0.9 以上，说明它们之间存在较好的相关关系，且交通与经济之间的相关关系要优于交通和人口之间的相关关系。

表 5-4　县域尺度流量与人口、经济的 Hellinger 相关系数

指标	流入度	流出度	中心度
人口	0.934 8	0.949 1	0.943 2
经济	0.974 8	0.967 9	0.972 8

进一步利用 SANET 软件（http：//sanet.csis.u-tokyo.ac.jp/）来分析比较站点间和县域间流动的差异，选取平均距离（average distance）、不均衡性（migration inequality）、连接度（migration connectivity）、分散度（migration dispersion）、有效度（effectiveness index）、变差系数等指标来反映网络特征，计算结果如表 5-5 所示。从结果上来看，县域间流动平均距离为 78.189 千米，明显大于站点间的 41.625 千米流动距离。两类流动之间的不均衡性均较大，内部流动存在较大的差异性。县域间的网络连接程度要优于站点间的连接程度。总之，两类网络内部均存在明显的差异，县域间的网络均衡程度要优于站点间流动网络。

表 5-5　站点间和县域间交通流动网络指标比较

指标	D′/km	IN	MC	DI	EI	CV
县域间	78.189	0.746	0.134	0.284	8.614	6.158
站点间	41.625	0.773	0.121	0.220	16.156	6.258

5.3　社区结构分析

基于高速公路车流建立的县域之间联系网络，利用公式（5-6）进行社区划分，得到表 5-6。共划分出 8 个社区（图 5-6a），社区模块度为 0.61，江苏省内部呈现出较强的社区特征，并统计了各个社区的县域数量及其内外车流特征（图 5-6b）。在社区空间分布上，8 个社区大多表现出集聚连片的分布特征，只有社区 4 中的盐城

市市区呈现分离的分布特征。在社区县域单元数量上，社区 2 的县域数量最多，有 10 个县域，其次是社区 1 和社区 3，均有 9 个县域；社区 5 和社区 6 数量较少，县域数量分别为 4 个和 5 个。在内外联系方面，有 67.42%车流在社区内完成，明显高于社区间车流量，说明社区内部联系较为频繁。在内部联系上，社区 3 的内部联系贡献度最高，达到了 43.30%，是内部联系最为频繁的社区，该社区也正是江苏省经济最为发达的苏州市、无锡市地区；社区 2 的内部联系贡献度次之，达到了 23.57%，社区内部联系也较为频繁，江苏省的省会南京市正是位于该社区；社区 5 的内部联系贡献度最低，仅为 0.49%，该社区的县域单元数量最少，且没有市级中心，内部车流相对较少；社区 6 和社区 8 的内部联系贡献度也较低，分别为 3.52% 和 3.04%，社区内车流量较少，这两个社区位于江苏省北部，经济发展相对落后。在外部联系上，社区 3 的外部联系贡献度依然最大，达到了 29.17%，是对外联系最为频繁的社区，但较内部联系的贡献度明显下降；社区 2 的内部联系贡献度依然排在第 2 位，达到了 24.27%，社区对外联系也较为频繁，尤其是省会南京市和全省县域联系较为频繁；社区 1 的外部联系贡献度也达到了 17.18%，明显高于其内部联系贡献度，该社区距离经济发达的社区 2 和社区 3 均较近，和这两个社区的外部联系较为频繁；社区 5 的内部联系贡献度依然最低，为 3.33%，较内部联系贡献度有所上升；社区 6 和社区 7 的外部联系贡献度也较低，分别为 3.49%和 3.81%，对外联系较弱，同样位于经济发展较为落后的江苏省北部。

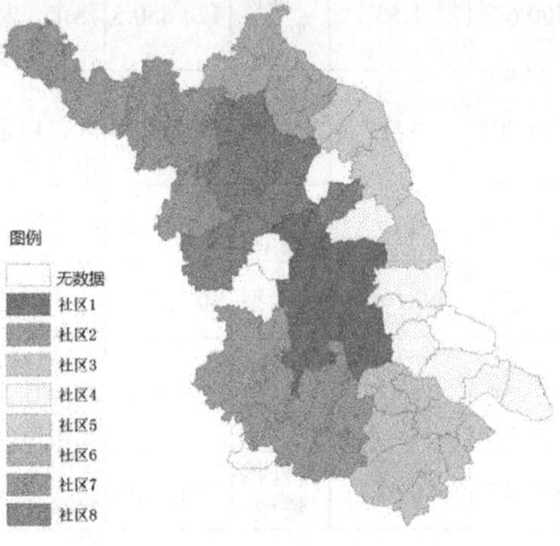

a. 空间分布

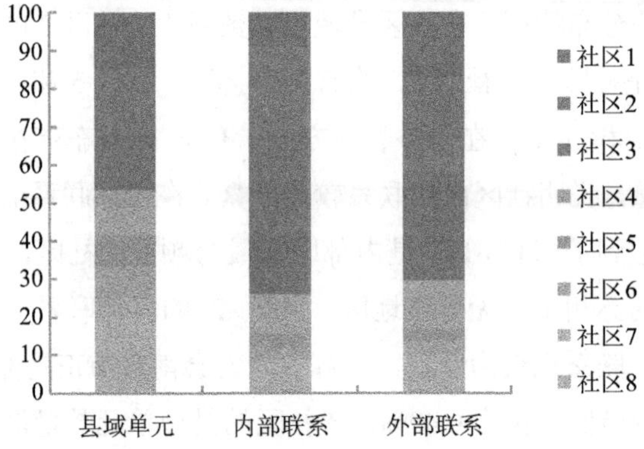

b. 社区特征

图 5-6 江苏省社区结构分布

表 5-6 社区结构类型特征统计

社区	内部车流	对外车流	内部车流/外部车流	类型	人均 GDP	县域单元
社区 1	14 741 341	26 207 648	0.56	对外优势型	70 482.16	宝应县、兴化市、高邮市、江都市、姜堰市、泰兴市、扬州市市区、泰州市市区、镇江市市区
社区 2	37 205 662	37 024 690	1.00	平衡型	94 038.52	仪征市、扬中市、句容市、丹阳市、金坛区、溧水区、溧阳市、宜兴市、常州市市区、南京市市区
社区 3	68 339 106	44 500 615	1.53	内部优势型	124 650.5	靖江市、张家港市、江阴市、常熟市、太仓市、昆山市、吴江市、无锡市市区、苏州市市区
社区 4	17 246 363	19 513 007	0.88	平衡型	67 469.84	东台市、海安县、如皋市、海门区、启东市、南通市市区、盐城市市区
社区 5	771 311	5 074 486	0.15	对外优势型	42 715.52	响水县、滨海县、射阳县、大丰区
社区 6	5 551 292	5 329 037	1.04	平衡型	40 322.47	赣榆区、东海县、灌南县、灌云县、连云港市市区
社区 7	9 187 220	5 813 660	1.58	内部优势型	47 999.55	丰县、邳州市、新沂市、睢宁县、泗洪县、沛县、徐州市市区、宿迁市市区
社区 8	4 795 930	9 098 717	0.53	对外优势型	42 157.35	沭阳县、涟水县、泗阳县、建湖县、洪泽区、盱眙县、淮安市市区

统计分析了各个社区结构的内在特征，并根据内外流动的特征划分了社区的类型。内部优势型为内部车流数量大于对外车流数量，这类社区往往具有较强的内部中心城市，如社区 3 内部有苏州市市区，社区 7 内部有徐州市市区。对外优势型社区为内部车流数量小于对外车流数量，这些社区一般缺少内部中心城市，如社区 1 有 3 个地级市中心，但是三者差异不大，中心城市不突出；社区 5 内部没有地级市中心，缺少中心城市；社区 8 内部虽然有淮安市市区这一地级中心，但是其吸引力较弱。平衡型社区为内部车流量和对外车流量相差不大的社区，如社区 2 中有一个中心城市：南京市，但作为省会，对外联系亦较强，内外联系达到了较好的平衡；社区 4 和社区 6 存在中心城市，但是中心城市优势不明显，内外沟通处于一个相对均衡的状态。

5.4　影响因素分析

以上从县域和收费站点两个尺度分析了江苏省交通流动的分布特征，其特征呈现出非常明显的空间不均衡性，这样的不均衡性受到哪些因素的影响呢？需要进一步分析。在探讨流量分布的影响因素时，考虑到社会经济数据的可获取性，本书亦从县域单元和收费站点两个尺度进行分析。在收费站点尺度，收费站点分布于各个县域单元中，其本身缺乏足够的与之相关的社会经济属性，但收费站点的空间分布更为均衡，本书重点分析收费站点间流量和距离之间的相互关系。而在县域单元尺度，由于县域单元的统计资料相对较为丰富，社会经济统计数据则较收费站点尺度的数据更易于获取，因而本书重点分析县域单元流量和社会经济要素之间的相互关系。

5.4.1　收费站尺度流量与距离之间的关系

基于高速公路路网，利用网络分析方法，统计得到不同收费站点之间的最短行驶距离，将其作为收费站点之间的距离，并求得每个路径的距离和流量之间的 log-log 图，结果如图 5-7a 所示，并对两者的散点图进行线性拟合分析，结果发现两者之间的拟合相关系数并不高，规律性也不强。接下来，笔者进行进一步的距离综合，统计分析了 5 千米、10 千米、25 千米、50 千米共 4 种不同间隔尺度下路径流量与距离之间的分布关系，结果如图 5-7b 所示。从 4 种距离间隔尺度的比较来看，总体上都显现出较为明显的距离衰减特征，随着距离的增加，流量在不断下降，而且拟合系数随着空间间隔尺度的不断增大而增强，距离的衰减规律特征也越发明显。

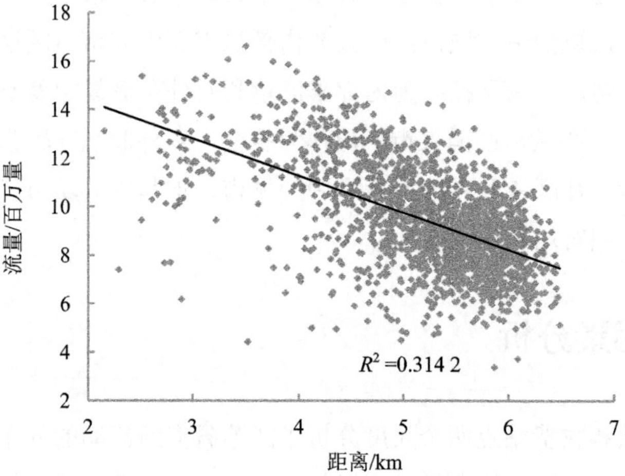

a. 流量和距离关系

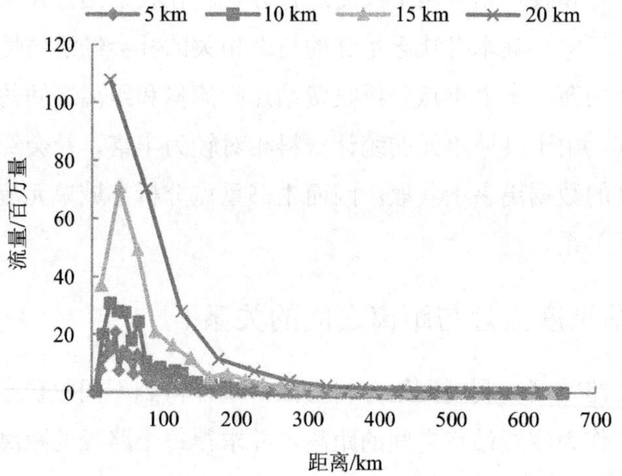

b. 不同间隔尺度情况的距离分布

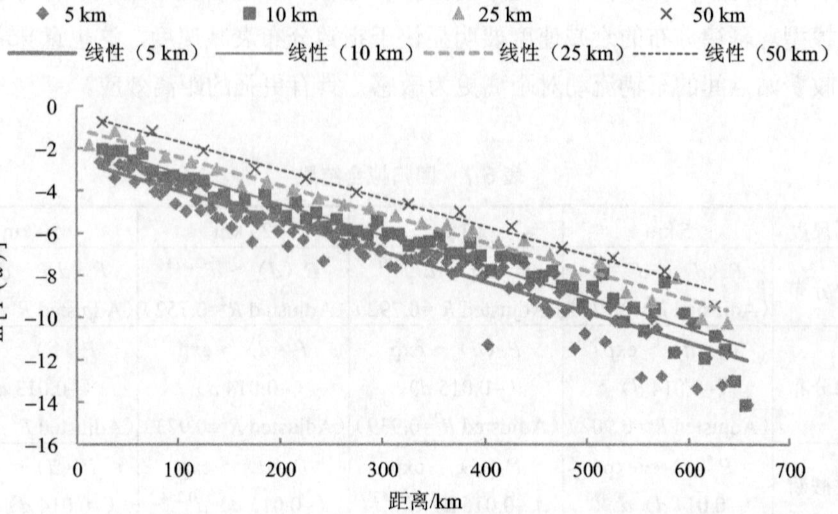

c. ln [P (d)]-d 关系图（注：剔除了行程在 20 km 以下的车辆记录）

图 5-7 流量和距离之间关系

收费站点间的车流流量和距离之间存在怎样的分布规律呢？在以往研究中，学者通过统计数据的拟合，发现流动的发生概率 $P(d)$ 和距离之间关系遵循如下几种分布规律：幂函数分布规律，可以表达为 $P(d)\sim d^{-\beta}$；指数函数分布规律，可以表示为 $P(d)\sim \exp(-kd)$；指数截断的幂律分布规律，可以表示为 $P(d)\sim \exp(-kd)d^{-\beta}$。上述的三种分布规律已被广泛地应用于人口迁移、流行病或病毒的传播研究中（Rhee et al.，2008；Cheng et al.，2011），并且取得了较好的研究结论。

本书利用收费站点间的车流数据和距离数据，在 4 种间隔尺度上，分别拟合上述 3 类分布模型，拟合结果如表 5-7 所示。从模拟结果上来看，在 4 种不同间隔尺度情况下，高速公路车辆流动和距离之间的关系均更加符合幂律分布规律（图 5-7c），且 $k = 0.014 \pm 0.001$，呈现出较为明显的距离衰减规律，距离越远，流量越少。此外，随着间隔尺度的不同增加，拟合结果也越来越好。在以往人口流动研究中，学者分别尝试利用旅游攻略数据（靳诚等，2014）、移动电话数据（Kang et al.，2012）、出租车轨迹数据（Liu et al.，2012）、航空旅客数据（Xiao et al.，

2013）来研究中国城市内部、城市间的人口迁移，上述研究结果大多符合于指数衰减模型。幂律分布的衰减速度要明显快于指数分布衰减速度，这也意味着基于高速收费站点间的车辆流动对距离更为敏感，具有更强的距离效应。

表 5-7 回归拟合结果

间隔尺度	5 km	10 km	25 km	50 km
指数分布	$P(d)\sim d^{-3.061}$（Adjusted R^2=0.777）	$P(d)\sim d^{-3.220}$（Adjusted R^2=0.792）	$P(d)\sim d^{-2.373}$（Adjusted R^2=0.752）	$P(d)\sim d^{-2.548}$（Adjusted R^2=0.814）
幂律分布	$P(d)\sim \exp(-0.014\,d)$（Adjusted R^2=0.902）	$P(d)\sim \exp(-0.015\,d)$（Adjusted R^2=0.939）	$P(d)\sim \exp(-0.014\,d)$（Adjusted R^2=0.973）	$P(d)\sim \exp(-0.013\,d)$（Adjusted R^2=0.988）
指数截断幂律分布	$P(d)\sim \exp(-0.014\,d)\,d^{0.490}$（Adjusted R^2=0.901）	$P(d)\sim \exp(-0.016\,d)\,d^{0.363}$（Adjusted R^2=0.938）	$P(d)\sim \exp(-0.015\,d)\,d^{0.254}$（Adjusted R^2=0.971）	$P(d)\sim \exp(-0.014\,d)\,d^{0.139}$（Adjusted R^2=0.986）

5.4.2 县域尺度社会经济影响因素分析

本书进一步在县域单元尺度上探讨各个县域单元的交通总流量与县域社会经济要素的相互关系。在参考前人的研究基础上（王晓雷等，2007；于蕾，2011），本书选取常住人口、GDP、固定资产投资、社会消费品零售总额、进出口总额、公路里程、民用汽车拥有量 7 个指标作为县域交通流量的解释变量，其中常住人口和 GDP 作为宏观社会经济的基础指标，固定资产投资、社会消费品零售总额、进出口总额作为对经济指标的进一步细化，公路里程、民用汽车拥有量主要考虑交通设施和交通工具对交通流量的影响。这些解释变量数据均来源于《江苏省统计年鉴—2015》。

社会经济要素如何影响各个县域单元的交通流量，在空间上表现出怎么样的影响特征呢？我们运用 GWR 回归模型分析各县域单元交通总流量和各县域单元社会经济要素的空间相互关系。为了避免选取指标的多重共线性问题，消除共线的影响，首先运用 SPSS 软件中的描述性统计功能对各个指标进行标准差标准化处理，然后运用线性回归分析方法对标准化后的所有解释变量进行共线性检验，将方差膨胀因子（VIF）大于 10 的解释变量剔除，最终留下常住人口、GDP 和公路里程 3 个指标作为 GWR 模型的解释变量。构建 GWR 回归模型，具体公式如下：

$$C(i)=\beta_0(i)+\beta_1(i)\,\mathrm{POP}(i)+\beta_2(i)\,\mathrm{GDP}(i)+\beta_3(i)\,\mathrm{ROAD}(i)+\varepsilon(i) \tag{5-8}$$

式中，$C(i)$ 为各县域单元的交通总流量；POP（i）为各县域单元的常住人口；GDP（i）为各县域单元的 GDP；ROAD（i）为各县域单元的公路里程。

进一步考虑 GWR 模型的适用情况，首先利用最小二乘法（OLS）模型对影响交通流量分布的 3 个因素进行了全局回归分析，得到 OLS 回归结果的决定系数 R^2 为 0.839 4，Adjusted R^2 为 0.827 8，AICc 值为 131.045 1。接下来，我们利用地理加权回归（GWR）模型得到的决定系数 R^2 为 0.946 4，Adjusted R^2 为 0.928 3，AICc 值为 28.980 6，带宽（Bandwidth）长度为 122 653.22 米。由 R^2 可知，GWR 模型的回归结果要优于 OLS 模型的回归结果。若 GWR 模型和 OLS 模型的 AICc 的差值大于 3，则表明 GWR 模型拟合结果要显著优于 OLS 模型（Akaike，1974），而本书两者之间的差距为 100 米左右，这也同样证明了 GWR 模型的回归结果要明显优于 OLS 模型的回归结果。

分析 β_1、β_2 和 β_3 的回归结果在空间上的分布特征，结果如图 5-8 所示。从图中可以看出 3 个拟合系数及其 t-values 在空间上存在迥异的分布特征，3 个解释变量在各个县域单元的参数估计结果均不相同，有的为正值，有的为负值，这表明各个解释变量对县域单元高速公路交通流量的影响存在空间差异。

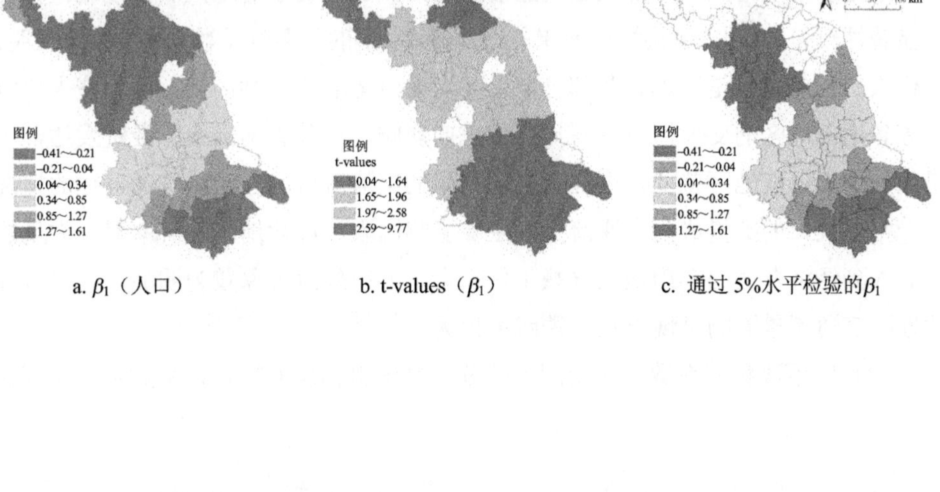

a. β_1（人口）　　b. t-values（β_1）　　c. 通过 5%水平检验的 β_1

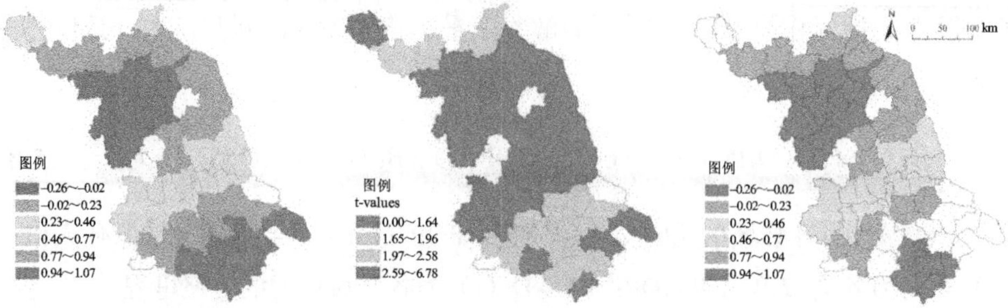

d. β_2（GDP） e. t-values（β_2） f. 通过 5%水平检验的β_2

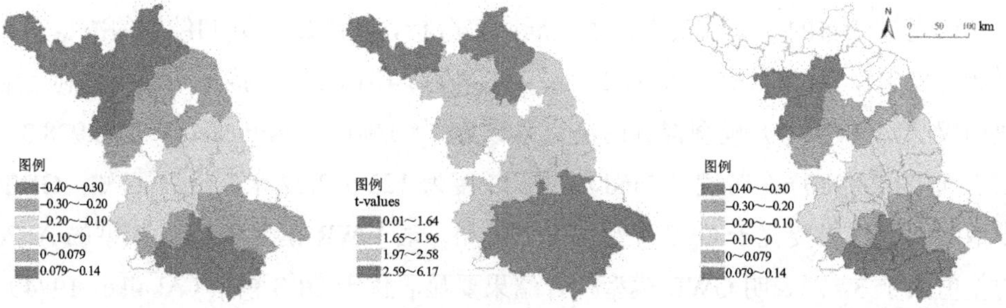

g. β_3（公路里程） h. t-values（β_3） i. 通过 5%水平检验的β_3

图 5-8 地理加权回归结果

（1）β_1 系数在地图上整体呈现出北高南低的空间分布特征，在江苏省北部，交通流量和常住人口分布呈现出负相关，而江苏省中部地区和南部地区的交通流量和人口分布之间呈现出正相关，且正相关系数的绝对值要明显大于负相关系数的绝对值；从显著性检验上来看，有 47 个县域单元能够通过 5%水平的显著性检验，江苏省南部地区、中部地区的显著性较好，江苏省东北地区和西北地区整体上显著性较差，有 12 个县域单元未能通过 5%水平的显著性检验；分析结果表明，常住人口的多少不是江苏省北部县域单元交通流量的决定性因素，而常住人口对江苏省南部地区的交通流量有着显著的正向影响。江苏省南部地区经济发达，大量的外地人苏南地区就业，由此带来了大量的交通流量，在经济较为发达的情况下，常住人口的数量成为交通流量的主要影响因素。苏北地区经济落后，大量的苏北人到经济发达的苏南地区寻找工作机会，人口外流现象较为明显，人口对苏北地区交通流量影响呈现出负相关或不相关。

（2）β_2 系数和β_1 系数的在空间上的分布呈现出相反的特征，系数数值较高的县域单元主要分布在江苏省北部地区，呈现出正相关，而低数值县域单元主要分布在江苏省南部地区，整体上呈现出正相关，少数县域单元呈现出负相关；从显著性检验上来看，有 48 个县域单元能够通过 5%水平的显著性检验，江苏省南部部分地区的显著性不明显。可以看出，经济发展对江苏省北部地区交通流量的正向影响更加强烈，而对江苏省南部地区县域单元交通流量的影响不是很显著。经济落后的苏北地区，经济处于快速发展期，苏北县域单元的 GDP 增长会促进交通流量的快速增长；苏南地区经济已经发展到较为发达的阶段，其地区经济的增加对交通流量的带动能力变得十分有限。

（3）β_3 系数值在空间上由北向南逐渐降低，江苏省中部地区和南部地区多为负相关，而北部地区呈现出正相关，但系数的绝对值整体较低；从显著性检验上来看，有 46 个县域单元能够通过 5%水平的显著性检验，是 3 个解释变量中通过显著性检验县域单元数量最少的变量，且集中分布在江苏省南部地区和中部地区，江苏省北部部分地区的显著性不明显。可以看出，公路里程对各县域单元交通流量的影响程度要弱于前面常住人口和 GDP 这两个变量，公路里程主要对苏南地区呈现出较弱的负相关影响，苏南地区公路网络密集，但逐步增加的公路里程并没有对该地区的交通流量增长起到重要的推动作用。

5.5　本章小结

基于高速公路联网收费数据，借助数据挖掘技术，有效获取了 2014 年全年江苏省高速公路的精确车流数据，并对这些数据进行了汇总处理，从收费站、县域单元两个层面分析了高速公路的交通流动网络及其流动特征。在此基础上，讨论交通流量和距离、人口、经济等因素之间的相互关系。本书的主要研究结论归纳如下：

（1）2014 年江苏省 334 个收费站点之间共存在车流记录 234 535 769 条，流动路径数量为 10 511 221 条。高流量路径主要存在于江苏省南部地区，呈现出以南京市、苏州市、无锡市等市范围内核心收费站点为中心的放射性结构。总流量数值较高的收费站点主要分布在长江以南地区，且主要分布于南京绕越高速、沪宁高速苏州—无锡段、苏通高速、无锡—江阴高速等高速线路上。

（2）59 个县域之间共存在流动路径 3 481 条，高流量路径主要存在于江苏省南部的县域单元之间，苏北地区路径流量较小，路径流量大多在 10 万辆以下。县域单元的交通总流量整体上呈现南高北低的空间格局，苏州市市区的总流量最高，丰县的交通总流量最低。大部分县域单元流入量和流出量相对均衡，净流出区域主要集聚在江苏省中部地区，净流入县域单元均分布在长江两岸地区。

（3）在 5 千米、10 千米、25 千米、50 千米不同间隔尺度下，交通流量总体上均呈现出距离衰减的特征，但空间间隔越大，距离的衰减规律特征也越明显。从模拟结果来看，高速公路车辆流动和距离之间的关系符合幂律分布规律，且空间距离间隔越大，拟合效果越好，决定系数越高。

（4）从地理加权回归结果来看，常住人口、经济分布、公路里程可以有效解释县域单元流量分布，经济发展对各县域交通流量的影响在江苏省北部地区表现更为强烈，常住人口对江苏省南部地区的交通流量影响具有局部优势，公路里程对各县域单元交通流量的影响主要集中在苏南地区，且为负向影响。

对空间的持续关注是地理学的固有特征，空间分析技术也注重对要素格局的分析与表达。在空间视角上，以往的研究多从地点（place）、区位（location）的视角来认识和表达要素的空间格局（Batty，2013）。而随着信息通信技术、交通物流技术的深入发展，空间联系变得更加容易和频繁，要素之间的流动也越发普遍，区域不再是一个静态的空间，而是已成为流空间（space of flows）（Castells，1989）。流空间的出现对于以空间距离为基础与核心的地理学产生了颠覆性的影响，以人的活动为核心的流动空间对地理学研究的意义超过了传统的基于活动内容的场所空间。在未来的研究范式中，针对要素之间相互关系及其相互作用的系统分析变得愈加重要。交通流动是不同地理单元之间联系最为直观的反映，对交通流动的认识有利于从流空间的视角直观理解不同空间之间的相互作用，本书的高速交通流动分析是从流空间视角探究区域联系的一种有益的尝试，其精细化的定量数据为我们深刻理解区域之间的相互联系提供了一种崭新的数据分析来源，也为我们深刻揭示建立在流动基础之上的区域空间结构提供了新的可能。同时，GWR 模型分析不仅可以分析影响区域交通流量的相关要素，而且可以探讨不同解释要素在不同空间上的作用和影响强度，有利于深化对交通流动影响因素的认知。

需要说明的是，本书以江苏省高速公路车流网络为实证区域，利用高速公路联网收费数据进行区域交通流动特征分析与时空关系探讨虽有一定意义，但以下一些问题仍需进一步思考和讨论：①本书的 GWR 模型分析是基于面域数据来进行分析，即将交通流量数据汇聚到各个县域单元，而面向流动路径的 GWR 分析需要进一步的探讨。②本书仅使用了 2014 年 1 年的交通流量数据，而且是将这一年的数据汇总最为一个整体来看待，对数据的挖掘尚显不足，区域交通流量的变化具有时间特征，在小时、天、周、月等不同时间尺度上的流量变化过程如何，又呈现出怎样的波动特征？此外，仅利用 1 年的研究数据，对流动规律的把握还存在一定的局限性。③高速交通车流在国庆节、春节等特殊时期的流动情况和平时的流动情况必然存在不同，这样的差异在空间上呈现出怎样的异同，产生这样差异的背后原因又是什么？④本研究虽然就流动的衰减特征与其他研究进行了对比分析，但对差异的内在原因还有待进一步的深入探讨。上述问题是我们需要进一步思索的，这些问题的解决都有待于数据的补充和现有数据进一步的挖掘分析，这些问题是我们需要进一步深入研究的方向。

第 6 章　基于地理加权流动模型的流动空间分析

20 世纪末以来，随着交通技术和信息技术的进步，全球化和信息化深入发展，各类要素的流动变得愈加频繁，不同区域之间的联系变得愈加频繁，区域已然变成为流动的空间（Castells，2010）。在此语境下，流动空间的概念正在逐渐取代地方空间（Castells，1989），移动性已成为现代生活的重要标志之一（Uteng et al.，2016）。流动空间的出现对于以空间距离为基础与核心的地理学产生了颠覆性的影响（Batty，2013）。区域空间研究也正在被这一语境所重新定义和修改，研究者开始用流动的视角来取代中心地的视角来认知区域的空间结构（Taylor et al.，2010）。交通流动无疑是区域流动最为重要的一种流动形式，是推动区域社会经济空间结构塑造的显著力量（Jin et al.，2013）。充分理解区域交通流动对社会经济活动的影响，对于深刻认知各类经济现象的空间布局规律具有十分重要的意义（Preston，2001）。

6.1　空间视角的交通流动分析

在城市间交通联系日益追求快速化的背景下，高速公路、航空和高速铁路等快速交通方式成为现代交通体系中最为重要的组成部分，担着区域间联系的重任，主导者区域间的沟通（Ke et al.，2017），学者尝试从流动及其网络的视角对这 3 种交通方式进行深入的探讨。在航空研究方面，研究者着重从宏观的视角分析了航线网络特征及其各个城市在航空网络中的地位和作用，详细分析了全球网络航空网络结构，探讨了全球的主要航空节点（Matsumoto，2007）；从复杂网络视角分析了全球航空网络的拓扑结构，着重分析了全球航空网络的鲁棒性（Lordan et al.，2014）。在区域层面，研究者主要将研究区域集中于北美、欧洲这两个西方发达区域，并对这两个地区的航空网络结构进行了对比分析，探讨两者的异同性（Button，2009；Reynolds-Feighan，2010；Jia et al.，2014）。在航空网络特征分析的基础上，进一步提出了航空网络的优化措施（Derigs et al.，2013）。高速铁路是最近关注的热点，尤其是在高速铁路快速发展的区域。高铁的快速发展，改变了区域的原有时空格局，颠覆了沿线居民的出行方式，甚至是生活方式（Banister et al.，2003；Liu et al.，2016）。关于高铁空间方面的研究，主要侧重于高铁建设的空间效应分析，特别是高铁建设带来的城市之间区域可达性的变化，以 Madrid-Barcelona-French 高铁为例，分析了高铁修建引起的可达性变化，及其对区域经济潜力的影响（Gutiérrez，2001），着重分析了高铁站点周围区域的可达性变化（Zhang，2016），认为高铁修建带来的可达性变化能够很好地促进沿线地区的旅游发展（Campa，2016）。高速铁路明显地压缩了城市之间的通勤时间，时空收敛效应十分明显，极大地促进了沿线城市之间的交流，对区域发展具有明显的空间溢出效应（Ureñaa et al.，2009；Gutiérrez et al.，2010），使得要素在沿线更加自由流动，进而推进沿线城市，特别是以经济落后地区的发展。

高速公路是区域交通流动的重要媒介之一，日益优化的高速公路网络已成为大中城市之间社会经济联系的重要途径（Yoshida，2014），同时快速发展的高速公路交通网络也承受着挑战（Marti-Henneberg，2015）。相较于航空和铁路来说，高速公路有其特殊性。一是高速公路流动更为复杂，汽车相对较小的载客量使得高速公路的交通流动更加频繁、多变，高速公路交通流动的时空结构挖掘也更为复杂（Ke et al.，2017）；二是高速公路交通流动更为脆弱，容易受到相关因素的影响，对社会经济活动的响应也更为强烈（Dijksterhuis，2001）；三是高速公路的长距离和短距离流动并存，并且以短距离交通流动为主，从而可以更有效地识别不同层次城市之间的关联结构（Mohl，2008）。因而，基于高速公路的交通流动始终是学者关注的热点，研究主要集中在以下两个方面：

第一个方面是进行流动特征、预测和优化分析。分析了高速公路交通流动的时空异质性（Qian et al.，2017），分析了高速公路交通流动的非线性特征（Hui et al.，2015），评价了高速公路交通网络的时空格局及其脆弱性（El-Rashidy et al.，2014）。在特征分析的基础上，学者运用多种模型和方法去预测公路交通流动过程与流量，利用 Agent 建模方法阐述了空间认知在公路交通流预测中的应用（Manley et al.，

2018）；利用贝叶斯分类方法来预测高速公路交通流动（Ahn et al.，2016）。立足于大数据的时代背景，运用深度学习方法分析了信息化时期的高速交通流动预测问题（Lv et al.，2015）。基于特征和预测的分析，研究者总结归纳高速公路交通流动的时空模式（Zhang et al.，2016；Jenelius，2009；Kim et al.，2015），探讨了交通流动的优化问题，利用强化学习方法提出了交通流动的优化方法（Walraven et al.，2015）。

第二个方面是分析高速公路与区域经济之间的相互影响。首先，高速公路网络的建设对区域经济发展产生了深远的影响，改变了区域的可达性，居民的日常出行变得更加便利（Li，2001；Xu et al.，2016），研究结果表明在珠江三角洲地区，由于高速公路的快速发展（Hou et al.，2011），使得2001—2010年珠江三角洲的区域平均旅行时间大幅下降。新的高速公路基础设施的建设具有明显的空间溢出效应（Condeço-Melhorado et al.，2014），分析结果表明渤海海峡隧道建设将对区域经济产生重要的影响，将有利于区域经济的发展（Wang et al.，2017）。与此同时，高速公路所产生的大量交通流动也带来了环境、能源等问题（Qian et al.，2015）。其次，学者探讨高速公路交通流动受到区域相关要素的影响，学者主要集中于分析距离、人口、经济、土地利用等因素对交通流动的影响。运用重力模型，分析了人口、经济和距离对高速公路交通流动的影响（Jung et al.，2008）。从时空视角分析了高速公路交通流动中存在的邻域影响（Zhang et al.，2016）。探讨表明高速交通流动中存在明显的距离衰减规律（Chen et al.，2018）。以北京市为例，分析了高速公路的时空分布特征与土地利用覆盖、人口分布之间的关系（Ji et al.，2014）。

通过以上分析，可以看出国内外学者给予了区域交通流动研究足够的关注，取得了较为丰硕的研究成果，但是有一点不足需要给予进一步的思考，即影响因素的全局性和局部性问题。总结得到一切事物在空间上总是与其他事物存在关联，但近处的事物比远处的事物的相关性更强（Tobler，1970）。毫无疑问，区域上不同要素之间的流动是具有空间属性的，区域交通流动及其影响因素和其他空间要素一样，存在空间依赖，并且这样的依赖具有空间异质性。然而在以往交通流动的分析中，研究者往往认为这样的影响因素是稳定的，并利用全局回归模型来解释区域交通流动。然而在现实世界中，有些要素在空间上的作用强度存在差异，即存在空间不平稳性。

基于要素空间不平稳性构建起来的局部分析模型已经得到广泛运用，其中最为著名的还是前面所述及的 GWR 模型（Fotheringham et al.，2002），GWR 分析模型已被应用于解释房价形成（Yao et al.，2016）、城市热岛区域分布（Szymanowski et al.，2011）、酒店价格影响因素（Latinopoulos，2018）、人口分布（Huang et al.，2018）等诸多问题，具有很好的解释性。GWR 模型也在区域交通相关分析中得到应用，分析了不同地区交通碳排放影响因素的空间异质性（Jin et al.，2018）；运用 GWR 模型分析了交通事故在地理空间上差异化分布的影响因素（Moradi et al.，2018）；通过探索性地理加权回归模型，研究了区域和社区两种不同空间尺度下的居民交通需求变化（Rosenlieb et al.，2018）。

上述研究运用 GWR 模型进行的空间分析多是基于面域，并利用面域间的相邻性来构建空间权重矩阵，进而探讨面域层面影响因素作用的空间异质性。要素间流动或者联系作为空间活动的一种常见形态，不同流动路径之间亦存在相互作用及其相互依赖，其相互作用的复杂程度要远高于面域间的相互作用，学者也尝试从理论层面对这一问题进行了初步探讨（Kordi et al.，2016；Tao et al.，2018）。总之，区域的各个流动之间存在相互作用和相互依赖关系，因而有必要从局部的视角来重新理解研究区域高速公路流动这一重要的流动形式，而不是简单地利用 OLS 回归进行全局层面的分析。

与此同时，随着中国的公路，特别是高速公路系统的不断完善，私家车已经成为中国居民日常出行的重要交通方式（Jin et al.，2015）。1998 年，中国修建了历史上第一条高速公路。到了 2015 年，我国高速公路里程已经达到了 12.35 万千米，日均行车里程更是达到了 12.58 亿千米，中国的私家车拥有量达到 2.79 亿辆（MTPRC，2016）。因此，从高速公路交通流动的角度来研究我国的区域交通流动具有一定的代表性，对世界上其他地区相关问题的解决也具一定的借鉴意义。此外，中国绝大部分的高速公路是收费公路，高速公路的联网收费数据对进出车辆的相关信息进行连续、实时的观察、记录和存储。基于单个车辆记录的细粒度化数据包含了丰富的时空信息。分子一般的车流数据在宏观和微观之间架起了桥梁，为区域交通流动分析提供了良好的研究视角。

为解决以往分析中存在的局部性视角缺乏的不足，本书以高速交通公路体系较为完善的江苏省为案例地，探讨区域交通流动中的局部空间分析模型。本书的主要贡献在于构建了基于流动的空间权重矩阵，尝试运用泊松回归模型，从局部的视角探讨各相关影响要素对不同流动路径影响的异质性。本章的主要研究框架组织如下：文章紧接着介绍了局部视角的流空间分析方法。然后，利用流空间相互作用模型探讨了影响区域交通流动相关变量的空间作用异质性。最后，在结论和讨论部分总结了本书的主要发现和重要贡献。以期通过本章的分析，深化对区域流动及其影响因素的异质性认知。

6.2 空间引力模型

引力模型是地理学空间分析中一种常见的模型，本书也利用引力模型这一空间相互作用经典解释模型来阐述区域之间流动的形成机制。区域经济发展是区域交通流动的重要影响因素，流入地的经济越强，其吸引能力也就越大，因而本书选择流入点的经济总量作为区域之间交通流动的吸引指标。人口数量多少影响着参与交通的人数，进而影响到区域交通流动，本书选择出发地各个县域的常住人口数量作为推力指标，解释出发地的影响。此外，距离也是一个重要的指标，本书选择县域之间高速公路距离作为距离影响指标。基于引力模型的区域交通流动解释模型可表达为下式：

$$T_{ij} = k\mathrm{GDP}_j^{\alpha}\,\mathrm{POP}_i^{\gamma}\,d_{ij}^{\beta} \tag{6-1}$$

式中，T_{ij}为从 i 县域单元对 j 县域单元的交通车流量，辆；GDP_j为 j 县域单元的地区生产总值，亿元；POP_i为 i 县域单元的常住人口，万人；d_{ij}为 i 县域单元和 j 县域单元之间基于高速公路网的最短距离，km；k、α、β、γ 为需要拟合的系数。

公式（6-1）中的影响因素被认为是全局的，即在回归拟合中可以获得唯一的参数估计。然而在现实世界中，同一要素对不同空间区域交通流动的影响可能是存在差异的。为此，需要深入地理解影响因素作用的异质性，有必要从局部视角来构建分析模型。局部视角的分析公式可以表达如下：

$$T_{ij} = k_{ij}\mathrm{GDP}_j^{\alpha_{ij}}\,\mathrm{POP}_i^{\gamma_{ij}}\,d_{ij}^{\beta_{ij}} \tag{6-2}$$

式中，T_{ij}、GDP_j、POP_i、d_{ij} 的含义同公式（6-1），只是拟合的参数估计值与公式（6-1）中的含义不同，针对每一条流动 T_{ij} 都会得到与之对应的参数估计值 k_{ij}、α_{ij}、

β_{ij}、γ_{ij}。对于局部模型的参数估计过程中需要进一步考虑以下 4 个问题：拟合模型、权重矩阵、不同交通流动之间距离定义以及拟合的最优带宽。适用于高斯分布的最小二乘法参数估计和适用于泊松分布的极大似然法参数估计常被用来进行局部模型的校正分析，区域交通流量的数值分布是离散的，更符合于针对离散模型的泊松分布，因而笔者选择第二种拟合模型进行参数估计。区域交通流量的泊松模型可以表达如下：

$$\lambda_{ij} = \exp(k_{ij} + \alpha_{ij} \ln \mathrm{GDP}_{ij} + \gamma_{ij} \ln \mathrm{POP}_i + \beta_{ij} \ln d_{ij}) \tag{6-3}$$

根据空间权重矩阵对和观测值，运用极大似然法对公式（6-3）进行参数拟合，计算公式表达如下：

$$\ln L(\lambda_{i*j*}) = \sum_{ij} (-\lambda_{ij} + A_{ij} \ln \lambda_{ij} - \ln A_{ij}!) W_{ij} \tag{6-4}$$

式中，$i*j*$为需要校正区域交通流动的起始县域单元；W_{ij} 为空间权重矩阵。空间权重矩阵的定义通常有两种方法：一种是高斯核函数（radial basis funtion），另一种是双重平方核函数（bi-square kernel）。

本书选择双重平方核函数来定义权重矩阵，该函数的公式可以表达如下：

$$W_{ij} = \begin{cases} \{1-[d_{(ij)(i'j')}/b]^2\}^2 & i'j'\text{是离关注}ij\text{最近的}b\text{个流动之一} \\ 0 & \text{其他情形} \end{cases} \tag{6-5}$$

式中，$d_{(ij)(i'j')}$ 为交通流动和交通流动 $i'j'$ 之间的距离；b 为带宽。如果 $d_{(ij)(i'j')}$ 在带宽范围之内，则交通流动 $i'j'$ 参与交通流动 ij 的权重矩阵构建和系数估计。

交通流动 ij 和交通流动 $i'j'$ 之间的距离定义如下：

$$d_{(ij)(i'j')} = \sqrt{\left(x_i - x_{i'}\right)^2 + \left(y_i - y_{i'}\right)^2 + \left(x_j - x_{j'}\right)^2 + \left(x_j - x_{j'}\right)^2} \tag{6-6}$$

式中，x，y 分别为交通流动起始端点的经纬度坐标，即各个县域单元的县政府所在地的经纬度坐标，通过起始点之间的欧式距离来表征两条交通流动之间的距离。

本章同样运用 AICc 值来确定拟合校正的最优带宽 b，如果 AICc 数值越小，表明模型拟合的结果越好（Akaike，1974）。遍历不同带宽下获得的拟合回归模型，统计每个拟合模型的 AICc 值，选择 AICc 值最小的带宽作为最优带宽，并将最优带宽下校正得到的回归模型作为最终的解释模型。

6.3 空间相互作用分析

6.3.1 全局流动模型

本章使用的交通流动数据依然来源于高速公路联网收费数据，为 2014 年江苏省个县域之间依据高速公路网的交通流动数据。人口数量、经济水平和相互距离是影响区域联系最为重要因素，本章选择这 3 个变量来解释不同县域单元之间的交通流动。图 6-1 给出了江苏省 2014 年 GDP 和人口空间分布情况。从图中可以看出，江苏省人口分布主要集中于各个设区市的中心城区，且经济发达的江苏省南部地区人口较多。同时，江苏省经济发展空间分异特征也较为明显，江苏省南部地区经济发展较好，而北部地区经济发展相对落后。为了确定全局模型、局部模型谁更适合于解释区域交通流动，我们需要对这 2 种类型的模型计算结果进行比较分析。首先，利用全局回归模型校正拟合了交通流动与 3 个因素之间的关系，利用 OLS 方法估计得到了区域交通流动的全局回归模型，拟合结果如表 6-1 所示。

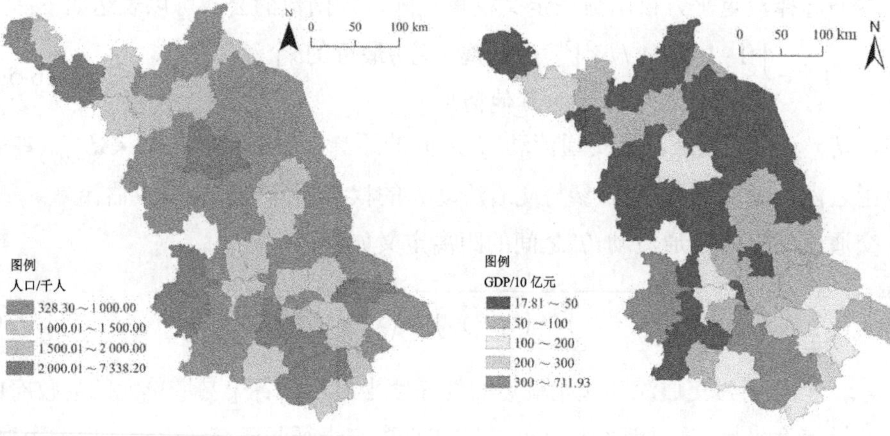

a. 人口　　　　b. GDP

图 6-1　人口和 GDP 空间分布

表 6-1　全局回归模型的参数估计

变量	截距	β_1	β_2	β_3
估计值	−13.817*	1.424*	1.040*	−1.682*

注：*表示能通过 1%水平显著性检验。

从估计结果来看，Adjusted R^2 值为 0.661，说明全局回归模型对区域交通流动的解释性不是特别高。AICc 值的统计结果为 14 500.570，CV 统计值为 1.435。所有的估计系数均能通过 1%水平的显著性检验。常住人口系数（β_1）、GDP 系数（β_2）的估计拟合值分别为 1.424 和 1.040，均为正值，说明常住人口、GDP 对区域交通流动具有显著的促进作用，且出发地的人口的推动作用要强于目的地 GDP 的吸引作用。距离系数（β_3）的估计值为−1.682，呈现出负相关，距离对区域交通流动起到明显的阻碍作用，即在人口和经济相同的情况下，距离越远，交通流动越少。

6.3.2　局部流动模型

要素在空间上往往呈现出相互依赖的特性，流动空间作为一种普遍存在的形态，其内部在表现出空间异质性的同时，也会呈现出要素的空间依赖。一个流动往往也会受到周边相邻流动的影响，距离越近，影响也就越大。由于周边交通流动的多样性和异质性，造成每个流动受到的相同要素的影响程度却是不一样的，即存在空间不平稳性。为了更好地分析相关因素对不同流动的作用程度的差异性，我们需要尝试从局部的视角来构建模型分析区域交通流动。

遍历所有带宽，获取各个带宽下拟合出的局部分析模型，并统计各个模型的 AICc 值，AICc 值越小，说明模型的拟合结果越好。通过比较 AICc 值，选择拥有最小 AICc 值对应的模型作为最优局部交通流动模型，与之相对应的带宽为 99，并将其作为最优带宽。统计得到局部流动模型的 Adjusted R^2 值为 0.989，较全局模型对区域交通流动的解释性大幅提升。AICc 值的统计结果为 606.948，较全局模型的 AICc 值大幅降低。如果两个模型 AICc 值差异大于 3，说明两个模型存在显著性差异，AICc 值较小的模型要明显优于另一模型（Akaike，1974）。通过比较可以看出，区域交通流动的局部模型要明显优于全局模型，具有更好的解释性。

通过局部模型，对于任一个变量，均会得到 3 481 个局部参数估计值来描述该解释变量对区域交通流动的影响，并利用 *t*-values 值对局部参数估计值的显著性进行假设检验（Byrne et al.，2009），显著性水平设置为 0.01。常住人口、GDP 和距离的参数估计值统计如表 6-2 和图 6-2 所示。接下来，我们进一步分析 3 个系数的拟合结果情况。在人口系数估计上，有 3 299 条交通流动能够通过 1%水平的显著性检验，系数的平均值为 1.463，其中系数最大值为 3.624，最小值为 0.702，系数估计值大多分布在 1～2，且所有交通流动的人口系数估计值均为正值，说明出发地的常住人口对区域交通流动具有正向的促进作用，出发地的人口越多，交通流动也就越大。

表 6-2 局部校正参数的数理统计

变量	通过显著检验数量	最大值	最小值	平均值	标准差
人口	3 299	3.624	0.702	1.463	0.321
GDP	3 198	2.650	0.541	1.221	0.292
距离	3 378	−0.675	−4.658	−1.828	0.538

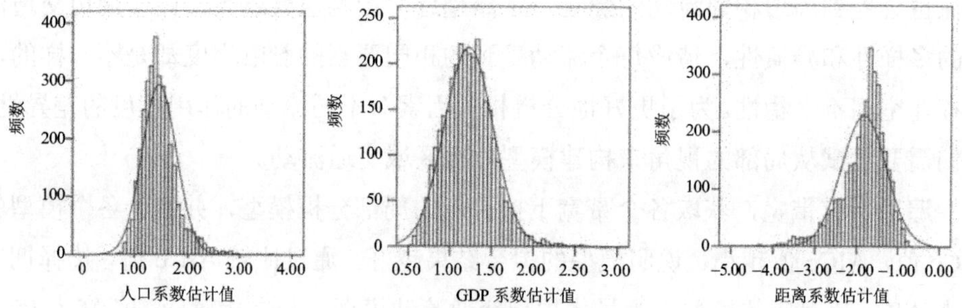

图 6-2 系数估计值直方图

在 GDP 系数估计上，有 3 198 条交通流动能够通过显著性检验，估计系数的平均值为 1.221，系数最大值为 2.650，最小值为 0.541，呈现出明显的正态分布特征；估计系数也均为正值，说明目的地 GDP 对区域交通流动同样具有正向的促进作用；但 GDP 估计系数要小于人口的估计系数，说明 GDP 最交通流动的作用要弱于出发地人口的作用。

在出发地和目的地之间距离系数估计上，有 3 378 条交通流动能够通过显著性检验，是 3 个系数中通过检验数量最多的，说明距离的影响具有更强的普遍性；距离系数的平均值为–1.828，其中最大值为–0.675，最小值为–4.658，估计系数大多分布在–3～–1，且估计值均为负值，说明出发地和目的地之间的距离对区域交通流动具有明显的抑制作用，两地之间距离越远，交通流动发生的概率也就越低；此外，距离系数的绝对值要高于人口系数和 GDP 系数的绝对值，说明距离对区域交通流动影响要强于常住人口和经济水平这两个影响因素，影响更为强烈，交通流动对距离具有更高的敏感性。

6.3.3　局部模型参数估计值异质性

从以上的分析中可以看出，区域交通流动的局部模型的拟合结果要明显优于全局回归模型。同一影响因素在不同交通流动上所起的作用是存在差异的，我们进一步分析 3 个解释变量参数估计的分布及其差异情况。

6.3.3.1　人口作用的空间异质性

出发地常住人口对各交通流动的影响存在差异进行可视化处理，结果如图 6-3 所示。图 6-3a 给出了人口系数估计值的空间分布情况，图 6-3b 和图 6-3c 给出了人口系数估计值最高和最低的 20 条交通流动。各交通流动的人口系数估计值存在较大的差异，估计值最高的交通流动是从赣榆区流向淮安市。排名最靠前的 10 个交通流动来自 2 个县域单元，有 6 个交通流动是从赣榆区流出，4 个交通流动从连云港市流出，且这两个县域单元都位于江苏省的东北角；排在 11～20 的交通流动中也有 8 条是从这两个县域单元流出的。系数数值在 2 以上的交通流动多从江苏省北部县域单元流出，并以西北角和东北角的县域单元居多。在所有县域单元中，流出地人口系数平均值最高的是赣榆区，系数平均值为 2.025，其次是连云港市市区和盐城市市区，系数平均值分别为 1.917 和 1.722；这些均说明人口对交通流动的作用在苏北地区表现更为强烈，该区域经济发展相对较为落后，且远离江苏省南部发达地区，人口基数对县域单元出行具有更强的推动作用。江苏省南部地区及其中部地区的人口的影响系数相对较低，该地区经济较为发达，外来人口也相对较多，汽车保有量也较高，人口相较于苏北地区已处于饱和状态，人口对交通流动的推动作用没有苏北地区强烈。人口系数估计值和出发县域人口总数的关系如图 6-3d 所示，流出地人口对交通流动影响强度缺乏明显的相关关系。

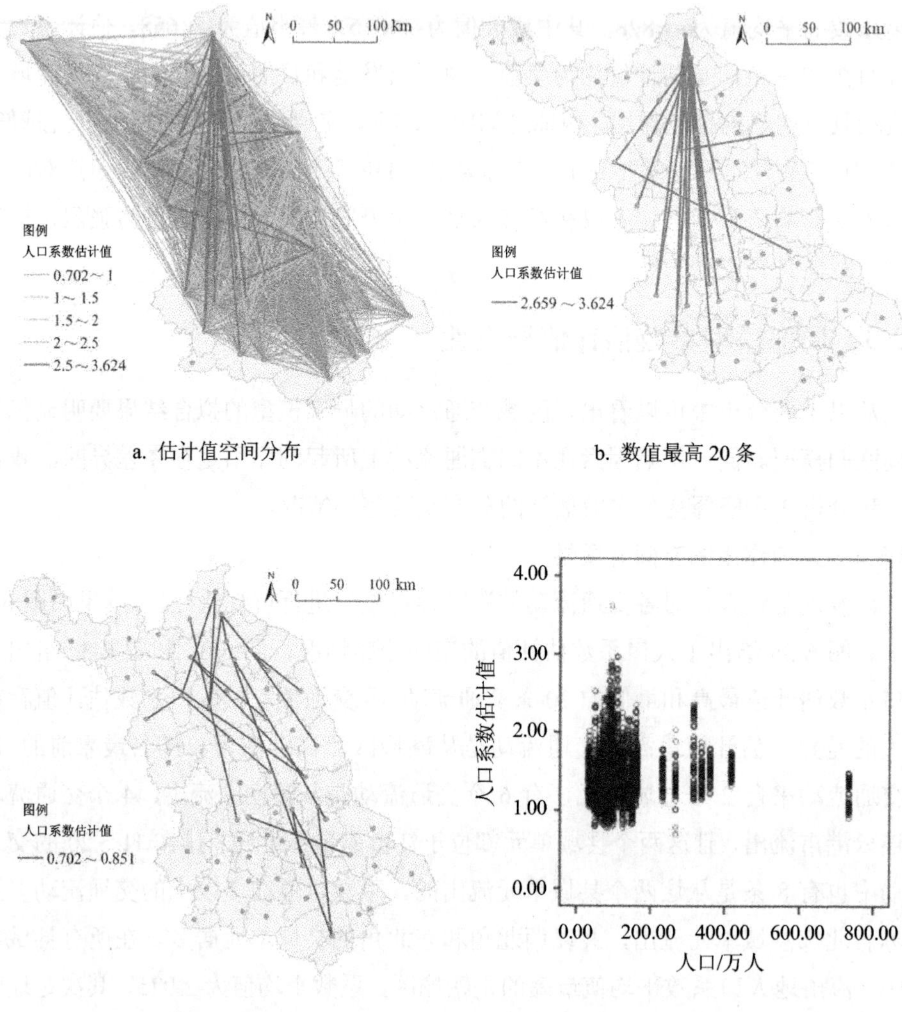

a. 估计值空间分布　b. 数值最高 20 条

c. 数值最低 20 条　d. 人口系数估计值和人口关系

图 6-3 出发地常住人口影响的异质性

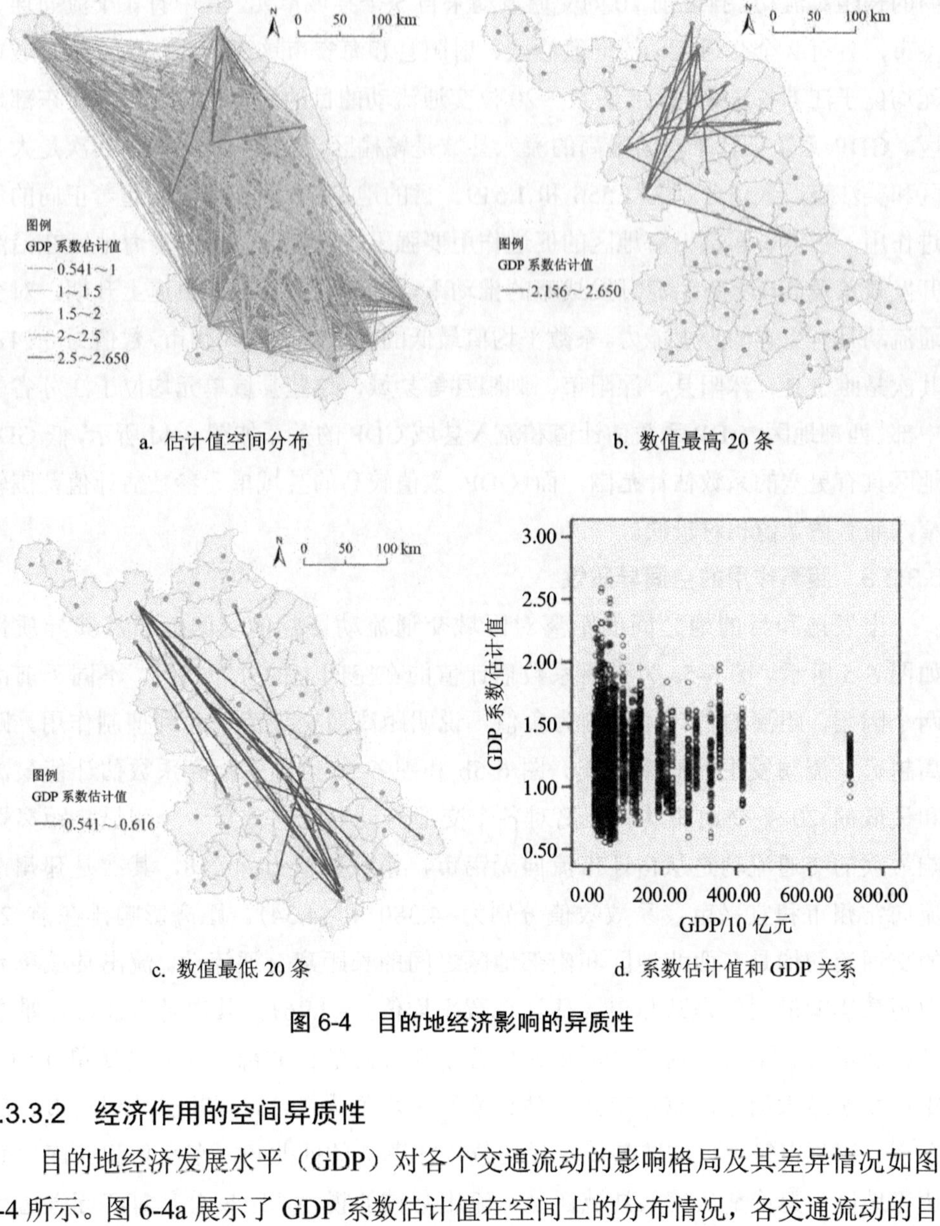

a. 估计值空间分布　b. 数值最高 20 条

c. 数值最低 20 条　d. 系数估计值和 GDP 关系

图 6-4　目的地经济影响的异质性

6.3.3.2　经济作用的空间异质性

目的地经济发展水平（GDP）对各个交通流动的影响格局及其差异情况如图 6-4 所示。图 6-4a 展示了 GDP 系数估计值在空间上的分布情况，各交通流动的目的地 GDP 系数估计值差异明显，估计值最高的交通流动是从盱眙流向连云港市。图 6-4b 和图 6-4c 给出了 GDP 系数估计值最高和最低的 20 条交通流动，高值交通流动主要集中于苏北地区的内部，而低值交通流动则是在苏南地区和苏北地区间的长距离流动。排名前 10 的交通流动来自 5 个县域单元，其中有 4 个流向连云港市，各有 2 个交通流动流向赣榆区、射阳县和海安市这 3 个县，这 4 个县域单元均位于江苏省东北部。排在 11～20 位交通流动的目的地也均位于江苏省东部地区。GDP 系数估计平均值最高的流入县域是赣榆区，数值为 1.599，其次是大丰区和吴江市，数值分别为 1.556 和 1.519。目的地 GDP 对交通流动起着正向的促进作用，江苏省东部沿海地区的促进作用要强于内陆地区，东部沿海地区在沿海开发政策及其江苏省沿海开发战略的推动下，处于经济发展的快速上升期，对交通流动具有更强的吸引能力。系数平均值最低的流入县域是邳州市，数值为 0.941，其次是睢宁县、沭阳县、溧阳市、泗阳县等县域，这些县域单元均位于江苏省的中部、西部地区。GDP 系数估计值和流入县域 GDP 的关系如图 6-4d 所示，低 GDP 地区具有更宽的系数估计范围，而 GDP 数值较高的县域单元参数估计值范围较窄，而且估计值相对较低。

6.3.3.3 距离作用的空间异质性

出发地和目的地之间的距离对区域交通流动影响的空间分布及其异质性如图 6-5 所示。图 6-5a 为距离系数估计值的在空间上的分布情况，不同于前面两个因素，距离的估计系数均为负值，说明距离对交通流动起到抑制作用，距离越远，流动发生的概率越低。图 6-5b 和图 6-5c 给出了距离系数估计值最高和最低的 20 条交通流动。距离对各个交通流动影响的差异十分明显，距离影响最大的交通流动是从宿迁市流向无锡市，系数数值为–4.658，其次是邳州市流向常州市和宜兴市，系数数值分别为–4.380 和–4.341。距离影响排在前 20 的交通流动均是在西北地区和南部地区之间的长距离交通流动。流出县域单元中距离影响最大的是邳州市，估计系数平均值为–2.461，其次是宿迁市、睢宁县、新沂市、丰县，这些县域单元均位于江苏省的西北部。流入县域单元中，距离影响最大的是南京市市区，估计系数平均值为–2.254，其次是邳州市、启东市、徐州市等地，这些县域单元均位于江苏省的西北角、东南角和西南角等边缘地区。无论是从流入县域还是从流出县域的视角，距离总是对江苏省边缘地区的县域单元有着更多的影响。这些地区距离全省其他县域单元平均距离比较远，交通流动的频繁度相较其他县域单元较低。距离系数估计值和流动距离之间的关系如图 6-5d 所示，可以看出随着距离的增加，距离的估计系数呈现出逐渐下降的趋势，距离对交通流动的影响在不断地上升。为此，我们绘制了以 20 千米为间隔的箱体图，如图 6-5e 所示，可以看出距离对交通流动的影响随着距离的增加而不断增强，即长距离交通流动受到距离因素的影响表现更为强烈。

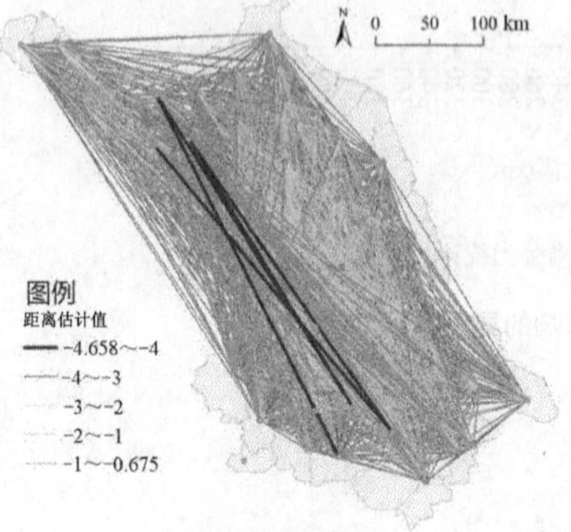

a. 估计值空间分布

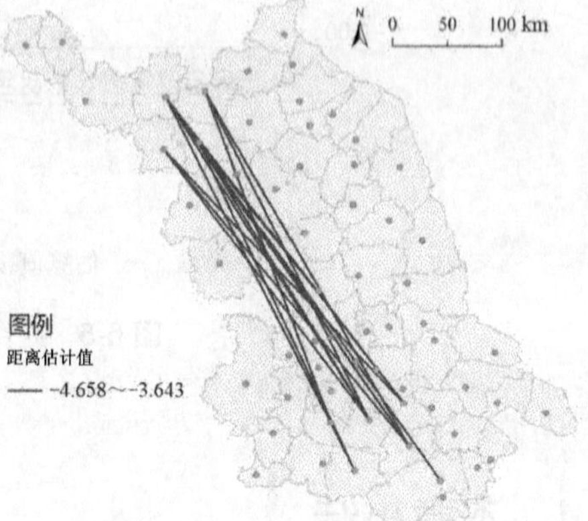

b. 数值最高 20 条

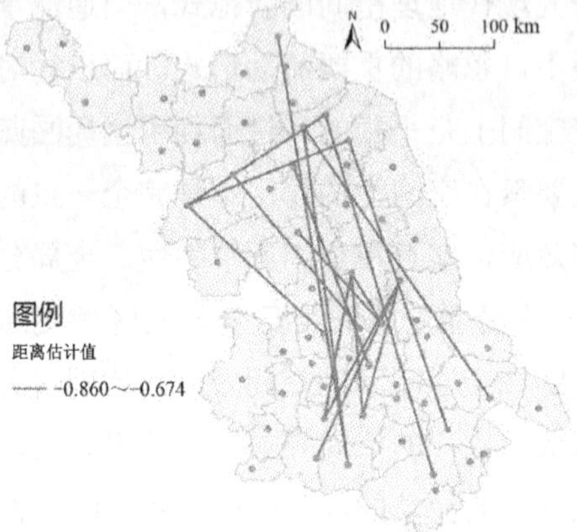

c. 数值最低 20 条

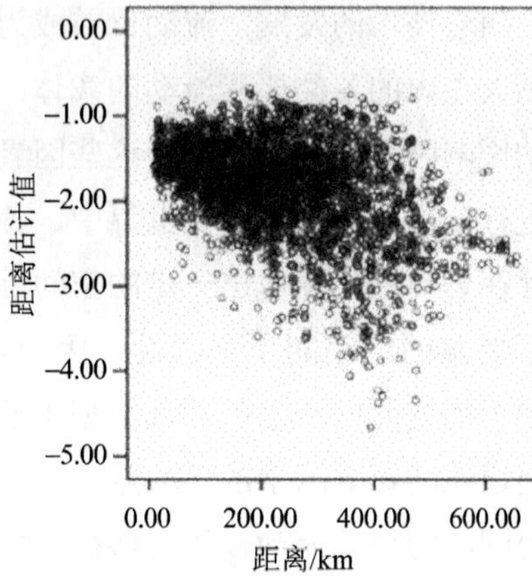

d. 估计值和距离关系

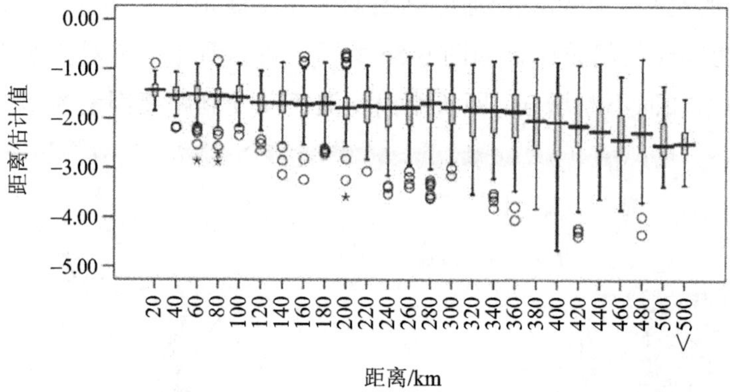

e. 估算值按距离分类统计

图 6-5　距离影响的异质性

6.4　本章小结

要素在地理空间上存在空间依赖，表现为相互关联效应，同时也存在空间异质性。随着技术的发展，流动日益成为研究现代地理空间的新范式，交通流承担着包括人在内的各类要素流动的载体，是不可忽略的重要流动形式。而以往对交通流动影响因素研究往往认为这些因素在空间上是平稳的，进而利用全局回归模型来进行分析。然而在现实世界中，各类要素在空间上的作用不是完全一致的，而是存在差异的，表现出一定的空间近邻效应，即存在空间不平稳性。全局分析忽略了要素间的空间不平稳性，因而需要从局部分析的视角来研究区域交通流动。本书构建面向流动的局部模型来解释区域交通流动的空间效应。特别研究了区域交通流动影响因素的邻域效应（空间依赖性）的空间异质性。结果表明，利用泊松回归的局部流动模型能够很好地处理交通流动的局部空间关系，统计得到的 AICc 值也明显小于全局回归模型，说明局部模型的拟合结果要比全局回归模型更优。

本章最重要的贡献在于从局部的视角构建了面向流对象的空间分析模型，很好地阐述了区域交通流动与解释变量之间的相互关系。本书创新性地将常住人口、经济发展和距离作为局部解释变量，分析其对流动的影响进行分析，并以江苏省为案例地进行实证分析。从实证分析可以看出，经济、人口、距离对不同县域单元之间流动的作用存在明显的空间异质性。特别需要指出的是，在以往以中国为案例地进行的距离对交通流动影响的分析中，多使用全局回归模型进行阐述。如在全国尺度，学者运用航空乘客流动数据和各式各样的媒介签到数据进行分析，在以往分析中得到的距离影响系数数值多位于−0.8 左右（Xiao et al.，2013；Liu et al.，2014）；同时学者也在城市内部尺度进行分析，如学者利用出租车或者公交卡数据进行城市内部交通流动研究，城市内部的距离影响系数多在−2.0～−1.0（Liu et al.，2012；Lu et al.，2012）。本书利用局部模型在省域尺度的交通流动分析中，得到的距离影响系数数值在−4.658～−0.675，且呈现出正态分布，而且随着交通流动距离的增加，距离对交通流动的影响程度在不断地增强，而不是全局回归分析中得到的一个固定不变的系数。在省域尺度的流动中，距离的影响呈现出多样性，距离影响的异质性可能更有利于更好地发现内部差异和解释流动规律。

本章的研究尚存在一定的局限性，一是同样本案例地的研究也只利用了 2014 年一年的高速公路联网收费数据来研究区域交通流动，因而无法从时间维度来探讨区域交通流动及其影响变量作用的变化，因而对其规律性的把握仍然存在一定的困难。二是本章的研究仅仅考虑了江苏省一个省的交通流动，对于省域边界地区县域和其他周边省份之间可能会存在较为频繁的流动，这也会使得研究结果存在一定的误差。尽管如此，受制于研究区域数据获取难度，现有的数据仍然能够支撑局部视角的区域交通流动分析，并得到了一些有意义的研究结论，为有效解释不同区域之间的交通流动，以及交通流动与其他相关要素的空间关系提供了崭新的分析视角。在未来的研究中，我们会努力地补充新的研究数据来进行长时段的过程分析，以期能够深刻揭示流动的机制。

总之，区域交通流动承载各类要素在不同空间上的相互迁移和交换，为区域经济发展提供持续的发展动力。对于区域交通流动的研究视角和研究方法有很多，包括定性的或者定量的。基于地理信息系统（GIS）的空间分析，特别是空间统计，提供了一套强有力的分析工具，其充分考虑了空间依赖性和空间异质性来研究区域交通流动（Thill，2000）。本书证明了局部视角的流动模型在区域交通流动建模上具有一定的优势。毫无疑问，面向流动的局部分析模型在捕获空间非平稳能力方面具有显著的比较优势，为解释区域交通流动乃至其他各种类型流动的形成机制提供了一种新的可行的空间分析方法和建模思路，可以有效解释各类的空间流动。

第7章　江苏省自驾游碳排放流格局

随着经济的快速发展，在提高人们生活水平的同时，也带来了诸多的环境问题，全球环境也面临着严峻的挑战，温室气体排放问题无疑是其中主要的一项内容。温室气体的大量排放引起了温室效应，从而导致全球气温升高。国际能源署（IEA）报告到2030年全球温室气体排放将比现在增加57%，这将使地球表面温度提高3℃。在温室气体中，二氧化碳（CO_2）是最为主要的气体，二氧化碳对温室效应的影响达60%，所以它成为削减与控制的重点。中国作为世界上最大的发展中国家，承诺其二氧化碳排放量将在2030年左右达到峰值，中国发布数值目标将对今后的气候变化产生深远影响。

旅游业作为当今世界规模最大、增长最快的产业部门之一，旅游业的碳排放对全球减排目标实现具有重大意义（WTTC，2009）。旅游业碳排放是衡量旅游业影响环境质量的重要标尺，随着旅游产业规模的不断壮大，旅游业对气候、环境的影响受到了国际社会的广泛关注。2008年，世界旅游组织指出旅游与气候变化之间不是孤立的，而是存在关联，是一项具有全球性层面意义的挑战问题，并推出了缓解旅游业对气候变化影响的理论框架与实践措施，用以指导世界各国降低碳排放，积极发展低碳旅游（Jamal，2011；Cerutti，2016）。2009年，“气候变化世界商业峰会”提交的报告中更加明确地倡议旅游业应该减少温室气体排放，受到各国推崇与积极响应（Simpson，2008）。近年来，随着人们生活水平的提高与交通设施的不断改善，自驾游得到了快速发展，并成为当前近距离旅游活动的主导形式。自驾游不仅延伸和拓展了旅游活动的广度与深度，同时也成为旅游业中碳排放的重要来源，在一定意义上加剧了旅游碳排放问题（Katircioglu，2015）。

7.1 旅游碳排放研究背景

旅游碳排放研究，特别是旅游交通碳排放一直是旅游研究的热点问题。Gössling 最早系统地提出了旅游业碳排放的核算方法，并估算出了 2001 年全球旅游业的消耗能源量约占世界能源消耗总量的 3.2%，其关于旅游交通的碳排放分析方法为交通碳排放的有效剥离提供了方法借鉴（Gössling，2000）。随后，有学者开始对航空和游轮等主要旅游出行方式的碳排放进行研究，认为全球旅游业的主要碳排放量主要来自国际航空和游轮的碳排放（Howitt，2013；Verbeek，2014；Gössling，2015）。测算了南极地区游轮的碳排放，认为该区域的游轮碳排放已经严重污染了当地环境，指出游轮每年的碳排放甚至高于陆地旅游交通工具的碳排放（Kariminia，2013）。研究尺度的选择和分析方法的使用同样引起了学者的关注，学者进行了从全球尺度到国家尺度，再到地区和县域尺度的多尺度分析，使得旅游碳排放研究更具有实际意义（Ram，2013；Coles，2014）。

在研究方法上，学者更倾向于自上而下式、自下而上式及其与其他方法相结合的综合分析方法（Munday，2013；Sun，2014；Huebner，2015）。综合使用自上而下式与 LCA 结合的分析方法测算了英国到葡萄牙度假游客群体的间接碳排放量（Filimonau，2011），随后还分析了从英国到法国南部度假旅游者的直接碳排放量和间接碳排放量（Filimonau，2013），得出间接碳排放的重要地位和碳排放主要来自旅游交通的结论（Filimonau，2014）。依托自上而下式，结合旅游环境卫星记事方法测算了 2013 年英国威尔士旅游业碳排放的温室气体 77%产生在威尔士境内，同时指出 58.5%的碳排放来自旅游交通的直接排放（Jones，2015）。基于替代自下而上式的分析方法测算了 2011 年长江三角洲地区旅游交通碳排放总量，分析指出飞机和自驾车共占旅游交通排放量的 71.64%（陶玉国，2014）。

此外，一些学者还从技术和制度的视角，分析旅游业的能源结构、能源强度、消费水平、客流规模等因素对旅游业碳排放的影响（Hergesell，2013；Hanandeh，2013；Higgins，2013）。进而提出相应的减排对策，为各国制定科学的减排政策提供理论依据（Juvan，2014；Tsai，2014）。在节能减排上，学者重点分析了低碳技术和低碳制度之间的相互联系（Shani，2014；Hall，2015；Cadarso，2016）。

从上述梳理可见，学者对于旅游交通碳排放问题的研究已经取得了较为丰硕的研究成果，为旅游交通碳排放的进一步深入探讨提供了较好的理论基础与借鉴方法。上述成果多以旅游交通碳排放测度为目标，这种测度多体现为一种静态结果的数值表达。然而旅游活动的交通联系是一个动态的过程，碳排放则更多的是以一种动态的流动来呈现，因而从流动视角探讨旅游交通碳排放可能更具有现实意义。此外，随着大数据技术革命的来临与自驾旅游市场规模的持续提升，对旅游交通碳排放研究提出了新的机遇和新的要求。如何借助大数据挖掘技术，利用交通出行大数据，有效测度与分析自驾游碳排放流的空间格局及其影响因素成为亟待解决的重要科学命题。

本书提出的旅游碳排放流是指由于旅游景区的吸引，游客从客源地到目的地过程中旅游交通系统所产生的二氧化碳量在空间上的流动与转移。旅游碳排放流的分析有助于从流的视角探讨客源地和目的地之间在碳排放概念上的联系。针对每个分析的区域单元又会存在旅游交通碳流入和旅游交通碳流出两个概念：旅游交通碳排放流入是由于区域内的旅游景区吸引，而使得区域之外的旅游者来到区域内旅游而造成的旅游交通碳排放；旅游交通碳排放流出是由于区域外的旅游景区吸引，而使得本地居民到区域之外旅游而造成的旅游交通碳排放。流入和流出的对比可以有效衡量一个区域单元在整体旅游交通碳排放中的平衡情况，为探讨区域间旅游交通碳交易提供了一种可能的分析视角。本章以江苏省为案例地，以 2014 年高速公路联网收费数据而提取的车流数据为研究基础，借助大数据挖掘技术，从流视角开展基于交通大数据的自驾游碳排放流的测度、空间格局及其影响因素研究。需要说明的是本章研究的旅游交通碳排放流关注的是跨县域单元的大交通碳排放，而不是区域内部旅游者乘坐公共汽车、地铁等内部交通工具而产生的交通碳排放。

7.2　自驾游碳排放研究方法

7.2.1　自驾游碳排放流测度

借鉴旅游交通碳排放测度方法（Filimonau，2011），并结合江苏省高速公路县域单元间流动的车流量及其旅游人数等客观实际情况，构建区域旅游交通碳排放流测度模型，计算公式如下：

$$S_{ij}=\alpha_j\times T_{ij} \tag{7-1}$$

$$C_{ij}=\beta\times P\times S_{ij}\times D_{ij} \tag{7-2}$$

$$C_{\mathrm{in}i}=\sum_{j=1}^{n}C_{ji} \tag{7-3}$$

$$C_{\mathrm{out}i}=\sum_{j=1}^{n}C_{ij} \tag{7-4}$$

$$NC_i=C_{\mathrm{in}i}-C_{\mathrm{out}i} \tag{7-5}$$

式中，C_{ij}为从县域单元 i 流向县域单元 j 的自驾游交通碳排放量；P 为每辆自驾车的平均乘坐旅游者人数；S_{ij}为从县域单元 i 流向县域单元 j 的自驾车流量；D_{ij}为 i 县域单元和 j 县域单元之间的距离；β为自驾游的单位碳排放系数；T_{ij}从县域单元 i 流向县域单元 j 的车流量；α_j为 j 县域单元的自驾车流量占比。自驾游碳排放流可以理解为一个有向流动网络，不同县域单元在碳排放流动网络中的地位存在差别，针对每个县域单元分别计算该单元的旅游交通碳流入量和旅游交通碳流出量，其中 $C_{\mathrm{in}i}$、$C_{\mathrm{out}i}$分别为县域单元 i 的碳排放流入量和碳排放流出量，NC_i为县域单元 i 的净碳排放量。

α_j通过抽样调查的形式获取，具体操作步骤为：在每个县域单元随机选取 1～2 个高速公路收费站点，安排 2～3 名学生对该收费站点的停靠车辆进行是否为自驾游的情况调查，获取各个县域单元自驾游车流的比例，具体抽样时间分别为 2014 年 3 月 1 日到 7 日、2014 年 6 月 1 日至 7 日、2014 年 9 月 1 日至 7 日、2014 年 12 月 1 日至 7 日，每天调查时间为 8 时至 20 时。对于β值，每个国家采用的标准不尽相同，发达国家系数值一般高于欠发达国家的系数值（Chenoweth，2009；Gössling，2015），针对中国大陆的国情作了较为合理的修正与调整，提出自驾车游的碳排放系数为 99 g/km（Xiao，2010），本书采用这一碳排放系数来进行排放量的计算。P 值采取抽样调查的方式获取，江苏省每辆自驾车的平均乘坐旅游者人数为 2.97 人。

7.2.2　地理加权回归（GWR）模型

本书利用 GWR 模型对交通碳排放流量的影响因素进行空间回归分析，具体的 GWR 模型见本书的第 3 章研究方法部分。

7.3 自驾游碳排放空间格局

7.3.1 自驾游流动的空间特征

首先根据计算江苏省高速公路的联网收费数据，获取江苏省的所有车流量数据，根据公式（7-1），估算得到江苏省的自驾车流分布，并将其进行空间表达，结果如图 7-1 所示。对自驾游车流网络而言，与前一章分析得到的高速车流网络存在一定的相似性，依然呈现出显著的南高北低的空间分异特征，但是流量规模较总的车流量明显下降。自驾游流动的高流量路径连接的节点主要为南京市市区、苏州市市区、无锡市市区、常州市市区，这些区域均分布在江苏省的南部地区。表明苏南地区居民是江苏省自驾出游的主体，而苏北地区现有的自驾游规模较小，出游动力不强。

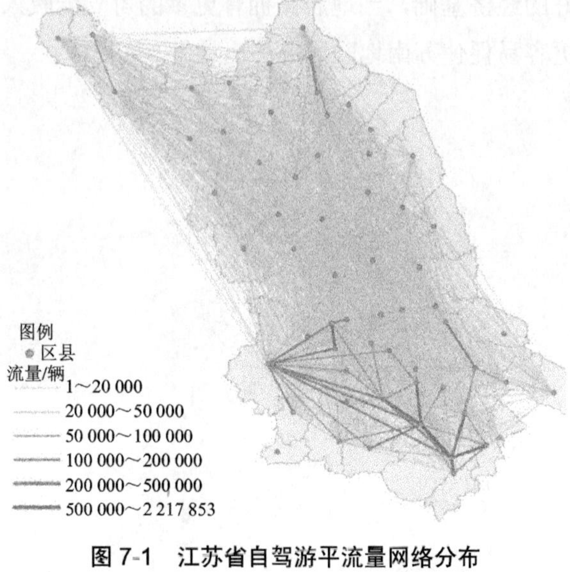

图 7-1　江苏省自驾游平流量网络分布

7.3.2 自驾游碳排放流特征

在自驾游网络的基础上，利用公式（7-2），计算得到各个县域单元间的自驾游碳排放流量，并将其进行可视化表达，结果如图 7-2 所示。碳排放量最大的路径是南京市市区内部之间的流动，南京市作为江苏省省会，旅游资源丰富，经济发达，自驾游车辆众多，高速网络也较为密集，自驾游这一类型的旅游发展快速，客观上导致了较大的碳排放量。其他较大的碳排放量的路径依次是苏州市市区内部之间、苏州市市区到无锡市市区、常州市市区到南京市市区、苏州市市区到南京市市区、无锡市市区到南京市市区、昆山市到苏州市市区、无锡市市区到苏州市市区、南京市市区到无锡市市区。高数值碳排放流路径主要集中在苏南地区，苏南地区经济较为发达，人们有更多的需求和条件进行外出旅游，近年来自驾游逐渐成为上述地区居民出游的主要交通方式之一。县域单元间碳排放流量较小的路径，主要在苏北地区的县域单元之间，例如，涟水到滨海、宝应到响水、涟水到响水等。苏南苏北差异的原因主要可以归纳为以下两个方面：一方面，苏南地区丰富的旅游资源和高等级的旅游景区的存在，构成了苏南地区强大的旅游吸引力，促使人们外出旅游更加偏向体验苏南地区的自然风光和人文历史；另一方面，苏南地区拥有良好的经济基础，当地居民拥有更多的可支配收入，具有更大的旅游潜力，客观上更容易促使苏南地区居民外出旅游。

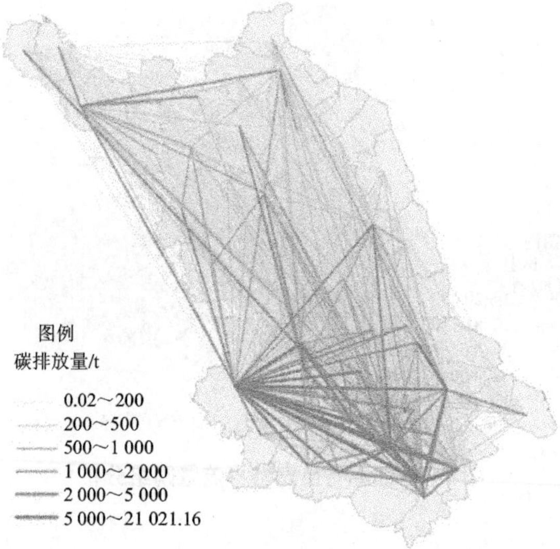

图 7-2 自驾游碳排放量格局

7.3.3 县域单元自驾游碳排放流入与流出格局

根据公式（7-3）和公式（7-4）分别计算各个县域单元的自驾游碳排放流入量和流出量，如图 7-3a 和图 7-3b 所示，并根据公式（7-5）计算各个县域单元的自驾游净碳排放量，如图 7-3c 所示。

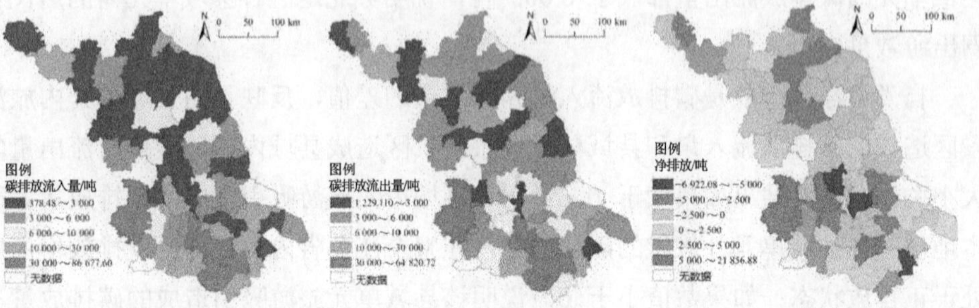

a. 流入格局　　b. 流出格局　　c. 净排放格局

图 7-3 县域自驾游碳排放流入与流出格局

自驾游碳排放流入量是由于县域单元内部各个旅游景区的吸引，县域以外的游客通过自驾游方式到达该县域旅游而产生的碳排放。这些碳排放产生的直接原因是县域内部景区对游客的吸引。从分布格局来看，各个县域单元的自驾游碳排放流入量呈现出明显的空间分异特征。苏南地区县域单元的碳排放流入量较大，南京市市区、苏州市市区、无锡市市区和常州市市区的碳排放流入量居于全省前列，说明苏南地区的旅游景区吸引了大量的自驾游旅行者来此旅游。苏北地区县域单元碳排放流入量较小，只有徐州市市区、连云港市市区等极少数单元的碳排放流入量大于 10 000 吨，绝大部分的旅游交通碳排放流入量低于 6 000 吨，说明苏北地区各县域单元的旅游景区吸引自驾游客的能力较弱。

自驾游碳排放流出量是由于县域之外旅游景区的吸引，县域内部居民通过自驾游方式到达县域外景区而产生的碳排放，它在一定程度上可以反映本地居民的出游能力。这些碳排放量虽是有本地县域单元内的居民产生的，但是其吸引源头却是县域之外的旅游景区。从分布格局来看，县域单元自驾游碳排放流出量在空间上同样呈现出明显的分异特征，且这种空间分异特征和流入量的空间格局较为相似。苏南地区县域单元的碳排放流出量依然较大，南京市市区、苏州市市区、无锡市市区和常州市市区的碳排放流出量依然居于全省前列，苏南地区各个县域单元经济较为发达，居民倾向于自驾出行，诞生了大量的自驾游客，从而产生了大量的自驾游碳排放流出量。苏北地区各个县域单元碳排放流出量较小，只有少部分市区的碳排放流出量比较高，如徐州市市区、淮安市市区等，其他绝大部分县域单元的碳排放流出量都低于 6 000 吨，说明苏北地区各县域单元内的居民自驾出游数量较少。

自驾游净碳排放是碳排放流入量和流出量的差值，反映了由县域单元内旅游景区造成的碳排放流入量和县域单元外旅游景区造成县域内居民碳排放流出量的大小关系。计算结果如果大于 0，说明该县域单元旅游吸引造成的碳排放量大于本地居民去县域单元外旅游的碳排放量，在整个江苏省内的自驾游碳排放格局中处于正排放状态；如果数值小于 0，说明该县域单元旅游吸引造成的碳排放量不足以弥补本地居民去县域单元外出游的碳排放量，处于负排放状态。从净排放量分布格局来看，大体上也呈现出南高北低的空间格局。苏南地区县域单元呈现出正排放，苏南地区的旅游景区在享受旅游产业带来经济收入的同时，也同样产生大量的自驾游碳排放。苏北地区县域单元呈现出负排放状态，承受了本地居民去县域外旅游而造成的碳排放量，却无法获取旅游发展所带来的经济收入。这样的正负状态净排放格局，体现了各个县域单元在旅游交通碳排放中扮演的角色，为县域单元之间自驾游碳排放交易提供了可能。正排放状态县域单元享受了旅游发展带来的大量经济收入，而从客源地到目的地的沿线县域却承受了旅游交通带来的大量的碳排放，因而正排放状态的县域单元需要向负排放状态县域单元转移相应的旅游经济收入作为补偿。当然，具体的转移补偿的方式和数额需要更为深入的研究。

7.4 自驾游碳排放影响因素分析

自驾游碳排放流入量和流出量的空间变化，通常与周边社会经济环境的空间分布息息相关。本书为了更为清晰地厘清江苏省居民自驾游碳排放流的空间变化特征，分别探讨自驾游碳排放流入量和流出量分布的影响因素，以期揭示县域单元自驾游碳排放的空间分布关系，也为平衡县域单元间碳排放差异提供科学依据。本书选取常住人口、GDP、固定资产投资、社会消费品零售总额、民用汽车拥有量、国内旅游人数、国内旅游收入和景区分值 8 个指标作为解释变量。其中常住人口、GDP、固定资产投资、社会消费品零售总额和民用汽车拥有量数据均来源于《江苏省统计年鉴 2015》。国内旅游人数、国内旅游收入源于江苏省旅游发展报告（江苏省旅游局，2015），景区分值依然利用上一章计算得到的各个县域单元的景区分值。

社会经济要素如何影响着各个县域单元的自驾游碳排放量，在空间上表现出怎样的影响特征？进一步运用 GWR 模型分析各县域单元碳排放流入量、流出量分别与各县域社会经济要素的空间关系。为了避免各指标的多重共线性问题，首先利用 SPSS 将各个解释指标进行标准差标准化处理，然后利用回归分析方法对标准化后的所有变量进行共线性检验，剔除方差膨胀因子（VIF）大于 10 的变量。

7.4.1 自驾游碳排放流入量影响因素分析

在进行共线性检验后，碳排放流入量的 GWR 模型留下 GDP、景区分值两个解释变量，并构建了回归公式：

$$C_{\text{in}}(i)=\beta_0(i)+\beta_1(i)\,\text{GDP}(i)+\beta_2(i)\,\text{SS}(i)+\varepsilon(i) \tag{7-6}$$

式中，$C_{\text{in}}(i)$ 为县域单元的自驾游碳排放流入量；GDP（i）为各县域单元的 GDP；SS（i）为各县域单元的景区分值。

考察 GWR 模型的适用性，首先利用最小二乘法（OLS）模型对影响流量分布的 2 个因素进行全局回归分析，得到 OLS 模型的决定系数 R^2 为 0.879 4，Adjusted R^2 为 0.867 8，AICc 值为 122.045 1。利用 GWR 得出的决定系数 R^2 为 0.975 8，Adjusted R^2 为 0.968 0，AICc 值为 20.19，带宽为 108 013.06 米。若 GWR 模型和 OLS 模型的 AICc 差值大于 3，表明 GWR 模型性能优于 OLS 模型（Akaike，1974），可以看出 GWR 模型的拟合结果更好。

进一步分析两个解释变量的拟合系数 β_1、β_2 在空间上的分布情况，系数分布如图 7-4 所示。从图中可以看出 2 个系数及其 t-values 在空间上存在迥异的分布特征，2 个解释变量在各县域单元的参数估计结果也各不相同，表明 2 个解释变量对自驾游碳排放流入量的影响存在空间差异。

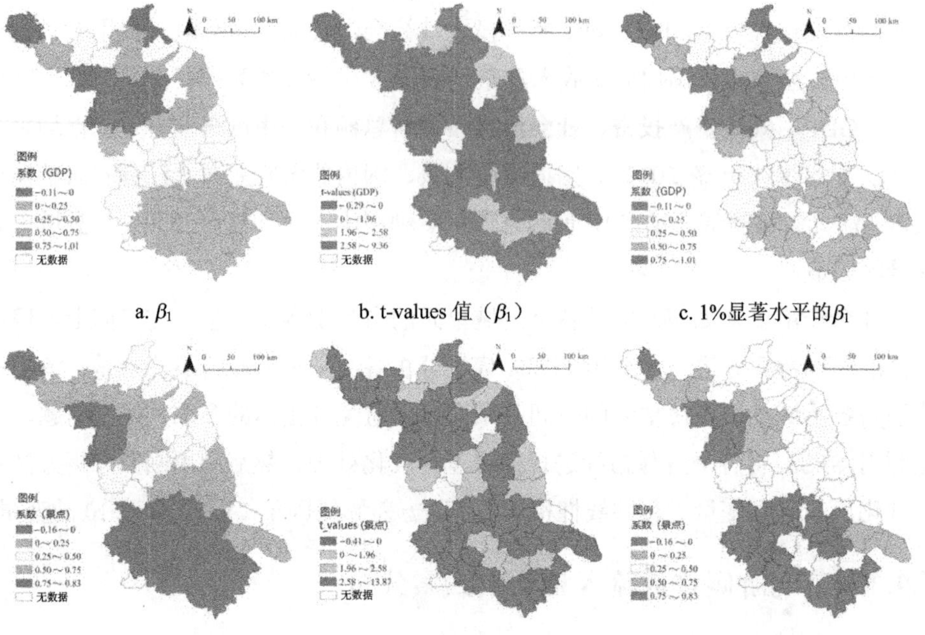

a. β_1　　b. t-values 值（β_1）　　c. 1%显著水平的β_1

d. β_2　　e. t-values 值（β_2）　　f. 1%显著水平的β_2

图 7-4　自驾游碳排放流入量地理加权回归结果

（1）β_1 系数在总体上呈现出北高南低的分布特征，在江苏省的东北部的 2 个县域单元，自驾游碳排放流入量和 GDP 呈现出负相关，而江苏省大部分县域单元自驾游碳排放流入量和 GDP 之间呈现出正相关，且正相关系数大多小于 1。从显著性来看，有 48 个县域单元能够通过 1%水平的显著性检验，大部分县域单元的显著性较好，无法通过显著性检验的县域单元表现为零星分布，无明显的规律性。分析结果表明，经济是江苏省各个县域单元自驾游碳排放流入量的重要影响因素，且呈现出正向影响，在影响程度上，经济水平对苏北地区的影响要强于苏南地区。旅游景区是旅游系统最为重要的组成部分（Jin，2013），江苏省南部地区旅游资源丰富，旅游人数众多，旅游产业发展也较快，在此背景下，经济水平对于自驾游碳排放流入量的影响因素不是很强。苏北地区经济落后，经济投入可以带动旅游产业投入，吸引更多的旅游者，从而导致自驾游碳排放流入量的增加，经济水平对苏北地区自驾游碳排放流入量的影响表现更为强烈。

（2）β_2系数和β_1系数分布呈现出相反的分布特征，系数高值区域主要分布在江苏省南部，低值区域则主要分布在江苏省北部。整体上呈现正相关，少数西北部县域单元呈现负相关。有 38 个县域单元能够通过 1%水平的显著性检验，这些县域单元主要分布在江苏省的南部地区和西北部地区。β_2系数大多比β_1系数低，说明景区发展对自驾游碳排放流入量整体影响程度要弱于经济水平的影响，但对江苏省南部县域单元自驾游碳排放流入量的正向影响更加地强烈，而对江苏省北部县域单元的影响较弱。苏南地区经济较为发达，其 GDP 的增加对自驾游发展的带动能力有限，而多类型、高质量的旅游景区成为苏南地区自驾游碳排放流入量的重要影响因素。经济相对落后的苏北地区，旅游景区数量和质量均较弱，对游客的吸引能力较为有限，对自驾游碳排放流入量的影响也就稍弱，甚至有些县域单元存在负影响。

7.4.2 自驾游碳排放流出量影响因素分析

同样对碳排放流出量的共线性问题进行处理，碳排放流出量的影响因素中留下常住人口、GDP 这 2 个解释变量，构建回归分析公式如下：

$$C_{\text{out}}(i)=\beta_0(i)+\beta_1(i)\,\text{POP}(i)+\beta_2(i)\,\text{GDP}(i)+\varepsilon(i) \qquad (7\text{-}7)$$

式中，$C_{\text{out}}(i)$为各个县域单元的自驾游碳排放流出量；POP（i）为各县域单元的常住人口；GDP（i）为各县域单元的 GDP。

同样考虑 GWR 模型的适用性，利用 OLS 模型对影响碳排放流出量分布的 2 个因素进行全局回归分析，得到 OLS 回归模型的决定系数 R^2 为 0.897 3，Adjusted R^2 为 0.872 8，AICc 值为 122.045 1。利用 GWR 模型得出的决定系数 R^2 为 0.980 7，Adjusted R^2 为 0.974 1，AICc 值为−32.27，带宽为 100 181.43 米。通过比较，同样可以看出 GWR 模型的拟合结果要比全局回归模型好。

同样分析两个估算系数β_1、β_2在空间上的分布情况，分布格局如图 7-5 所示，解释变量系数在空间上的分布同样存在差异，它们对不同县域单元的自驾游碳排放流出量的影响不尽相同。

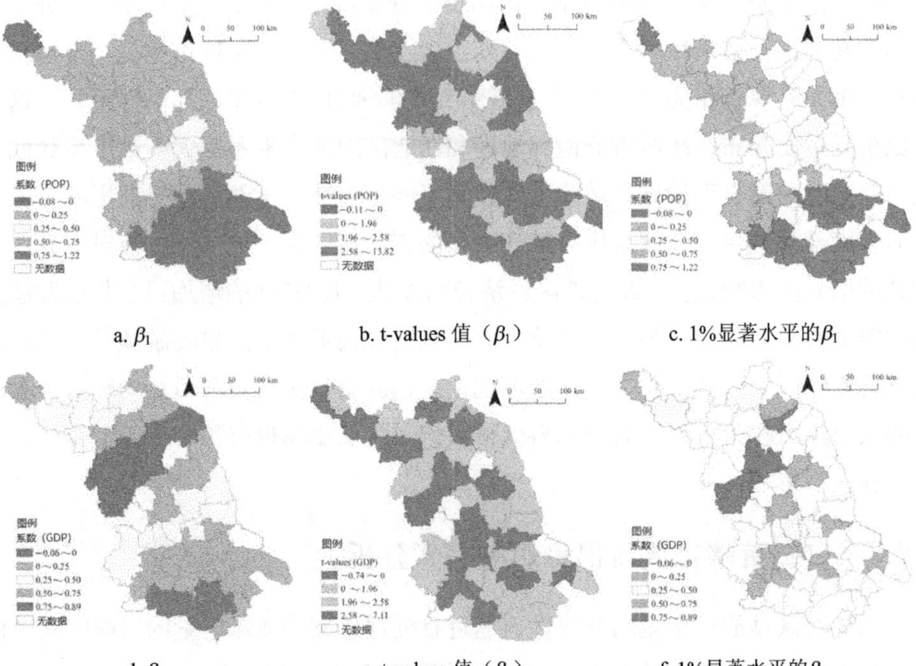

a. β_1　　b. t-values 值（β_1）　　c. 1%显著水平的β_1

d. β_2　　e. t-values 值（β_2）　　f. 1%显著水平的β_2

图 7-5　自驾游碳排放流出量地理加权回归结果

（1）β_1 系数在空间上呈现出北低南高的空间分布特征，在江苏省北部地区，自驾游碳排放流出量和常住人口分布呈现出正相关，但是数值比较小，说明常州市人口对碳排量流出量的影响程度较低，大部分县域单元的系数值都低于 0.25，江苏省南部县域单元的回归系数较高。有 35 个县域单元能够通过 1%水平的显著性检验，主要分布在江苏省南部和北部两个区域。说明常住人口数量对江苏省北部县域单元自驾游碳排放流出量的影响程度较小，而对江苏省南部地区县域单元自驾游碳排放流出量有着显著的正影响。江苏省南部地区经济发达，居民出游意愿强烈，在经济水平已较为发达的情况下，常住人口数量成为自驾游碳排放流出量的主要影响因素。

（2）β_2 系数高数值区域主要分布在江苏省北部地区，而低数值区域主要分布在江苏省南部地区，整体上呈现出正相关，少数县域单元表现为负相关。从显著性检验上来看，只有 23 个县域单元能够通过 1%水平的显著性检验，大部分县域的显著性不强。经济发展对江苏省北部部分县域单元自驾游碳排放流出量的正向影响较为强烈。经济落后的苏北地区，经济发展处于快速发展期，苏北县域单元 GDP 的增长会明显促进居民的出游，会导致自驾游碳排放流出量的快速增长；苏南地区县域单元经济已经发展到了较为发达的阶段，其经济总量的增加对自驾游碳排放流出量的带动能力比较有限。

7.5 本章小结

本章基于江苏省高速公路车辆联网收费数据而获取的车流数据，借助大数据的挖掘技术，构建县域单元之间的车流矩阵，并结合实际调研估算得到各县域单元之间的自驾游车流量，根据碳排放测度模型计算了 2014 年江苏省自驾游碳排放流格局，并探讨了各个县域单元的自驾游碳排放流入量和流出量格局及其影响因素。得到的主要结论如下：

（1）各个路径的自驾游碳排放流量数值差异巨大，高数值路径主要集中在苏南地区，苏南地区经济较为发达，近年来自驾游成为苏南地区居民出游的主要交通方式之一，造成了大量的自驾游碳排放。县域单元之间自驾游碳排放流量较小的区域，主要集中在江苏省北部的各个县域之间。

（2）在县域层面，各个县域的自驾游碳排放流入量差异巨大。苏南地区碳排放流入量较大，南京市市区、苏州市市区、无锡市市区和常州市市区的自驾游碳排放流入量居于前列。苏北地区自驾游碳排放流入量较小，苏北各县域的旅游景区吸引自驾游客的能力较弱。自驾游碳排放流出量同样呈现出明显的空间分异，且这种空间分异和自驾游碳排放流入量较为相似。

（3）自驾游净碳排放格局大体上呈现出南高北低的格局。苏南地区呈现出正排放格局，苏南地区在享受旅游行为带来经济收入的同时，也造成了大量的自驾游碳排放。苏北地区呈现出负排放格局，承受居民外出旅游而造成的碳排放，而又无法获取旅游发展带来的经济收入。这样的正负状态净排放格局，为县域单元之间自驾游碳排放交易提供了可能，正排放县域需要向负排放县域转移相应的旅游经济收入作为碳排放治理的补偿。

（4）利用地理加权回归分析自驾游碳排放的影响因素，经济分布和景区分值可以有效地解释各县域单元自驾游碳排放流入量格局，自驾游碳排放流出量的影响因素主要归结为常住人口和经济发展。

旅游交通碳排放是衡量旅游业发展质量的重要标尺，科学有效地控制和降低旅游碳排放有助于提升旅游业的整体发展质量，这也成为当前中国旅游业转型发展的重要目标和方向。本书基于精细化的交通大数据，并结合实际调研，获取了较为精确的自驾旅游数据。并以此分析和测度旅游交通碳排放流。本书在分析方法上，为旅游大数据的精确运用和空间表达提供了很好的方法借鉴；在理论上，将旅游交通碳排放研究由原有的静态分析扩展成流动的动态研究，并从空间视角探讨了自驾游碳排放的影响因素；在实践中，对碳排放流动空间特征及其净碳排放格局分析，为不同地区间的自驾游碳排放交易提供了重要依据，这就要求地方政府在进行碳估算与碳交易的过程中，需要重新认识碳排放的空间流动属性。

第8章 江苏省旅游发展与交通流相互关系研究

经过改革开放40多年的发展，旅游业已成为中国国民经济的战略性支柱产业。旅游是游客从客源地出发到目的地，再回到客源地的过程，这一本质属性决定着旅游活动及其旅游业的发展与区域交通网络建设密不可分，一方面，飞速扩张的国内旅游业，以及旅游者的海量流动对交通运输产生极大的需求，部分旅游热点区域交通压力巨大，对交通网络提出了更高的要求；另一方面，快速发展的交通体系，特别是高速交通运输网络的形成，冲击和改变着原有的时空观念，对旅游流的空间组织以及旅游产业布局产生了深远的影响，不断地优化产业布局，重塑区域旅游空间格局（汪德根等，2015）。交通系统这一特殊桥梁作用，使得交通和旅游之间的关系研究格外受到学者的关注（卢松，2009），总体来说可以概括为以下两个方面：

第一，关注于旅游与交通的时空关联分析。旅游发展与交通体系存在较强的关联性，高效便捷的交通运输体系是旅游业成功发展的重要前提。在西方研究中，交通常被认为是旅游发展中的最为重要的因素之一，交通运输成本在游客进行目的地选择时有着重要的影响（Martin，1988），学者探讨旅游者对行程距离影响的敏感性（Crouch，1994），继而实证分析不同旅游路线的发展潜力（Briedenham et al.，2004）；交通体系亦是整个旅游系统的重要组成部分（Mill et al.，1985），学者探讨不同交通模式下的区域旅游发展历史（Dickman，1994），并基于交通体系构建了众多旅游流空间模型（Pearce，1987）。在国内，研究认为旅游业的产生和发展与交通体系建设密不可分，交通体系是旅游生产力的有机组成部分，影响和制约着旅游业的发展（张涛，2003；杜美龄等，2015），交通便利程度已成为衡量区域旅游发达程度的一个重要标志（保继刚等，1999）；在定性探讨的基础上，学者开展了一系列的定量分析，如探讨旅游网络与交通运输网络之间的空间关联情况（吴晋峰等，2010；王兆峰，2012），评价不同类型区域交通体系与地区旅游发展水平之间的协调模式及其演变态势（陈晓等，2008；叶茂等，2017；郭向阳等，2017）等。

第二，侧重于交通体系建设对区域旅游发展的影响。交通设施建设及运营对区域环境、旅游发展有着深远的影响。在发达国家，交通基础设施建设业已完成，构建起了完善的交通运输体系，西方学者更多关注交通的区域影响，这样的影响分析主要集中于自然和社会环境两个方面：在自然环境方面，研究结果得出交通运输部门是整个旅游业中能源消耗最大的部门（Becken et al.，2003），拥有较多份额的碳排放量，且日益流行的私家车旅游对旅游地的气候带来了改变，对目的地的空气质量、噪声和自然景观等方面造成了污染（Peeters et al.，2007），进而研究者倡导制定改进措施，进行可持续的交通方式，以改变对区域自然环境的影响（Hompson et al.，2007）；在社会影响方面，旅游交通的外部性由目的地的居民承担，带来了社会公正性问题的讨论，影响到目的地旅游的社会可持续性，加剧了目的地内部的社会矛盾（Hall，1999；Dickinson et al.，2004）。在国内，交通基础设施的建设日新月异，交通网络体系不断完善，国内研究的主题集中于交通设施的区域旅游效应分析，认为旅游交通实质是大众交通的衍生和发展，是大众交通的一种特殊形态，对区域旅游发展产生了重要影响（汪宇明等，2007；杨仲元等，2013），重点分析了航空（林岚等，2007；吴晋峰等，2012）、铁路（朱竑等，2005；殷平，2012；汪德根等，2015）、公路（靳诚等，2010；石培基等，2012）、桥梁（张建春等，2002）等交通设施的新建对区域旅游空间结构的影响，研究结果中表明，任一交通设施的修建或者是新的航线的开通均会影响到区域旅游的发展。

交通流量是交通建设状况和交通流动过程的真实反映和直观表达，而在以往交通和旅游的空间关系研究中，大多以交通设施作为研究对象，如分析公路网络、航空网络等与区域旅游发展的关系，却忽视了各种交通网络中的真实交通流量，更是缺乏交通流量和游客数量之间相互关系的综合比较研究。为此，本章以江苏省为例，利用高速公路联网收费的精细化数据，获取了 2014 年江苏省高速公路网的真实交通流量，从县域单元尺度深入分析了交通流量和区域旅游发展的空间特征，进而从转化的视角分析交通流量和游客人数之间的相互关系，预期为促进两者之间的协调有序发展提供理论依据。

8.1 研究方法

8.1.1 热点分析

本书利用热点分析 Getis-Ord G_i^*来测度区域要素在局部空间上的关联特征，识别要素在区域内不同空间位置上的高值簇与低值簇，即分析热点区域和冷点区域在空间上的分布状态。分析公式如下：

$$G_i^*(d)=\frac{\sum_{j=1}^{n}W_{ij}(d)X_j}{\sum_{j=1}^{n}X_j} \tag{8-1}$$

为了便于比较分析，需要对$G_i^*(d)$进行标准化处理，处理方法如下：

$$Z(G_i^*)=\frac{[G_i^*-E(G_i^*)]}{\sqrt{Var(G_i^*)}} \tag{8-2}$$

式中，X_j为在j区域的观测值；$W_{ij}(d)$为空间权重矩阵，若空间相邻，则权重为1，若空间不相邻，数值为0；$E(G_i^*)$为G_i^*的数学期望；$Var(G_i^*)$为G_i^*的变异数。如果$Z(G_i^*)$为正，表明位置i周围的值相对较高，属于高值簇集聚区，即要素分布的热点区域；如果$Z(G_i^*)$为负，表明位置i周围的数值相对较低，属于低值簇集聚区，即要素分布的冷点区域。

8.1.2 县域交通流量统计

不同县域单元的车流量差异巨大，即各个县域单元在江苏省内部的交通联系中位于不同的地位，扮演着不同的角色。县域单元的交通流量用这个县域单元的流出量和流入点的和来表示，计算公式如下：

$$T_i=\sum_{j=1}^{n}(l_{ij}+l_{ji}) \tag{8-3}$$

式中，l_{ij}为从县域单元i流向县域单元j的高速公路车流量；l_{ji}为从县域单元j流向县域单元i的高速公路车流量；T_i为县域单元i的交通流量。

8.1.3 旅游发展与交通流量间相互关系

8.1.3.1 相关性分析

两个要素之间的相互关系通常可以用相关系数来进行表征，本书首先利用相关性系数来探讨县域尺度交通流量和旅游发展之间的整体关联情况。在统计学上，对于两个要素 x 与 y，如果它们的样本值分别为 x_i 与 y_i（i=1，2，…，n），则两组数据之间的相关系数被定义为

$$r_{xy}=\frac{\sum_{i=1}^{n}(x_i-\overline{x})(y_i-\overline{y})}{\sqrt{\sum_{i=1}^{n}(x_i-\overline{x})^2}\sqrt{\sum_{i=1}^{n}(y_i-\overline{y})^2}} \tag{8-4}$$

式中，$\overline{x}$ 和 $\overline{y}$ 分别为两个要素样本值的平均值。r_{xy} 是要素 x 与 y 之间的相关系数，相关系数值介于 $[-1,1]$ 区间。如果 $r_{xy}>0$，表示正相关，即两个要素之间存在同向相关，如果 $r_{xy}<0$，则说明两个要素之间存在负相关。r_{xy} 的绝对值越接近 1，表示两个要素的相互关系越密切；反之，如果 r_{xy} 的绝对值越接近 0，则表示两个要素的关系越疏远。相关性系数旨在从整体上探讨交通流量和旅游发展在县域尺度上的关联情况。

8.1.3.2 转化度

本书在县域单元尺度选择国内旅游人数（tourist）和县域单元高速公路出入口流量（traffic）两个指标来探讨旅游发展和交通流量之间的相互关系。为了便于在旅游发展和交通流量之间进行相互比较，首先运用 SPSS 软件中的描述性统计功能对国内旅游人数和交通流量进行标准差标准化处理，消除量纲的影响，从而得到两个可比的新变量，我们用 ZTourist 和 ZTraffic 来表示。在比较两者之间的相互关系时，我们的思路是分析有多少的交通流量能够转化为旅游人数，基于此我们构建了交通流量转化度这一指标来进行评价，转化度的计算公式如下：

$$P=Z_{\text{Tourist}}-Z_{\text{Traffic}} \tag{8-5}$$

式中，P 为转化度，两个变量的差值可以有效反映旅游发展和交通流量的转化协调程度，P 值越趋近于 0，说明旅游发展和交通流量之间越协调；如果 P 值越大，说明交通流量转化为当地游客的程度越高；如果 P 值越小，说明交通流量转化为当地游客的程度越低。根据数值 P 的不同可以进一步将转化度划分为 5 种类型：

转化滞后型（小于–0.75）、转化轻微滞后型（–0.75～0.25）、转化协调型（–0.25～0.25）、转化轻微超前型（0.25～0.75）和转化超前型（大于 0.75）。

8.1.3.3　协调耦合度

交通转化度反映了交通流和客流之间的转化关系，而无法反映两者之间的协调耦合程度。为此，本书进一步分析测度交通流量和旅游人数之间的耦合协调程度，以便深入分析两者之间的时空关系及其空间差异。利用耦合协调度模型，分析游客人数与客车流入量两个指标之间的时空关系，公式具体如下：

$$D=\sqrt{C\times T} \tag{8-6}$$

$$C=[(u_1\times u_2)/(u_1+u_2)^2]^{\frac{1}{2}} \tag{8-7}$$

$$T=\alpha\times u_1+\beta\times u_2 \tag{8-8}$$

式中，D 为耦合协调度，取值范围在 0～1；C 为耦合度；T 为两个指标之间的综合协调指数；u_1 和 u_2 分别为县域国内旅游人数和县域客车流入量；α 和 β 是权重系数，两者相加为 1，因为本书拟将国内旅游人数和客车流入量放在同等的位置去衡量相互关系，因此本书将 α 和 β 的值设置为同等权重，均设置为 0.5。需要说明的是，在计算耦合协调度之前，为了使两个指标能够进行比较，消除量纲对计算的影响，同样需要对交通流量和旅游人数进行标准化处理，使得两者的数据都位于 0～1。

结合前人的研究成果，本书设定了耦合协调度的取值范围，数值小于 0.5，意味着两个要素存在失调现象，如果数值大于 0.5，则说明两个要素存在一定程度的相互协调。耦合协调度具体划分设定为以下等级如表 8-1 所示：

表 8-1　耦合协调度值等级划分标准

协调度（D）	协调等级	协调度（D）	协调等级
$0<D\leqslant0.1$	极度失调	$0.5<D\leqslant0.6$	勉强协调
$0.1<D\leqslant0.2$	严重失调	$0.6<D\leqslant0.7$	初级协调
$0.2<D\leqslant0.3$	中度失调	$0.7<D\leqslant0.8$	中级协调
$0.3<D\leqslant0.4$	轻度失调	$0.8<D\leqslant0.9$	良好协调
$0.4<D\leqslant0.5$	濒临失调	$0.9<D\leqslant1.0$	优质协调

8.2 旅游发展空间格局

8.2.1 游客分布特征分析

江苏省 2014 年共接待国内游客 5.85 亿人次，绘制了各个县域单元国内游客的空间分布图（图 8-1a），游客数量在空间上呈现出明显分异特征。游客较多的地区主要集中在江苏省南部地区，游客接待量在 2 000 万人次以上的有 6 个单元，分别是南京市市区、苏州市市区、无锡市市区、常州市市区、扬州市市区和徐州市市区，这些均为设区市的市中心区域，只有徐州市市区位于苏北地区，其他都位于苏南地区。游客接待量最多的是南京市市区，为 9 025.95 万人次。游客接待量在 1 000 万～2 000 万人次的单元数量为 10 个，仍然主要分布在江苏省南部地区，苏北地区只有 2 个单元：淮安市市区和连云港市市区，且均为设区市的中心区域；除去设区市市区，常熟市是接待国内游客人次最多的县级单元，接待量为 1 835.83 万人次。全年街道国内游客接待量在 500 万～1 000 万人次的县域单元数量同样为 10 个，集中分布在镇江市的周边地区，在苏北地区则呈现出零星分布。接待国内游客接待量在 200 万～500 万人次的县域单元为 21 个，是县域单元数量最多的区间段，主要分布在长江北岸的苏中地区，以及江苏省最北端地区。接待国内游客接待量在 200 万人次以下的县域单元数量为 16 个，该类型县域单元主要分布于长江以北地区，且集中分布在江苏省东北部的灌河口附近，在其他地区也有零星分布，其中丰县接待的国内游客量最少，2014 年全年仅有 15.65 万人次，其次是涟水县和响水县，2014 年游客接待量分别为 27.94 万人次和 49.38 万人次。

总体来说，江苏省接待的国内游客数量在空间分布上呈现出明显的不均衡性，苏南地区接待的国内游客较多，旅游发展起步较早，高等级景区分布也较为广泛，具有良好的旅游发展基础；而苏北地区旅游产业整体起步较晚，旅游资源开发还不够充分，受制于区域经济发展较差和居民收入较低，旅游业整体水平较低，就国内旅游发展而言，仍有较大的提升和挖掘空间。

8.2.2　游客空间热点

利用公式（8-1）和公式（8-2）计算了江苏省接待国内游客数量的冷点区域和热点区域，计算结果如图 8-1b 所示。从图中可以看出，热点区域呈现出南北分异的空间格局特征，热点区域主要分布在江苏省南部地区，而低值簇主要分布在江苏省北部地区。热点区域呈现出双中心的分布格局，一个以苏州市市区、无锡市市区为中心，另一个以南京市市区为中心，毫无疑问南京市市区、苏州市市区、无锡市市区是江苏省旅游发展最为核心的区域，拥有着江苏省最为丰富的旅游资源，也是江苏省接待国内游客数量最多的 3 个地区。次热区域集中分布在两个热点区域的周边地区，同样都分布于苏南地区。中性县域单元主要分布在两个热点区域的中间过度区域。冷点区域和次冷区域广泛的连片分布于江苏省北部地区，只有徐州市市区为中性区域，苏北地区游客接待量偏少。由此可以看出，南京市、苏州市、无锡市是全省旅游业发展的核心地区，在全省的旅游产业发展中有着十分重要的地位，而广大苏北地区的旅游产业发展依然较为落后，有待加速发展。

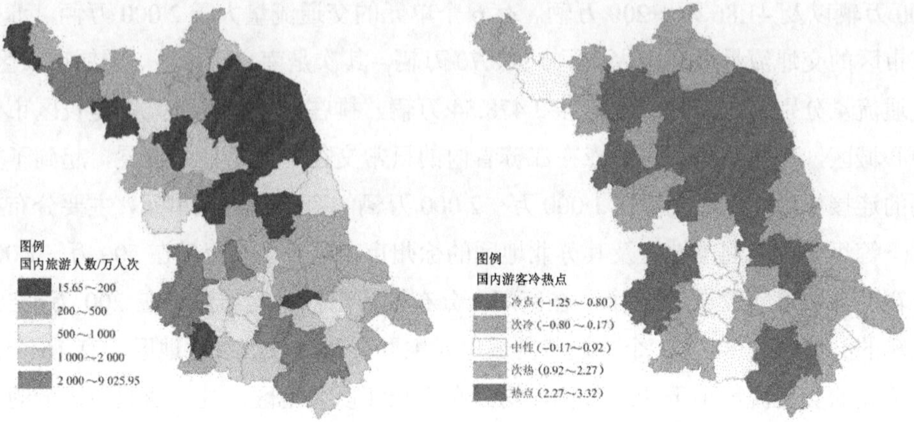

a. 游客分布　　b. 热点分布

图 8-1　江苏省游客空间分布格局

8.3 交通流量空间格局

8.3.1 交通流量空间特征

利用得到 ArcGIS 软件对 59×59 的二维 OD 流量矩阵进行分析，59 个县域之间共存在 3 481 条交通流动，流量值较高的流动主要存在于苏南县域单元之间，苏州市市区、无锡市市区、南京市市区、常州市市区是重要的放射中心，广大苏北地区缺乏高值流动。江苏省内部的县域之间流动存在明显的空间不均衡性，高值流动主要集中于少数的县域单元之间。

利用公式（8-3）计算各县域单元的交通流量，计算结果如图 8-2a 所示。从计算结果来看，江苏省县域单元总流量总体上呈现出明显的南高北低的空间分布特征，为了更好地分析空间上的不均衡性，将县域单元的交通流量划分为 5 个等级：2 000 万～5 900.7 万辆、1 000 万～2 000 万辆、500 万～1 000 万辆、200 万～500 万辆以及 41.86 万～200 万辆。有 6 个单元的交通流量大于 2 000 万辆，苏州市市区的交通流量最高，达到了 5 900.70 万辆，其次是南京市市区、无锡市市区，交通流量分别为 5 459.86 万辆和 3 478.54 万辆，排在前 5 位的单元都是设区市的中心城区，可见这些城市节点在江苏省内的日常交往中处于核心位置，起到了重要的连接作用。交通流量在 1 000 万～2 000 万辆的有 7 个县域单元，主要分布在第一等级区域的周围地区及其苏北地区的徐州市市区。交通流量在 500 万～1 000 万辆的县域单元数量为 9 个，在空间上分布较为离散。交通流量在 200 万～500 万辆的县域单元多达 21 个，这些县域单元主要分布在长江以北地区。有 16 个县域单元的交通流量小于 200 万辆，均分布于长江以北地区，处于西北角边缘的丰县交通流量最低，全年的交通流量仅有 41.86 万辆，其次是建湖县和洪泽县，交通流量分别为 88.83 万辆和 91.28 万辆，低交通流量县域单元在省内的联系中地位较低，所起的作用不强。

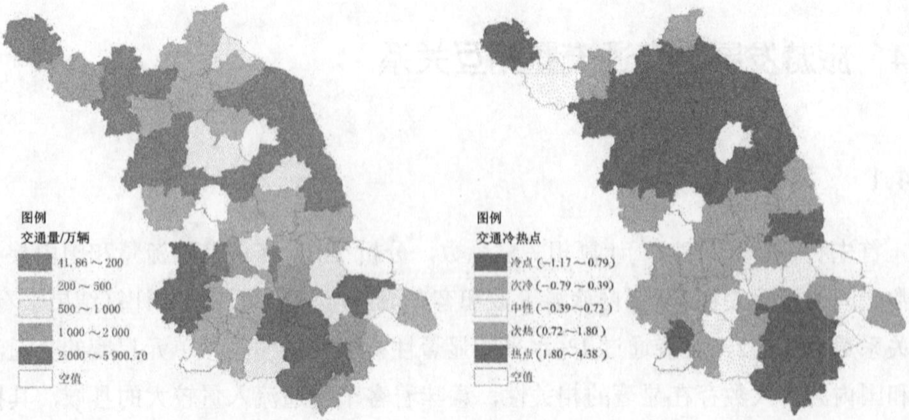

a. 交通量分布　　b. 热点分布

图 8-2　江苏省高速公路交通流量空间分布格局

8.3.2　交通流量热点分析

同样利用公式（8-1）和公式（8-2）计算了江苏省县域尺度交通流量的冷点区域和热点区域，统计结果如图 8-2b 所示。从图中可以看出，冷点区域和热点区域同样呈现出南北分异的空间格局特征，高值簇区域主要分布在江苏省南部地区，而低值簇县域单元主要分布在江苏省北部地区。

热点区域为单中心分布格局，其中心区域分布于苏州市市区、无锡市市区及其周边区域，该地区是江苏省经济发展最为发达的地区，对外经济联系频繁且密切，该地区发达的经济带来了大量的交通流动。次热区域集中分布在热点区域的周边地区、南京市市区及其周边地区，热点地区周边的次热区域和热点区域地理上相连，距离也相对较近，和热点区域的联系自然密切；南京市作为江苏省省会，其具有明显的行政优势，带来了大量的交通流，使南京市市区及其周边地区成为另外一个次热区域。中性区域主要分布在次热区域周边地区及其苏北的徐州市市区。冷点区域和次冷区域的县域单元数量较多，仍然较为广泛地连片分布于长江以北地区。从上述分析可以看出，江苏省各个县域单元的交通流量不均衡特征十分明显，江苏省南部的苏州、无锡地区是交通流量的热点区域，承载着大量的交通流量，而广大的苏北地区的交通联系不如苏南地区频繁，交通流量较低。

8.4 旅游发展与交通流量相互关系

8.4.1 相关系数分析

首先利用公式（8-4）计算相关性系数，分析 2014 年的交通流量和国内旅游人数之间的相互关系。从国内旅游人数和客车流入量的相关性系数计算结果来看，相关系数为 0.842，且能通过 1%水平的显著性检验，说明县域单元尺度的交通流量和国内游客人数存在显著的相关性，意味着客车交通流入量较大的县域，其接待的国内旅游人数也往往比较大，也可以理解为客车流入量对游客导入具有正向的促进作用，大量的高速公路交通流量为景区导入了可观的游客。

8.4.2 转化度分析

运用 SPSS 软件中的描述性统计功能对各个县域单元的国内旅游人数和交通流量两个指标进行标准差标准化处理，得到两个可以相互比较的变量 ZTourist 和 ZTraffic。将 ZTraffic 作为纵坐标，ZTourist 作为横坐标，得到国内旅游人数与交通流量关系的散点分布图（图 8-3）。从散点图中可以看出，大部分的散点集中分布于原点附近，说明大部分县域单元趋近于平均值，没有产生较大的偏差。仅有苏州市市区、南京市市区等少部分单元数值较大，偏离于坐标系的原点，且数值都是为正值，说明这些单元在两个指标中均占有较为明显的优势。

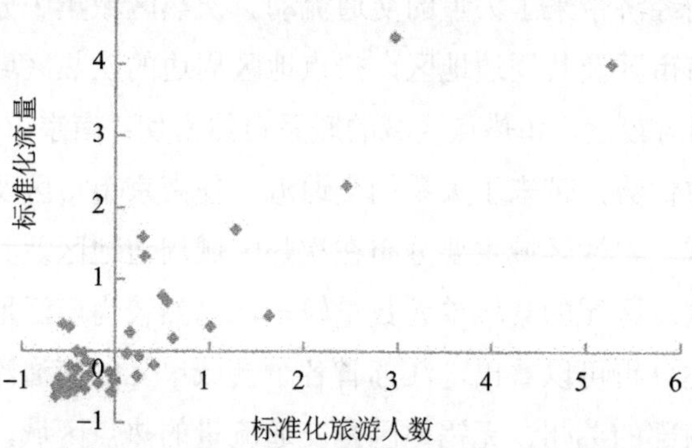

图 8-3 旅游发展与交通流量关系散点分布

利用公式（8-4）计算得到各个县域单元的交通流量与旅游人次之间的转化度，并根据数值的大小将其划分为 5 种类型：转化超前型、转化轻微超前型、转化协调型、转化轻微滞后型和转化滞后型，计算结果如图 8-4 和表 8-2 所示。

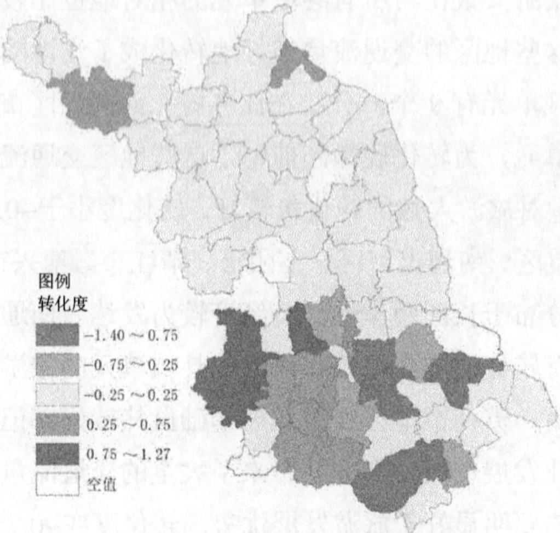

图 8-4　转化度分布格局

表 8-2　县域单元转化类型划分

转化类型	转化度	县域单元
转化超前型	>0.75	南京市市区、扬州市市区
转化轻微超前型	0.25～0.75	镇江市市区、徐州市市区、连云港市市区、泰州市市区、句容市、丹阳市、金坛区、溧阳市、宜兴市
转化协调型	−0.25～0.25	无锡市市区、淮安市市区、盐城市市区、宿迁市市区、溧水区、吴江区、常熟市、张家港市、太仓市、启东市、海门区、扬中市、仪征市、姜堰区、海安市、东台区、大丰区、兴化市、高邮市、宝应县、盱眙县、建湖县、射阳县、滨海县、响水县、灌云县、灌南县、赣榆区、东海县、涟水县、洪泽区、泗洪县、泗阳县、沭阳县、新沂市、邳州市、睢宁县、丰县、沛县
转化轻微滞后型	−0.75～−0.25	常州市市区、江都区、如皋市、昆山市
转化滞后型	<−0.75	苏州市市区、南通市市区、江阴市、靖江市、泰兴市

从图表中可以看出有39个县域单元的转化度都在–0.25～0.25，这就意味着大部分的县域单元为转化协调型，交通流量和旅游发展之间处于相互协调发展状态。转化度大于0.75的县域单元有2个，分别是南京市市区和扬州市市区，为转化超前型，交通流量和旅游人数在与所有县域单元的相对地位比较中，旅游人数占有更加明显的优势，这些地区的交通流量很好地转化成了当地的旅游人数。转化度在0.25～0.75的县域单元有9个，分布在江苏省北部的设区市中心以及江苏省西南地区的部分县域单元，为转化轻微超前型，这些地区交通流量的转化度也具有一定优势，交通流量对旅游人数的转化也较好。转化度小于–0.75的县域单元有5个，分别是苏州市市区、南通市市区、江阴市、靖江市、泰兴市，为转化滞后型，这些县域单元主要分布于长江两岸地区，经济较为发达，南通市市区、江阴市、靖江市、泰兴市均有较好的产业基础，而这些县域单元的旅游发展相对落后，交通流量转发明显滞后；苏州市地区旅游发展基础虽然较好，但是其发达的制造业以及其他类型服务业发展也较为充分，带来了大量的交通流量，苏州市市区在全省体系中的交通优势要明显好于旅游发展优势。转化度在–0.75～–0.25的县域单元有4个，分别是常州市市区、江都区、如皋市和昆山市，这些县域单元也分布在江苏省南部较为发达的地区，交通流量转化轻微滞后。

针对不同的转化类型县域单元，其发展的措施也不尽相同，为此我们提出了差异化的发展策略。在未来发展中，转化超前型和转化轻微超前型的县域单元应该进一步增强交通流量的稳步引入，从而为区域旅游发展提供进一步增长和提升的流量基础。在转化协调型中，对于旅游产业发展较好的县域单元应该维持其稳定的发展基础，促进旅游业的可持续发展；对于旅游经济基础和交通流量均较低的县域单元，应该进一步增强交通流量的引入，增强流量的转化能力，以交通流量带动旅游业的发展。对于转化滞后型和转化轻微滞后型的县域单元，应该进一步利用流量优势，加强县域单元的旅游景区建设，加大旅游营销力度，塑造旅游品牌，增强区域旅游的吸引力，进一步促进交通流量的旅游转化能力，提升旅游发展量级，推进区域旅游发展迈上新台阶。

8.4.3 协调耦合度分析

首先对2014年国内游客人数和客车流入量进行了标准化处理，然后根据协调耦合度公式，计算了各个县域单元国内游客人数和客车流入量之间的耦合协调程度，计算结果如图 8-5 所示。

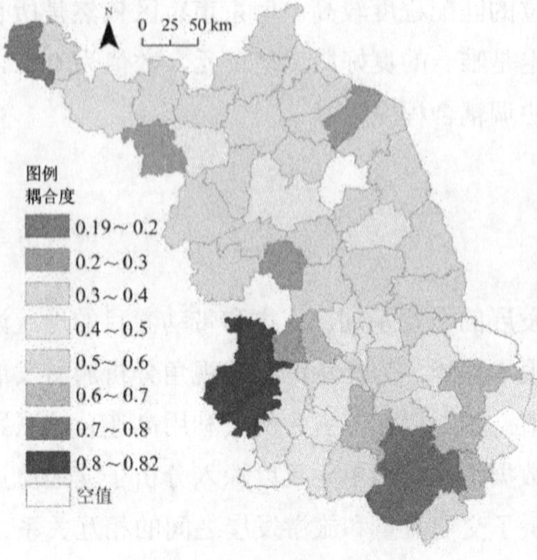

图 8-5　协调耦合度空间分布

从图中可以看出：

2014 年各个县域国内游客人数和客车流入量之间协调耦合程度差异依然明显，在整体上苏南地区协调耦合度要优于苏中地区、苏北地区。丰县的协调耦合度最低，为 0.19，属于严重失调型，旅游发展明显地落后于其交通流量，丰县是江苏省最为边缘的县之一，国内游客接待人数也始终是全省最低的，较低的游客数使得丰县的协调性出现了较为严重的失衡。协调耦合度数值在 0.2～0.3 的中度失调型单元数量为 4 个，分别是金湖县、响水县、仪征市、睢宁县，说明这 4 个县域的客车流入量和国内旅游人数之间的协调程度较差，旅游发展相对滞后于其交通发展。轻度失调型和濒临失调型依然是县域单元最多的两种类型，其中轻度失调单元有 24 个县域，濒临失调单元有 16 个县域，这两种类型大多分布在长江以北区域，少量位于江苏省西南地区。协调耦合度在 0.5～0.6 的勉强协调型单元数量为 7 个，这些县域主要为江苏省南部的经济发达县，以及部分苏北的设区市市区。昆山市、常熟市、扬州市市区、南通市市区、常州市市区 5 个单元的数值在 0.6～0.7，属于勉强协调型，主要分布在长江两岸地区，客车流入量和国内旅游人数之间的匹配度尚可。协调耦合度在 0.7～0.8 的中级协调型单元依然有 2 个：无锡市市区和苏州市市区，协调耦合度数值分别为 0.79 和 0.71，客车流入量和国内旅游人数在全省地位的匹配程度较高。南京市市区依然是所有县域单元中协调耦合度最大的，同样也是唯一的良好协调型单元，数值为 0.82，南京市市区旅游发展和交通流量之间协调耦合程度较好。

8.5 本章小结

交通是区域旅游发展的重要基础，支撑和带动着目的地旅游的发展。交通流量是区域旅游市场的根本保障，为此从流量的视角分析旅游发展和交通发展之间的关系具有重要的价值。本书以江苏省为例，利用高速公路联网收费的精细化数据和江苏省国内旅游数据，从县域单元尺度深入分析了交通流量和国内旅游人数的空间特征，进而分析了交通流量和旅游发展之间的相互关系。

江苏省国内游客空间分布呈现出明显的不均衡性，江苏省南部地区国内游客较多，具有良好的发展基础，是江苏省旅游发展的热点区域，而低值簇县域单元主要分布在江苏省北部地区，这些县域单元旅游产业起步较晚，底子较薄，旅游资源开发还不是十分充分。在高速公路网的流动中，流量值较高的流动路径主要存在于江苏省南部的县域单元之间，苏州市市区、无锡市市区、南京市市区、常州市市区是重要的放射中心，江苏省北部地区缺乏高流量的流动。在县域单元尺度，交通流量在空间上同样呈现出明显的南高北低的格局，江苏省南部地区的苏州、无锡地区是交通流量的热点区域，承载着大量的交通流量，而广大的江苏省北部地区交通流量较低，彼此之间的交通联系不如苏南地区频繁。

统计得到国内旅游人数和交通流量标准差标准化后的散点关系，大部分县域单元趋近于平均值附近，没有产生较大的位置偏差，仅有苏州市市区、南京市市区等少数单元在两个指标中均占有较为明显的优势。计算得到转化度指标，并依据转化度大小将交通流量和旅游发展的关系划分为 5 种类型：转化超前型、转化轻微超前型、转化协调型、转化轻微滞后型和转化滞后型。南京市市区和扬州市市区为转化超前型，交通流量对旅游人数转化较好，而苏州市市区、南通市市区、江阴市、靖江市、泰兴市为转化滞后型，交通流量转化为旅游者的程度较低，其他大部分县域为转化协调型，旅游发展和交通流量之间总体上较为协调。各个县域单元应该根据不同的类型实施差异化的措施。各个县域国内游客人数和客车流入量之间协调耦合程度差异依然明显，在整体上苏南地区协调耦合度要优于苏中地区、苏北地区。

当然，本章在研究过程中，依然存在一些不足：由于数据获取和处理难度，本书只分析了 2014 年一年的交通流量数据，未来需要进行不同年份数据对两者关系进行演变分析；本章仅对流量和旅游发展进行分析，而对区域高速公路体系结构的影响缺乏分析；本书所构建的转化度指标相对简单，其代表性还有待进一步的验证；研究只关注了高速公路这一单一的流量指标，而对铁路、航空等其他交通方式带来了流量转化缺乏深入的思考等问题，这些问题将是旅游发展和交通流量相互关系研究进一步深入分析的方向。

第 9 章　基于公路交通的江苏省旅游区划体系构建

9.1　旅游区划研究框架

9.1.1　江苏省全域旅游格局思考

江苏省着力构建“一圈、三沿、一轴”的大旅游发展格局，即环太湖旅游圈、沿江旅游风光带、沿海旅游区、沿东陇海旅游线和以沿河风貌为轴的古运河旅游线。随着江苏省旅游发展的不断深入，这种旅游空间格局也存在自身的不足，这样的不足主要体现在以下几个方面：

第一，“一圈、三沿、一轴”大旅游格局的主导开发思想还是基于点轴理论的开发思路。旅游点轴开发模式的主要思路是①在一定的地域空间范围内，选择若干个比较优势明显，且具有开发潜力的重要线状基础设施经过的地带，作为发展轴予以重点开发；②在各个发展轴上确定重点发展的旅游景区，使之成为区域旅游发展的增长极，并确定该旅游景区的主要性质、发展方向和主要功能；③确定中心旅游景区和发展轴的等级体系，重点开发较高级别的中心旅游景区和发展轴线，随着区域旅游发展的深入，综合实力不断增强，开发重点逐步转移扩散到级别较低的发展轴和旅游景区，最终形成由不同等级的发展轴和旅游景区组成的多层次结构的点轴旅游结构系统，进而带动整个区域的旅游发展。

点轴开发模式往往会成为开发程度较低、经济比较落后的地区首选的空间开发模式。江苏省作为全国重要的旅游大省，旅游业发展也始终走在全国的前列，是全国旅游的发达省份，点轴式的开发模式已经不能满足于江苏省旅游发展的需要。江苏省旅游业应该遵循全面、协调、可持续的科学发展，构建起以全域思想为指导的旅游发展体系。全域旅游是空间全景化的系统旅游，是跳出传统旅游谋划现代旅游、跳出小旅游谋划大旅游。全域旅游强调把整个区域作为旅游区进行打造，把全域作为旅游发展的载体和平台，使旅游成为常态化生活方式；从全要素、全行业、全过程、全方位、全时空等角度推进旅游产业发展，实现旅游景观全域优化、旅游服务全域配套、旅游治理全域覆盖、旅游产业全域联动和旅游成果全民共享。为此江苏省需要从全域的视角推动旅游高质量发展。

第二，"一圈、三沿、一轴"旅游格局中每一个结构内部缺乏必要的联系作为支撑，仅仅是旅游资源上的罗列。点轴式开发理论必须要有重要的线状基础设施最为内在联系的支撑，这些内部节点要有很强的关联性，彼此之间作为一个有机联系的共同体。然而"一圈、三沿、一轴"的空间划分仅停留在区域内部旅游资源的罗列上，旅游景区之间的内在关系很难得到真正的体现，如环太湖旅游圈这一结构的划分仅仅是因为这些旅游景区都在太湖边上，这种划分具有较强的主观意识性，而缺乏科学严谨的划分依据。与此同时，一个区域空间结构格局的判别对区域旅游的发展又十分重要，因而有必要从区域内部旅游景区之间联系以及旅游交通节点的视角，来进行科学判别和划分江苏省区域旅游空间格局。

第三，分区格局内部存在交叉，使得交叉区域内的旅游定位不明确，且该格局无法实现江苏省的区域全覆盖。如连云港地区既处于沿海旅游区，又位于沿东陇海旅游线，开发区域存在空间上的重叠。有些区域重叠、有些区域无法覆盖，这将拉大区域发展上的不平衡，也不利于江苏省旅游全面、协调、可持续的高质量科学发展。全域旅游一个重要的要求就是实现区域上的全覆盖，上述的空间格局无法覆盖江苏省域范围内的所有区域，具有一定的片面性。近年来，江苏省旅游发展已经迈上一个新的台阶，现阶段的发展应该是注重全省范围内的旅游业均衡发展，这对江苏省旅游业的快速健康发展具有十分重要的意义，因而需要覆盖全域的区划系统。

根据以上分析可以看出，点轴式的旅游开发方式已然不能适应江苏省旅游业快速发展的现实需要，江苏省的旅游开发思路应该从点轴式开发思路转向更高形式的网络化全域发展阶段，这就要求要依据现有交通网的布局特征和旅游景区之间的关系来重新构建区域旅游发展格局，这种空间格局应该是具有等级性的，并且应该是实现区域全覆盖的，通过这样等级式的全覆盖分区方式，可以兼顾到不同地区的旅游发展特点，并且可以清晰地看出各个分区以及不同等级分区的旅游特点以及其内部景区的相互关系，这样则更有利于均衡地发展各个地区的旅游产业。

9.1.2 旅游区划分析框架

为了更好地构建旅游空间格局，划分江苏省的旅游区划，我们以区域旅游要素的功能属性为基础，以可达性分析技术为切入点，来构建江苏省的区划方案。具体的旅游区划研究思路可以表达如下：

（1）确定与旅游相关的点状要素。对江苏省而言，点状旅游要素包括两大类：一是作为主要旅游吸引物的景区类要素，包括所有A级旅游景区、国家级工农业示范点、乡村旅游点，以及国家级自然保护区、地质公园、旅游度假区、世界文化遗产等，考虑到江苏省A级旅游景区数量最多、等级层次分明，也最具有代表性，本章选择A级旅游景区作为主要的点状旅游要素，其他点状旅游要素作为参考，并参与在此基础上的分区分析。二是城镇要素，一方面城镇可以作为重要的旅游吸引物，另一方面，城镇更重要的功能是作为旅游活动的基地依托，作为游客集散、中转的枢纽节点。因此，城镇的空间分布格局也是影响旅游区域划分的核心要素。

（2）确定与旅游相关的线状要素。线状旅游要素包括江苏省境内的铁路线路与公路线路。考虑到江苏省区域范围不是很大，且区域内各个旅游景区之间的联系主要是依托不同等级的公路，故本书选择公路作为主要的线状旅游要素。

（3）进行路网与不同类型点状旅游要素之间的空间关联分析。分别进行所有A级旅游景区、4A级及以上旅游景区、县级城镇和地级城镇的可达性计算，得到时间距离，并进行可达性分布频率规律性的分析，在此基础上分别确定这4类旅游节点的服务范围，以此作为旅游区划的基础。

（4）对4种类型旅游节点的服务范围进行空间迭置分析，其中特别需要关注所有旅游景区与4A级旅游景区之间、4A级旅游景区与县级城镇之间、县级城镇与地级城市之间在分区服务范围上的关联性。将其划分结果进行适当的范围修正，形成具有不同等级的区划结果，在综合分析的基础上确定分区方案。

（5）依据区划方案，对现有旅游景区的分布格局进行优化分析，分析增设高级别旅游景区的必要性与可能性。在此基础上对现有分区方案进行调整与空间单元匹配。以最终的区划方案为基础，结合各个分区的规模情况和城镇的分布情况，构建旅游综合性服务中心的等级体系。

以上阐述的江苏省旅游区划方案的技术路线如图 9-1 所示。

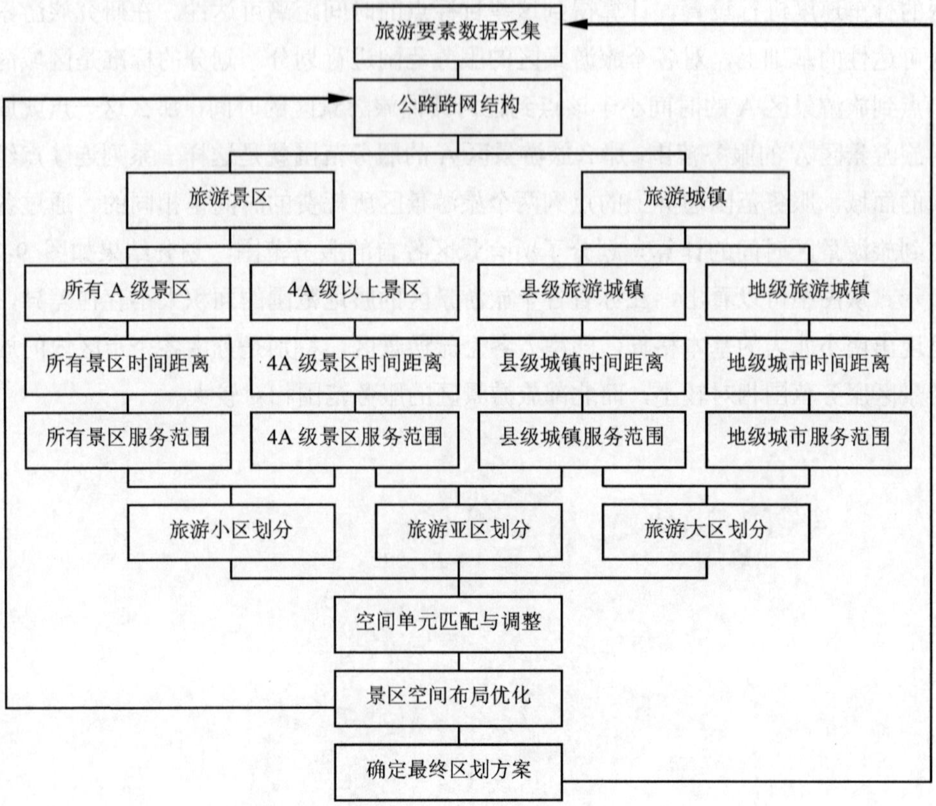

图 9-1　基于可达性技术的旅游区划的分析框架

9.2　江苏省旅游区划分析

9.2.1　所有旅游景区服务范围划分

旅游景区作为人类旅游活动的中心，通常与周围的区域保持着密切的联系，是周围旅游业发展所依赖的基石，是当地旅游业发展的中心，带动和影响着周围旅游业的发展。旅游景区的服务范围是景区对周围地区旅游发展起主导作用的一个地域。

以所有的 A 级旅游景区为目标点，结合江苏省的公路网，对不同等级的公路网的行车速度进行设置，计算得到这些目标点的时间距离可达性。在研究旅游景区可达性的基础上，对各个旅游景区的服务范围进行划分。划分的标准是区域内一点到旅游景区 A 的时间小于该点到任何其他旅游景区的时间，那么这一点就属于旅游景区 A 的服务范围。那么旅游景区 A 的服务范围就是这样一系列连续点组成的面域，服务范围边界上的点到两个旅游景区所耗费的时间是相同的。通过各点到旅游景区时间的计算，划分了所有景区各自的服务范围，划分结果如图 9-2 所示。从图中可以看出，江苏省各个旅游景区的腹地范围的面积大小存在差异，呈现出南小北大的基本格局，即南方各个旅游景区，特别是苏南各个市区内的旅游景区服务范围相对较小，而北部旅游景区的服务范围相对较大。

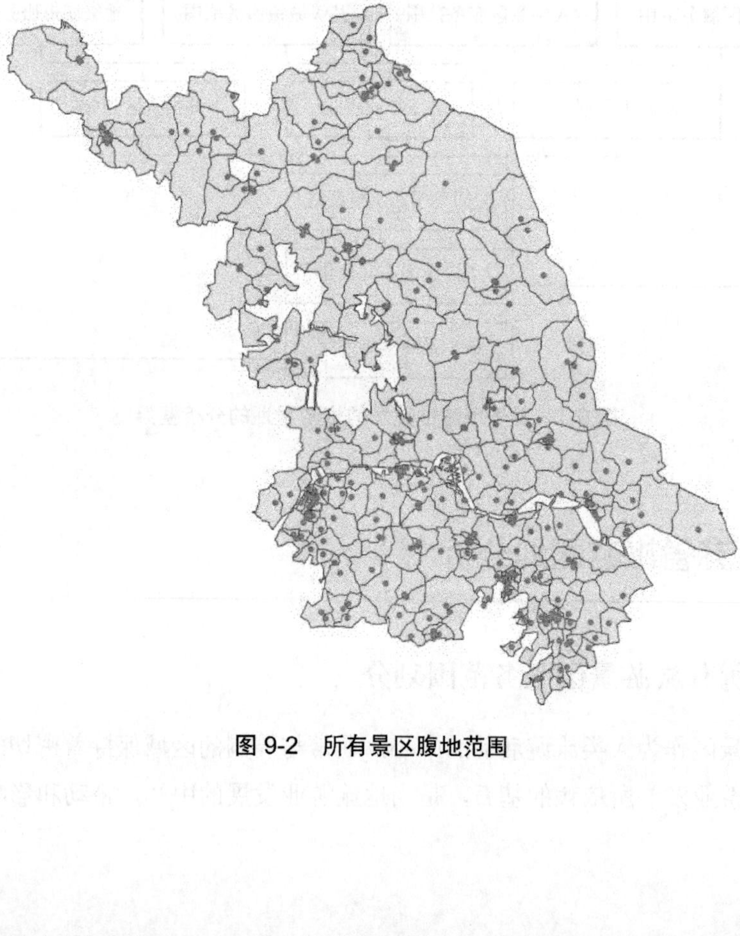

图 9-2　所有景区腹地范围

9.2.2　基于时间可达性的腹地范围的合并分析

旅游景区的分布和发展并不是孤立的，而是时时刻刻和周围的旅游景区存在相互联系，相互促进的，通过这样的彼此联系形成一个影响该区域旅游发展的共同体。往往这种旅游景区之间的合作发展在空间上遵循着以下两点规律。

9.2.2.1　区域景区合作的近邻性

一个旅游景区在发展到一定阶段以后，为了能够获得更大的发展空间，必然要谋求与其他旅游景区合作，由于受空间距离的影响，合作的对象往往是该旅游景区的周边地区。通过这种互补整合，能够打造更有影响力的区域旅游品牌。充分利用近邻效应，可以有效延长旅游者的停留时间，实现区域共赢。根据近邻效应，当几个不同旅游地在同一地域内存在时，各旅游景区的吸引力会产生很强的互补作用，并有可能出现互相促进、协调发展的良好局面，增加整个地域的总体吸引力，使得该区域的旅游业实现共同发展，推动区域整体迈上新台阶。

9.2.2.2　区域旅游合作的地域便捷性

旅游实质上是旅游者在客源地和目的地之间的空间移动过程，这种空间移动很大程度上受制于交通的便捷程度。区域旅游景区合作是旅游发展到一定阶段的产物，它的产生和发展同样也会受到区域交通的影响。一个区域内的交通越便捷，就越有利于区域旅游合作的开展。一个区域在谋求旅游合作对象时，会出现舍近求远的现象，舍弃周边交通不便利的地区，而选择有便捷交通的地区，从而使合作的双方在共享旅游资源和客源市场上占有更多的时间优势。

基于以上两点考虑，我们根据旅游景区之间的时间距离，对其腹地范围进行相应的合并处理，即如果两个旅游景区之间的时间距离小于给定的时间距离控制值，就将这两个旅游景区的腹地范围进行合并处理，通过不断地变化时间距离控制，逐层次地向上合并，来寻找其合适的腹地范围进行区划。作者以 5 分钟为时间间隔，给出了 9 个时间控制值，分别为 10 分钟、15 分钟、20 分钟、25 分钟、30 分钟、35 分钟、40 分钟、45 分钟和 50 分钟，对相应的时间控制值内的覆盖范围进行合并处理，得到不同时间控制之下的范围划分结果，如图 9-3 所示。

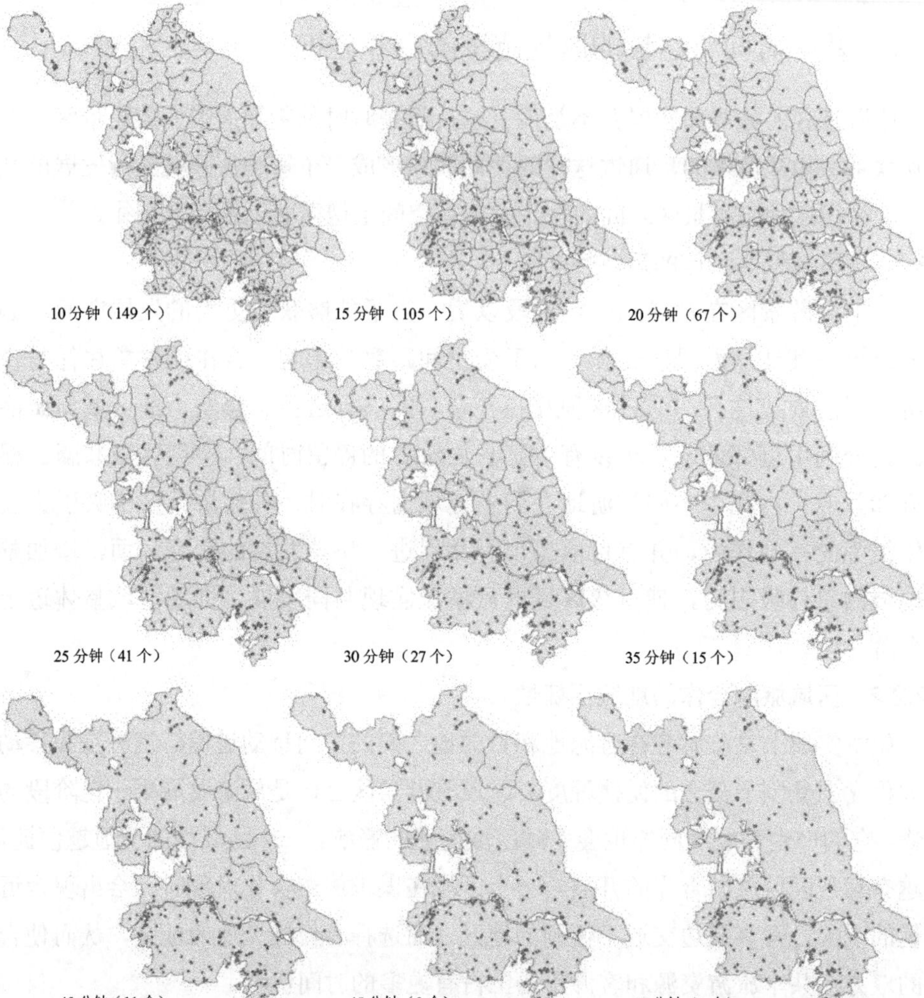

图 9-3 腹地范围合并演化

从图 9-3 可以看出，随着时间距离的不断增加，分割腹地范围的数量在不断地减少，由于苏南地区旅游景区分布较多，且距离相近，因而江苏省南部地区的腹地范围合并得比较快，苏北地区本身的腹地范围面积较大，旅游景区的数量又相对较少，旅游景区之间的距离相距较远，因而其旅游景区的合并速度较低。时间距离为 10 分钟时，腹地范围的单元数量为 149 个；时间距离为 15 分钟时，单元数量下降到105个，20分钟时，腹地范围单元数量下降到69个；时间距离为25分钟时，单元数量进一步下降为41个，江苏省南部景区的腹地范围已连接成三大片区，即苏锡常片区、宁镇扬片区以及宜溧片区，而江苏省北部片区的腹地分布依然较为分散，片区整合现象不明显；时间距离为30分钟时，南部区域全部连接成为一片，通泰地区已有成片分布的特征，北部淮安市、连云港市内部的腹地范围也实现了成片区分布；时间距离为35分钟时，腹地范围单元数量变为15个，时间距离为40分钟时，进一步下降为11个，这时全省主要分为2个片区，其他一些边缘地区，如盐城市、徐州市的北部，还零星地分布着一些小的片区，时间距离为50分钟时，最终全省连接成片。

9.2.3　旅游小区的特征分析

在9个不同时间控制值的腹地范围分布图中，不同的时间间隔呈现出不同的腹地范围数量，在进一步讨论腹地范围的经济、人口分布特征时，过大或者过小的腹地范围都不利于讨论，因而必须选择合适的腹地数量进行下一步的研究。10分钟和15分钟两个时间段较短，且腹地分割范围比较小，单元数量较多，都在100个以上，且旅游景区之间的距离较近，没有反映出旅游景区的空间分布关系。25分钟以上的区域，腹地范围数量较少，且各个腹地的面积较大，在一定程度上掩盖了内部的经济、人口差异。20分钟时，腹地范围的数量为69个，腹地范围大小相对适中，便于进行统计分析，且单元数量和江苏省县域单元数量较为接近。综合以上考虑，本书在下面的分区分析中，选择20分钟划分的腹地范围作为旅游小区，并以此来进行其内部的面积、人口、经济等方面的特征分析。

人口和经济多以县域单元进行统计，而旅游小区的往往跨越多个行政区，我们在进行统计分析的时候，运用面积的比例来分割各个行政单元，即按照面积的大小占比来计算人口和经济的占比。如果一个旅游小区存在于几个行政单元中，作者近似地认为人口、经济在面积上平均分布，按照面积划分该行政单元的人口、经济，那就将这些行政单元的占比情况进行累加求得各个旅游小区总的人口和经济。如果一个行政单元完全属于一个旅游分区，那么该行政单元的人口、经济就属于这个旅游分区，如果一个行政单元属于多个旅游分区，选取每个腹地范围内最具有代表性的旅游景区作为该旅游小区的名称，并统计得到各个区域的面积、经济、人口等方面的信息（表 9-1），这里分析的数据为 2010 年的数据。从面积上看，总体上呈现的依然是南小北大的格局，超过 4 000 平方千米的旅游小区共有 3 个，分别是连云港市花果山景区、南京市钟山风景名胜区——中山陵园风景区、盐城市通榆河枢纽国家水利风景区，面积分别为 4 477 平方千米、4 408 平方千米和 4 205 平方千米。腹地范围在 3 000～4 000 平方千米的有 3 个，分别是江苏省邳州市博物馆、盐城市新四军纪念馆和徐州新沂市马陵山景区。从面积最大的 6 个景区来看，除南京市钟山风景区名胜区——中山陵园风景区位于南京市市外，其他的都分布在苏北地区。面积在 100 平方千米以下的有两个，分别是无锡市灵山景区和苏州市西山景区，这两个旅游小区都位于苏南地区，且都位于城市的边缘地区，和城市有一定的距离，而且景区较为孤立，和城市内部旅游景区在空间上关联不是十分紧密，因而其划分的腹地范围相对较小。当然，腹地范围的大小对旅游景区的发展起着一定的作用，但并不是决定性的，对低级别的旅游景区影响较大，因为低级别旅游景区的影响力较小，游客多来自其腹地范围。然而对高级别旅游景区的来说，腹地范围的影响比较小，因为高级别旅游景区的客源不仅仅是由本地来提供，中远距离的游客也占有相当大的比重，腹地范围内提供的游客只是其中的一部分。

表 9-1 旅游小区特征统计

名称	面积/km^2	经济/亿元	人口/万人	旅游接待量/万人次	A 级景区
连云港市赣榆区徐福泊船山风景区	300	22	22	16.67	1
连云港市赣榆区抗日山风景区	390	26	26	61.49	1
连云港市赣榆区海洲湾旅游度假区	650	52	49	34.20	2
连云港市花果山景区	4 477	389	286	448.03	10
连云港市东海县安峰山烈士陵园	1 135	60	62	4.19	1
连云港市灌南人民革命纪念馆	1 263	74	90	23.06	2
盐城市通榆河枢纽国家水利风景区	4 205	244	253	0.52	1
江苏省邳州市博物馆	3 873	597	340	7.50	5
徐州市云龙湖景区	2 384	691	219	973.78	10
中国（港上）国家级银杏博览园	681	57	55	69.55	1
沛县汉城景区	2 419	217	198	52.41	3
沭阳县虞姬公园	1 914	125	145	14.50	3
新沂市马陵山景区	3 162	270	251	117.51	6

名称	面积/km²	经济/亿元	人口/万人	旅游接待量/万人次	A 级景区
盱眙县铁山寺国家森林公园	2 744	102	89	204.37	5
泗洪县洪泽湖湿地公园	157	10	15	75.70	1
泗洪县烈士陵园	1 364	59	77	17.76	2
宿迁市雪枫公园	297	21	10	60.76	1
泗洪县朱家岗烈士陵园	383	15	24	1.50	1
泗阳县泗水公园	1 651	122	129	45.05	4
淮阴区刘老庄八十二烈士纪念馆	961	93	79	3.78	1
淮安市涟水五岛湖公园	1 359	107	99	31.49	1
建湖县九龙口风景名胜区	2 072	266	163	21.00	2
宝应县荷园生态旅游区	328	33	22	2.26	1
淮安市金湖荷花荡景区	133	6	5	5.10	1
宝应县纵棹园	1 753	131	88	41.88	5
淮安市周恩来纪念馆	2 173	291	214	190.90	9
宝应县柳堡二妹子模范民兵活动中心	556	53	34	3.68	1
大丰中华麋鹿园景区	394	30	13	65.87	1
江苏永丰林农业生态园	1 186	109	54	20.00	2
东台市新街九莲寺	592	70	35	17.48	1
高邮市文游台	1 056	93	51	0.60	1
扬州市瘦西湖风景区	2 622	715	214	694.33	15
镇江市金山公园	2 339	852	245	439.88	13
镇江市茅山风景区	408	63	20	243.90	2
镇江市句容市南山农庄	255	40	13	25.30	1
射阳县息心寺	1 497	86	56	3.00	2
盐城市新四军纪念馆	3 849	504	238	85.84	4
大丰市斗龙庄园	887	59	28	1.50	1
泰州市兴化市郑板桥纪念馆	1 821	197	119	22.69	2
盐城市东台市泰山寺	1 105	104	59	3.00	2
海安县新四军联抗纪念馆	309	52	24	18.58	1
海安县苏中七战七捷纪念馆	1 930	302	159	135.84	6
泰州市溱湖旅游景区	1 313	211	103	279.29	4
泰州市凤城河风景区	617	133	43	194.94	2
泰州市引江河风景区	1 757	417	183	121.64	6
南京市金牛湖景区	1 666	983	192	87.40	5

名称	面积/km^2	经济/亿元	人口/万人	旅游接待量/万人次	A级景区
南京市钟山风景名胜区——中山陵园风景区	4 408	2 414	429	2 029.72	34
南京市高淳区淳溪老街	1 018	178	57	115.49	5
如皋市白蒲法宝禅寺	456	70	38	40.64	1
南通市世外桃园休闲农庄	415	70	38	30.10	1
南通市石港生态旅游风景区	543	82	36	1.50	1
如东县国清寺	1 326	175	89	38.20	1
海门市快活林休闲山庄	1 511	395	141	87.61	4
启东市盈康江海生态休闲园	1 308	252	99	1.50	1
南通市濠河景区	718	500	112	441.88	12
江阴市江苏学政文化旅游区	2 113	2 150	199	1 255.63	8
常州市环球恐龙城休闲旅游区	1 780	1 577	275	1 533.95	16
常熟市梅李聚沙园	686	521	56	26.40	1
常熟市沙家浜虞山尚湖风景区	599	495	55	380.77	4
无锡市灵山景区	84	95	14	209.56	2
无锡市太湖鼋头渚景区	1 523	2 139	301	1 437.74	23
苏州市西山景区	88	40	12	15.19	1
苏州市同里古镇景区	1 142	592	83	512.57	10
苏州市太仓市太仓公园	763	571	50	63.95	2
苏州拙政园	1 219	1 685	260	1 453.54	19
苏州市周庄古镇景区	1 300	1 800	165	618.15	4
常州市天目湖景区	1 780	322	92	519.90	5
溧阳市天目湖南山竹海景区	178	38	10	80.83	1
无锡市宜兴善卷洞风景区	1 443	427	83	455.78	6

从经济数据上来看，腹地范围的经济总量高于 2 000 亿元的共有 3 个，分别为南京钟山风景名胜区——中山陵园风景区、江阴市江苏学政文化旅游区和无锡市太湖鼋头渚景区，经济总量高于 1 000 亿元的有常州环球恐龙城、苏州拙政园、周庄古镇，经济总量排名前 5 位的旅游小区都分布在苏南地区。经济总量低于 30

亿元的共有 6 个，分别为淮安市金湖荷花荡景区、泗洪县洪泽湖湿地、泗洪县朱家岗烈士陵园、宿迁市雪枫公园、连云港市赣榆区徐福泊船山风景区和连云港市赣榆区抗日山风景区，最少的是淮安市金湖荷花荡景区，仅有 6 亿元，可见各个旅游小区经济总量之间存在十分明显的差异，且这些旅游小区多分布在苏北地区。经济分布和人口分布情况存在较大的差异，面积上呈现南小北大的格局，而经济上却恰恰与面积分布的特征相反，呈现出南大北小的格局。

从各个旅游小区的人口分布来看，腹地范围人口超过 300 万人的共有 4 个，分别是南京市钟山风景名胜区——中山陵园风景区、苏州拙政园景区、江苏省邳州市博物馆和无锡市太湖鼋头渚景区，内部人口分别为 429 万人、425 万人、340 万人和 301 万人。淮安市金湖荷花荡景区服务的人口最少，仅为 5 万人，其次是宿迁市雪枫公园和溧阳市天目湖南山竹海景区，服务的人口数量均为 10 万人，服务人口不足 20 万人的有苏州市西山景区、大丰中华麋鹿园景区、镇江市句容市南山农庄、无锡市灵山景区和泗洪县洪泽湖湿地。人口的多少和腹地范围的大小存在一定的关联性。

9.2.4　旅游亚区划分

旅游景区是有等级差别的，不同等级的旅游景区在区域中具有不同的职能定位，不同等级景区的腹地范围也存在差异。低等级旅游景区的腹地范围被高等级旅游景区的腹地范围所覆盖，组成层层的具有等级分工的旅游景区分区系统。本书将 5A 级、4A 级旅游景区作为高等级旅游景区来考察其腹地的空间划分。依然利用 20 分钟为时间控制值，划分出 22 个旅游区，如图 9-4 所示，将其作为旅游亚区。为了和上述划分的 69 个旅游小区在地域上相匹配，依据 69 个旅游小区的地域范围对 22 个旅游亚区的空间范围进行相应的调整，最终使 22 个旅游亚区和 69 个旅游小区在地域空间上得到统一，其调整后的划分结果如图 9-5 所示，根据其拥有的旅游小区情况对每个旅游亚区的面积、人口、经济总量以及包含的高级别景区数进行相应的统计，统计结果如表 9-2 所示。

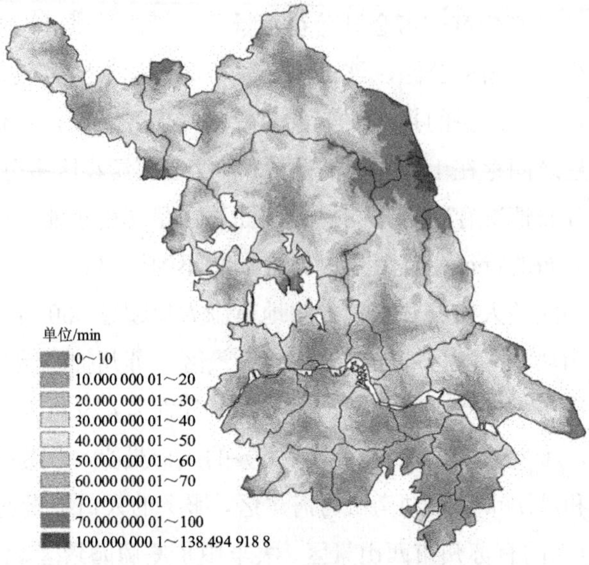

图 9-4　4A 级景区服务范围划分

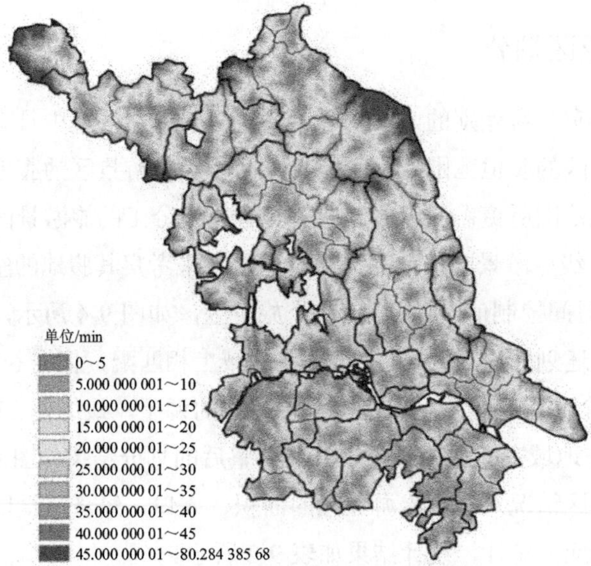

图 9-5　景区服务范围叠迭分区

表 9-2　旅游亚区特征统计

区号	名称	面积/km²	经济/亿元	人口/万人	高级别景区数/个
1	连云港市花果山景区	12 420	867	788	5
2	徐州市云龙湖景区	6 938	1 345	614	5
3	徐州市沛县汉城景区	2 419	217	198	1
4	徐州市新沂市马陵山景区	5 076	395	396	1
5	泗洪县洪泽湖湿地	4 945	207	215	3
6	淮安市风景区	10 986	1 102	833	2
7	大丰中华麋鹿园景区	2 172	209	102	1
8	扬州市瘦西湖风景区	3 678	808	265	5
9	镇江市金山公园	3 002	955	278	5
10	泰州市溱湖旅游景区	12 710	1 515	786	1
11	泰州市凤城河风景区	2 375	550	226	1
12	南京市钟山风景名胜区——中山陵园风景区	7 091	3 575	678	11
13	南通市濠河景区	6 278	1 544	553	4
14	江阴市滨江要塞旅游区	2 113	2 150	199	2
15	常州市环球恐龙城休闲旅游区	2 614	1 577	275	5
16	常熟市沙家浜・虞山尚湖风景区	1 285	1 016	111	3
17	无锡市太湖鼋头渚景区	1606	2 234	315	8
18	苏州市历史文化风景区	1 219	1 685	260	15
19	苏州市周庄古镇景区	2 063	2 371	215	4
20	苏州市同里古镇景区	1 142	592	83	3
21	宜兴市善卷洞风景区	1 443	427	83	5
22	常州市天目湖景区	1 958	360	102	2

22 个旅游亚区单元中总体上仍然呈现南小北大的格局，但其内部的差异同样十分明显，从面积上来看，面积在 10 000 平方千米以上的旅游亚区共有 3 个，分别是泰州市溱湖旅游景区、连云港市花果山景区和淮安风景区，面积最小的是常熟市沙家浜・虞山尚湖风景区和无锡市太湖鼋头渚景区，面积都不及 2 000 平方千米，常熟市沙家浜・虞山尚湖风景区仅为 1 285 平方千米。面积上的差异主要基于旅游景区的空间分布状态，然而旅游景区的发展始终是和社会经济要素是分

不开的，因而有必要讨论各个旅游亚区的经济、人口分布情况。

从经济上看，南部旅游亚区的经济总量较高，北部地区的旅游亚区虽然面积上较大，但其经济基础较弱，每个旅游亚区的经济总量也就相对较低。面积第二大的连云港市花果山景区，面积达到了 12 420 平方千米，经济总量却只有 867 亿元，而面积最小的常熟市沙家浜·虞山尚湖风景区的经济总量却达到了 1 016 亿元。经济总量最高的是苏州市历史文化风景区，其次是南京市钟山风景名胜区。经济总量较低的区域多分布在苏北地区，而经济总量最少的是泗洪县洪泽湖西湿地，其次是大丰中华麋鹿园景区和徐州沛县汉城景区。

经济发展水平是一个地区旅游景区发展和建设的基石，而人口则是该地区旅游景区的主要客源，因而旅游亚区内人口的多少，则成为旅游景区发展的一个重要衡量指标。从各个旅游旅游亚区内人口分布情况来看，服务人口的分布和面积存在较大的相关性，即面积分布较大的地区，其服务的人口也就相对较多。面积最大的 3 个旅游亚区同样占据了人口总量的前 3 位，其中人口数量最多的是泰州市溱湖旅游景区，服务人口超过了 1 000 万人，其次是淮安风景区和连云港市花果山景区，人口总量分别为 833 万人和 788 万人；服务人口最少的是大丰中华麋鹿园景区，服务人口仅为 102 万人，其次是常熟市沙家浜·虞山尚湖风景区，服务人口也仅为 111 万人。当然一个旅游亚区发展的潜力不仅仅和区域内人口数量的多少有直接关系，同时还要考虑其服务区内居民的收入情况，旅游需求是当居民的收入水平达到一定程度的时候才会出现，当区域内居民的收入比较低时，无法转化为旅游者，再多的人口对旅游区的发展也不会有太多的意义，相反，如果一个地区经济发展到一定的水平，居民的收入水平高于旅游需求的临界值时，居民的出行意愿则大大增强，本地居民对该旅游区的发展将会起到巨大的推动作用。

旅游景区是一个旅游区发展赖以生存和发展的基础，尤其是高级别的旅游景区，因而有必要探讨下各个旅游亚区内景区的分布情况。从各个旅游亚区 4A 级、5A 级景区的分布情况来看，苏州历史文化风景区的高级别景区分布最多，共有 22 个，南京市钟山风景名胜区位列其次，为 11 个，高级别景区分布在 5 个以上的旅游亚区还有无锡市太湖鼋头渚景区、宜兴市善卷洞风景区、常州环球恐龙城、扬州市瘦西湖风景区、镇江市金山公园、连云港市花果山景区和徐州市云龙湖景区，高级别景区分布较多的旅游亚区多分布在地级市所在的旅游区内，这是因为设区市往往具有良好的交通、住宿等基础设施，可以为景区发展提供有力的支撑，同时旅游景区的可进入性较强，并且城市居民的收入水平也相对较高，可以提供大量的潜在客源。高级别景区为 1 个的旅游亚区共有 5 个，分别是徐州市沛县汉城景区、徐州市新沂市马陵山景区、大丰中华麋鹿园景区、泰州市溱湖国家湿地公园和泰州市凤城河风景区，高级别旅游景区为 2 个的旅游亚区也有 3 个，分别是淮安风景区、常州市天目湖景区和江阴市滨江要塞旅游区，这些旅游亚区旅游景区资源较少，且多分布在县域之中，主要是以极个别优势旅游资源开发为主导的旅游亚区。

9.2.5　旅游大区的划分

在划分出旅游亚区的基础上，更重要的工作是如何进行旅游大区的划分。城镇分布旅游发展的影响是十分明显的，城市旅游是旅游一种最为重要的形式，同时城市也是旅游活动的重要空间载体，其住宿、交通等配套实施也较为完善，旅游景区也较为丰富，是旅游活动的密集区。因而对于省域而言，旅游大区的划分依据主要应该是考虑城镇的空间分布格局，以城镇为依托划分旅游大区。

在地级市层面上，江苏省 13 个地级市的旅游水平相差甚为悬殊。为此，在进行城镇可达性计算及服务范围划分之前，我们依据各市的旅游人次和旅游收入情况，将江苏省地级市划分为以下 3 个级别：一级旅游城市为苏州市、无锡市、南京市；二级旅游城市为徐州市、常州市、镇江市、扬州市；其余为三级旅游城市，分别赋以权重系数 1.5、1.2 和 1.0。在计算各个城市可达性的基础上，依据上述腹地范围时间控制变化的方法，同样可以得到地级市服务范围的连续变化图谱，结果如图 9-6 所示。

从江苏省地级市时间距离的腹地范围变化过程中可以看出，在 30 分钟水平上，苏锡常和宁镇扬 3 个市各合成一区；45 分钟水平上，淮安市与宿迁市合成一区，并在 50 分钟水平时与连云港市、徐州市共同组成徐淮连片区。此时，泰州市与南通市分别并入宁镇扬片区和苏锡常片区，唯盐城市依然自成一区。这样，依据地级市的上述空间合并过程，我们将江苏省分成苏锡常、宁镇扬、徐淮连和通泰盐 4 个旅游大区。显然，在这 4 个大区中，苏锡常、宁镇扬 2 大片区相对成熟，徐淮盐区则基本成形，唯有通泰盐区有待进一步的构建和完善。

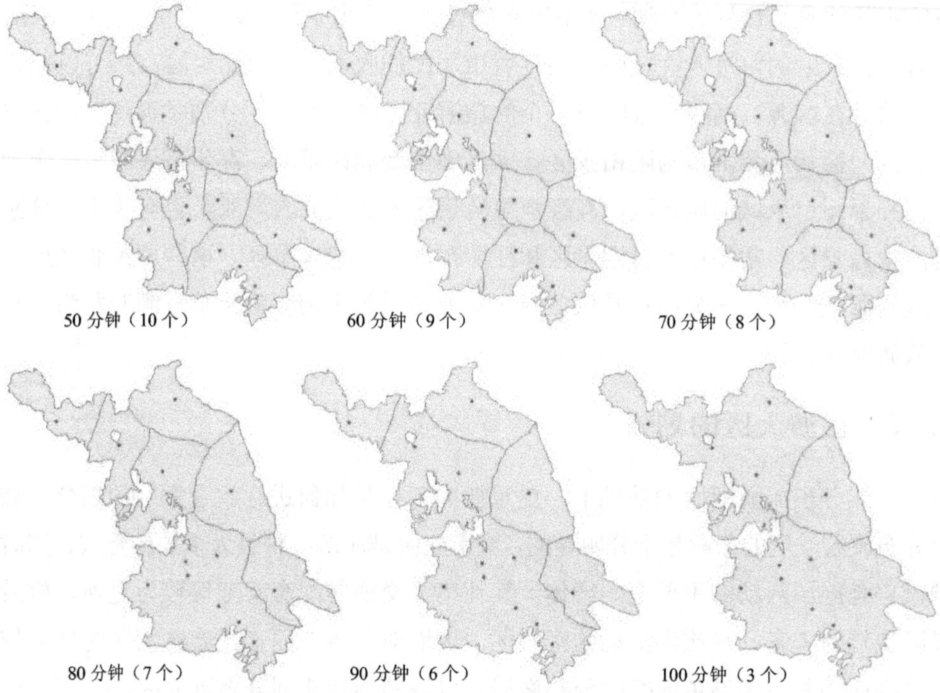

图 9-6　不同时间距离阈值下地级市服务范围的合并过程

同时我们也做了县城这一层面的腹地范围和合并过程，相较而言，江苏省县城这一层次的服务范围的合并过程相对比地级市复杂一些，空间也更琐碎一些：在 30 分钟水平上，无锡市、常州市的主体地域连为一区，镇江市、扬州市的主体地域连为一区；在 40 分钟水平上，苏州市、无锡市、常州市 3 市的主体地域成为一区，南京市、镇江市、扬州市的主体地域成为另一区。与此同时，泰州市主体地域和南通市北部、盐城市南部连为一区，连云港市和淮安市的主体地域连为一区，徐州市和宿迁的主体地域连为一区；到 50 分钟时，整个苏中地区、苏南地区以及盐城市的主体地域连为一体，苏北的徐淮连和宿迁的主体地域也成一区。总之，县级层面城镇的空间合并过程，也大致体现出与地级市一样的变化态势。

事实上，不仅城镇分布的空间格局变化体现出了上述特点，即使是景区可达性分布格局上，这样的规律性也同样是存在的。以 A 级景区为例，我们不仅可以看出随着时间距离的增加，A 级景区的数量也在变化，而且其合并出的旅游大区的雏形也大致可见：在 25 分钟水平上，苏锡常和宁镇扬已分别合成一区；而在 35 分钟水平上，连云港市与淮安市合并成为一个区域，并进一步在 40 分钟水平上加入了徐州市和宿迁，从而形成了徐淮连区。与城镇表达出的分区过程一样，唯有南通市、泰州市、盐城市无法自成一区，而是在不同的时间距离阈值水平上分别纳入以上 3 个区域。

旅游景区的空间合并过程与城镇的空间合并过程表现出大致相似的空间特点，其内在机理在于：虽然景区的分布体现为城镇、交通和资源三大指向，但江苏省作为经济高度发达的省份，江苏省 A 级旅游景区与城镇分布的空间吻合度非常高。某种程度上可以说，江苏省是一个以城镇指向为主导的旅游发达省份，江苏省本身的山水自然资源不是十分突出，而历史文化资源优势明显，而中心城镇往往是历史文化丰厚的区域，因而可以开发的资源较多，同时江苏省中心城镇交通条件往往比较优越。因此，江苏省 A 级旅游景区的分布与城镇就表现出高度的空间关联性。

应该说，虽然无论用何种指标来进行判断，都难以将通泰盐合成一区，但在现实中，3 市的旅游合作却已有了良好的合作开端。2009 年 1 月，南通市、泰州市、盐城市 3 市旅游局在南通市共同举办了“江海旅游金三角合作洽谈会”，其目的就是整合南通市、泰州市、盐城市等地区的优秀旅游资源，从大区域、大市场、大发展的观点出发做大旅游产业，实施共同营销，发展旅游经济，使本地旅游产品更优质、更饱满、更丰富，达到更强的互补性，从而实现旅游业的共同发展。

总之，根据现有江苏省旅游景区要素、城镇要素与路网结构的空间关联性，以及旅游合作的现实，我们可以得出江苏省旅游区划的初步结论：江苏省是由苏锡常、宁镇扬、徐淮连、通泰盐 4 个旅游大区、22 旅游亚区和 69 旅游小区构成的旅游区划等级系统。

9.3 综合性旅游服务中心体系构建

正如前面分析所言，景区的建设是依托城镇这一综合服务中心来展开的，为此笔者进行进一步的服务中心体系构建。首先，需要分析评价各个小区的发展能力。以 69 个旅游小区为基本单元，按旅游供给能力和旅游需求能力两大要素，并进一步细分为景区等级（权重：0.250）、旅游人次（权重：0.125）、旅游收入（权重：0.125）以及区内人口数（权重：0.250）、经济总量（权重：0.25）5 项指标来大致表达旅游小区旅游发展能力和潜力的高低。由此即可得到江苏省 69 个旅游小区的旅游发展能力分布图（图 9-7）。

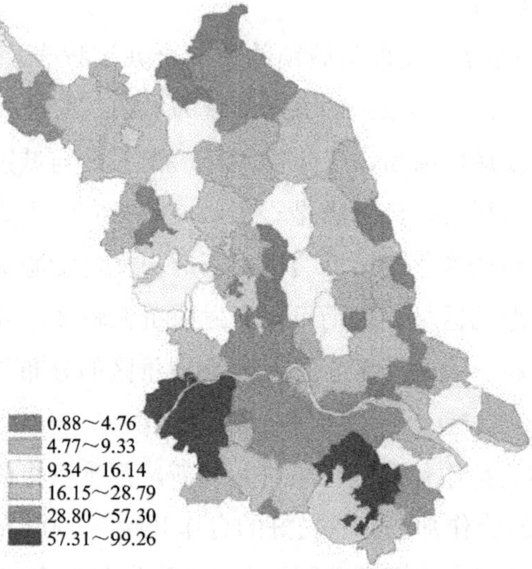

图 9-7　基于旅游小区单元的江苏省旅游发展能力分级

从图 9-7 中可以看出，江苏省最有发展能力的旅游小区，包括以中山陵为主的南京市旅游小区、以江南园林为代表的苏州市旅游小区和以太湖风光为特色的无锡市旅游小区，3 个旅游小区都有国家 5A 级景区分布，代表了江苏省旅游业的最高水平；江苏省位居第二级的旅游小区主要包括位于沿江的昆山、无锡市、常州市、扬州市以及位于东陇海线上的徐州市和连云港市旅游小区。这类小区的旅游特色也较为明显，并且是所在旅游亚区的核心部分；除此以外的其他广大地区，旅游业发展还不够充分，未来发展空间还较大，潜力有待作进一步的挖掘。综合以上分析，我们可以进一步看出，旅游小区发展能力的区域差异与城镇分布格局体现出较为明显的空间耦合性。由此，我们即可基于旅游小区与城镇的空间关联性，构建江苏省的综合性旅游服务体系，构建结果如图 9-8 所示。

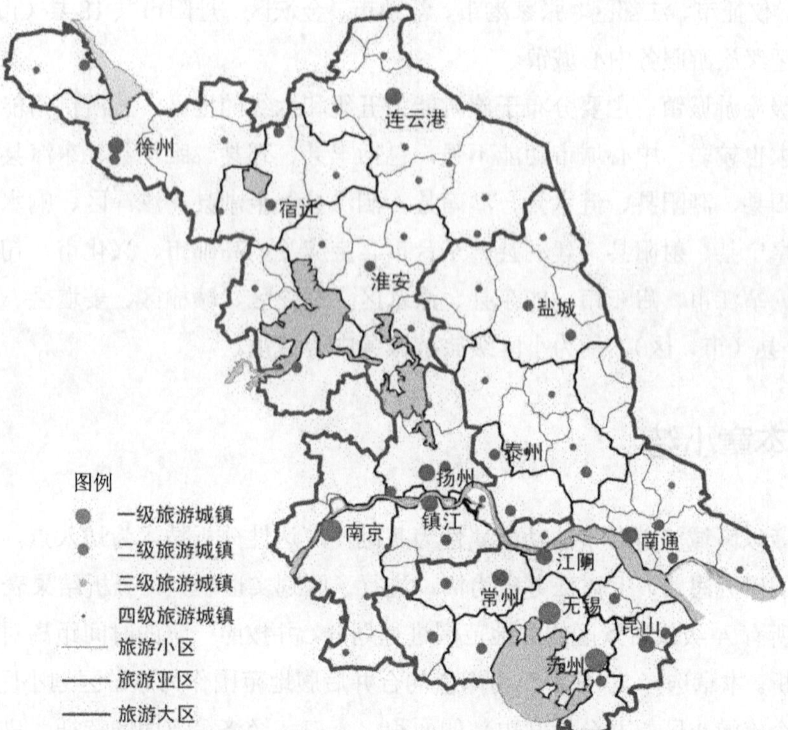

图 9-8　江苏省旅游区划与综合性旅游服务中心等级体系

一级旅游城镇：主要分布于旅游发展能力为一级的地区，这些地区旅游供能力强，旅游需求强烈，中心城市功能突出，包括南京市、苏州市、无锡市 3 个设区市，这 3 个市均为大区级旅游服务中心城市。

二级旅游城镇：主要分布于旅游发展能力为二级的地区，旅游供给能力较强，旅游需求较强烈，中心城市功能较为突出，包括常州市、镇江市、扬州市、徐州市、连云港市、南通市 6 个地级市和江阴、昆山 2 个县级市。其中，徐州市、连云港市和南通市为大区级的旅游服务中心城市。

三级旅游城镇：主要分布于旅游发展能力三级和四级的地区，旅游供给能力或旅游需求较弱，中心城市功能不突出；或虽然分布于二级地区，但已有二级以上旅游城镇，包括淮安市、盐城市、泰州市、宿迁市 4 个地级市和沛县、铜山区、新沂市、盱眙县、大丰区、溧阳市、宜兴市、太仓市、吴江区、海门区、如皋市、泰兴市、仪征市、江都区、张家港市、常熟市、金坛区、丹阳市共 18 县（市、区），均为亚区级旅游服务中心城镇。

四级旅游城镇：主要分布于旅游能力五级和六级的地区，旅游供给能力弱，旅游需求也较弱，中心城市功能不强，包括丰县、邳县、睢宁县、东海县、灌云县、沭阳县、泗阳县、涟水县、灌南县、泗洪县、金湖县、洪泽区、响水县、滨海县、阜宁县、射阳县、建湖县、东台市、宝应县、高邮市、兴化市、句容市、扬中市、靖江市、启东市、如东县、溧水区、高淳区、赣榆区、姜堰区、海安市共 31 个县（市、区），均为小区级旅游服务中心城镇。

9.4 本章小结

本章以区域旅游要素的功能属性为基础，可达性分析技术为切入点，探讨旅游区划的研究思路，并以江苏省为例，进行了区划实证研究，分析结果表明：

对所有 A 级旅游景区的腹地范围进行划分，并按照一定的时间距离对其进行合并分析。本章选择 20 分钟作为阈值的合并后腹地范围作为旅游区划小区，得到了 69 个旅游小区，并分析其内部的面积、人口、经济等方面的特征。进一步将 5A 级、4A 级旅游景区作为高等级旅游景区，来考察其腹地的空间划分。依然利用 20 分钟为时间控制值，划分出 22 个旅游亚区。为了和上述的 69 个旅游小区在地域上的匹配，依据 69 个小区的地域范围对 22 个旅游亚区的范围进行相应的调整，最终划分得到江苏省的旅游亚区。对于省域而言，旅游大区的划分主要依据城镇的空间分布格局。在地级市层面上，江苏省 13 个地级市的旅游水平相差甚为悬殊，进行城镇可达性计算及服务范围划分，得到了 4 个旅游大区。

最终根据现有江苏省景区要素、城镇要素与路网结构的空间关联性，以及旅游合作的现实，我们可以得出江苏省旅游区划的初步结论：由苏锡常、宁镇扬、徐淮连、通泰盐 4 个旅游大区、22 旅游亚区和 69 旅游小区构成的旅游区划等级系统。基于旅游小区与城镇的空间关联性，构建江苏省的综合性旅游服务体系，包括 3 个一级旅游城镇、8 个二级旅游城镇、22 个三级旅游城镇和 31 个四级旅游城镇。

第 10 章　结论与展望

10.1　主要结论

交通体系是旅游发展重要的支撑要素，极大地促进了区域旅游发展，高速公路已成为旅游出行的重要媒介。然而，由于精细化时空数据难以获取，使得以往交通和旅游的时空关系研究不够深入，忽略了流量视角的分析，且研究对象以航空和铁路为主。为此，本书以江苏省为例，充分挖掘高速公路联网收费数据中所蕴含的时空信息，在分析旅游和交通发展的时空格局特征的基础上，进一步探讨区域交通和旅游发展两者之间的相互关系，这是深化交通和旅游时空关系研究的有益探索，对完善旅游交通研究理论框架具有重要的理论意义和现实价值。本书的主要分析结论如下：

（1）江苏省旅游经济网络密度不断变大，江苏省旅游经济网络结构的不均衡性较强，核心节点角色突出。苏州市、无锡市、南京市处于江苏省旅游经济网络结构的核心位置，并对南通市、扬州市、镇江市、泰州市等半核心地区形成辐射和影响。从而进一步从资源禀赋、经济社会发展、交通条件 3 个方面对影响江苏省旅游经济发展的网络演化的影响因素进行分析，研究结果表明一个地区旅游资源越丰富，社会经济发展水平越高，交通基础设施越完善，该地区在整个经济网络中的地位也就越高。

（2）使用半参数 GWR 这一混合模型方法来解释区域旅游经济的空间效应，从时空综合的视角阐述了区域旅游发展与相关变量之间的全局与局部关系，以及它们在空间和时间上的变化，并创新性地将时空滞后作为局部变量进行分析。研究发现只有江苏省南部地区的邻域促进作用才会显现，相反在有些地区，如江苏省中部地区，邻域旅游发展反而会起到抑制作用。量化分析了 GDP 对区域旅游发展的空间效应，GDP 整体上对区域旅游发展具有很好的推动作用，但推动作用强度却是存在明显的空间差异，江苏省南部地区的推动作用要强于北部地区，即经济较为发达的地区的推动作用强于经济欠发达地区。

（3）江苏省旅游景区分布呈现出南多北少的格局，南京市市区、苏州市市区和无锡市市区景区分值最高，苏北地区的旅游景区建设得到了进一步的发展，在淮安市、宿迁市等地的旅游景区分值有了明显的改善，但其内部差异仍然巨大，高响应区域主要分布在苏北地区，特别是洪泽湖周边地区，低响应区域主要分布在长江东部沿岸、灌河口及其东陇海沿线。旅游景区建设对经济的响应差异由结构化空间梯度引起空间关联效应作用范围在不断减弱，响应差异的随机性较弱，结构分布明显，且随着时间的推移，空间自组织性有不断加强的趋势从分维数来看，景区响应差异在不断减弱，在全方向上的均质程度有所改善，逐渐走向均衡化。从各个方向上的分维数来看，均质性最好的是东北—西南方向，均质性最差的为东西方向。根据响应指数的差异和经济发展背景的不同，划分出 6 种响应类型，低位低度响应和高位低度响应两种类型的县域单元最多，且具有较好的稳定性，中高度响应区域则更易发生变化。将影响因素分为表征层面的影响因素和内在层面的影响因素。表征因素包括景区建设和经济发展，内在因素主要包括资源禀赋、客源市场、交通区位和发展政策，并据此提出不同类型响应单元的调控措施。

（4）江苏省收费站点间高流量路径主要存在于江苏省南部地区，呈现出以南京市、苏州市、无锡市等市范围内核心收费站为中心的放射性结构。总流量数值较高的收费站主要分布在长江以南地区，且主要分布于南京绕越高速、沪宁高速苏州—无锡段、苏通高速、无锡—江阴高速。59 个县域间高流量路径主要存在于江苏省南部县域之间，苏北地区路径流量较小，路径流量大多在 10 万辆以下。县域流量总流量整体上呈现南高北低的格局，苏州市市区的总流量最高，丰县总流量最低。大部分县域流入和流出相对均衡，净流出区域集聚在江苏省中部，净流入区域均分布在长江两岸。在 5 千米、10 千米、25 千米、50 千米不同间隔尺度下流量总体上均呈现距离衰减的特征，但空间间隔越大，距离的衰减规律特征越明显。从模拟结果来看，高速公路车辆流动和距离的关系符合幂律分布，且空间间隔越大，拟合的相关系数越高。从地理加权回归结果来看，常住人口、经济分布、公路里程可有效解释县域流量分布，经济发展对各县域交通流量的影响在江苏省北部地区表现更为强烈，人口对江苏省南部地区交通流量影响具有局部优势，公路里程对各县域交通流量的影响主要集中在苏南地区，且为负向影响。

（5）使用局部模型来解释江苏省交通流动的空间效应，特别研究了区域交通流动影响因素的邻域效应的空间异质性。结果表明局部流动模型能够很好地处理交通流动的局部空间关系。本书将人口、经济、距离对流动的影响作为局部变量来进行分析，经济、人口、距离对不同地区间的流动的作用存在明显的异质性。特别需要指出的是，本书利用局部模型在省域尺度的交通流动分析中得到距离影响因素在–4.658～–0.675，且呈现出正态分布，而且随着流动距离的增加，距离对流动影响程度在不断地增强，而不是全局分析中得到的一个固定不变的系数。在省域尺度的流动中距离的影响呈现出多样性，距离影响的异质性可能更有利于发现内部差异和解释流动规律。

（6）自驾游碳排放流路径数值差异巨大，高数值路径主要集中在苏南地区，苏南地区经济较为发达，近年来自驾游成为苏南地区居民出游的主要交通方式，造成了大量的碳排放。县域间自驾游碳排放流量较小的区域，主要集中在江苏省北部县域之间。在县域层面，自驾游碳排放流入量差异巨大。苏南地区碳排放流入量较大，南京市市区、苏州市市区、无锡市市区和常州市市区的碳排放流入量居于前列。苏北地区碳排放流入量较小，苏北各县域的景区吸引自驾游客的能力较弱。自驾游碳排放流出量同样呈现出明显的空间分异，且这种分异和流入量较为相似。自驾游净碳排放格局大体上呈现出南高北低的格局。苏南地区呈现出正排放格局，苏南地区在享受旅游带来经济收入的同时，也造成了大量的自驾游碳排放。苏北地区呈现出负排放格局，承受居民外出旅游而造成的碳排放，而又无法获取旅游发展带来的经济收入。这样的正负状态净排放格局，为县域间自驾游碳排放交易提供了可能，正排放县域需要向负排放县域转移相应的旅游经济收入。利用地理加权回归分析自驾游碳排放的影响因素，经济分布和景区分值可以有效解释各县域自驾游碳排放流入量格局，自驾游碳排放流出量的影响因素主要归结为常住人口和经济发展。

（7）交通是区域旅游发展的重要基础，交通流量是区域旅游市场的根本保障。本书以江苏省为例，利用高速公路联网收费的精细化数据，从县域尺度深入分析了交通流量和区域旅游发展之间的关系。国内旅游人数和交通流量标准差标准化后的散点关系，大部分县域趋近于平均值附近，没有产生较大的偏差，仅有苏州市市区、南京市市区等少数单元在两个指标中均占有较为明显的优势。将交通流量和旅游发展的关系划分为 5 种类型：转化超前型、转化轻微超前型、转化协调型、转化轻微滞后型和转化滞后型。南京市市区和扬州市市区为转化超前型，而苏州市市区、南通市市区、江阴市、靖江市、泰兴市为转化滞后型，大部分县域为转化协调型。

（8）以区域旅游要素的功能属性为基础，可达性分析技术为切入点，探讨旅游区划的研究思路，对江苏省进行了旅游区划分析。最终根据现有江苏省景区要素、城镇要素与路网结构的空间关联性，以及旅游合作的现实，我们可以得出江苏省旅游区划的初步结论：由苏锡常、宁镇扬、徐淮连、通泰盐 4 个旅游大区、22 旅游亚区和 69 旅游小区构成的旅游区划等级系统。基于旅游小区与城镇的空间关联性，构建江苏省的综合性旅游服务体系，包括 3 个一级旅游城镇、8 个二级旅游城镇、22 个三级旅游城镇和 31 个四级旅游城镇。

10.2 不足与展望

本书尝试从关系的视角分析区域旅游发展和区域交通（特别是高速公路交通）之间的空间关联，但受制于数据获取等方面的难度，以及研究者水平，本书也只是一个阶段性的研究成果，本书尚存在以下不足：

（1）在旅游经济空间联系研究上，本书主要从宏观角度来分析江苏省旅游经济网络结构及其演化，研究尚存在一定的局限性。旅游经济网络结构是不同城市旅游经济相互作用、相互影响结果的综合反映，本书对旅游经济的影响因素和制约条件分析不够全面和到位，主要从旅游地客观的角度进行考虑，未对旅游者的旅游动机和行为偏好等主观因素进行分析。在以后的研究中，应该加强对比的研究，扩大研究范围和方向，尝试将旅游者的主观因素考虑进来，力求更加科学地定位旅游经济网络中旅游地的角色和功能。

（2）在区域旅游发展及其空间滞后性研究方面，本书的一个局限是只利用 5 年的旅游收入数据来研究 4 个年份的区域旅游发展，较短的研究年限可能对其规律性的把握存在一定的困难，无法深入理解区域旅游经济发展中各相关变量作用的演变过程。尽管如此，受制于研究区域数据获取难度，现有的数据仍然为新的半参数 GWR 的分析提供了可能，并得到了一些新的有意义的结论，为关于区域旅游经济与其他相关要素间时空模式分析提供了有用的崭新视角。在未来的研究中，我们会努力地补充数据来进行长时段的过程分析。

（3）在江苏省高速公路交通流量分析方面，仍然有一些问题需进一步讨论：本书的 GWR 分析是基于面域数据来进行分析，基于流动路径的 GWR 分析需要进一步的探讨；本书仅使用 1 年的静态数据，对数据的挖掘尚显不足，区域交通流量变化的时间特征，在小时、天、月等不同时间尺度上的流量变化如何，呈现出怎样的波动特征？高速交通车流在国庆节、春节等特殊时期的流动情况和平时的流动情况呈现出怎样的差异，这样的差异背后的原因是什么？虽然衰减特征与其他研究进行了对比分析，但其差异的内在原因有待进一步探讨。

（4）在交通和旅游空间关系分析上，本书只分析了 1 年的交通与旅游的耦合情况，对耦合特征和机理的把握存在一定的不足，未来需要进行不同年份数据对两者关系进行演变分析；本书仅对流量和旅游发展进行分析，而对区域高速公路体系结构的对区域旅游发展的影响缺乏深入的分析，这些问题将是进一步深入分析的方向。

参考文献

[1] Aaron C, Newman M E J, Cristopher M. Finding community structure in very large networks[J]. Physical Review E Statistical Nonlinear & Soft Matter Physics, 2004, 70(6):264-277.

[2] Ahn J, Ko E, Kim E Y. Highway traffic flow prediction using support vector regression and Bayesian classifier [C]. // International Conference on Big Data & Smart Computing. IEEE, 2016:239-244.

[3] Akaike H. A New Look at the Statistical Model Identification. IEEE Transactions on Automatic Control, 1974, 19(6): 716-723.

[4] Alan L. Modeling tourist movements: A local destination analysis [J].Annals of Tourism Research, 2006, 33(2): 403-423.

[5] Albalate D, Fageda X. High speed rail and tourism: Empirical evidence from Spain [J]. Transportation Research Part A: Policy and Practice, 2016, 85: 174-185.

[6] Banister D, Berechman Y. The economic development effects of transport investment[J]// Pearman A, Mackie P, Nellthorp J. Transport Projects, Programmes and Policies: Evaluation Needs and Capabilities, Ashgate, Aldershot, 2003.

[7] Batty M. The New Science of Cities [M]. Cambridge, MA: MIT Press, 2013: 5-10.

[8] Becken S, Simmons D, Frampton C. Energy use associated with different travel choices[J]. Tourism Management, 2003, 24(3): 267-277.

[9] Bertine B, Hugo V. The role of routines in the vacation decision-making process of Dutch vacations [J].Tourism Management, 2006, 27(4):707-720.

[10] Black W R. Transportation: A Geographical Analysis [M]. New York: Guilford Press, 2003.

[11] Bowen J T. A spatial analysis of FedEx and UPS: Hubs, spokes, and network structure [J]. Journal of Transport Geography, 2012, 24(3): 419-431.

[12] Brida J, Carrera E, Risso W. Tourism's impact on long-run Mexican economic growth [J]. Economic Bulletin, 2008, 3(21): 1-8.

[13] Brida J, Punzo L, Risso W. Tourism as a factor of growth: The case of Brazil [J]. Tourism Economic, 2011, 17(6): 1375-1386.

[14] Briedenham J, Wickens E. Tourism routes as a tool for the economic development of rural areas: Vibrant hope or impossible dream? [J]. Tourism Management, 2004, 25(1): 71-79.

[15] Brouder P. Evolutionary economic geography: A new path for tourism studies [J]. Tourism Geographies, 2014, 16(1): 2-7.

[16] Brunsdon C, Fotheringham S, Charlton M. Geographically weighted regression [J]. Journal of the Royal Statistical Society, 1998, 47(3): 431-443.

[17] Butler R. The concept of a tourist area cycle of evolution: Implications for management of resources [J]. Canadian Geographer, 1980, 24(1): 5-12.

[18] Button K. The impact of US-EU "Open Skies" agreement on airline market structures and airline networks [J]. Journal of Air Transport Management, 2009, 15(2): 59-71.

[19] Byrne G, Charlton M, Fotheringham A S. Multiple dependent hypothesis tests in geographically weighted regression [C]. Paper presented at the 10th International Conference on GeoComputation, Sydney, Australia, 2009.

[20] Cadarso M A, Gomez N, Lopez L A, et al. Calculating tourism's carbon footprint: Measuring the impact of investments [J]. Journal of Cleaner Production, 2016, 111: 529-537.

[21] Campa J L, López-Lambas M E, Guirao B. High speed rail effects on tourism: Spanish empirical evidence derived from China's modelling experience [J]. Journal of Transport Geography, 2016, 57: 44-54.

[22] Capone F, Boix R. Sources of growth and competitiveness of local tourist production systems: An application to Italy (1991–2001) [J]. The Annals of Regional Science, 2008, 42(1): 209-224.

[23] Cárdenas-García P J, Sánchez-Rivero M, Pulido-Fernández J I. Does tourism growth influence economic development [J]. Journal of Travel Research, 2015, 54(2): 206-221.

[24] Castells M. The Information City: Information Technology, Economic Restructuring, and the Urban Regional Process[J]. New York: Wiley-Blackwell, 1989: 13-24.

[25] Castells M. Globalisation, networking, urbanisation: Reflections on the spatial dynamics of the

information age [J]. Urban Studies, 2010, 47: 2737-2745.

[26] Cerutti A K, Beccaro G L, Bruun S, et al. Assessment methods for sustainable tourism declarations: the case of holiday farms [J]. Journal of Cleaner Production, 2016, 111: 511-519.

[27] Chen C. Reshaping Chinese space-economy through high-speed trains: Opportunities and challenges[J]. Journal of Transport Geography, 2012, 22: 312-316.

[28] Chen W, Liu W, Ke W, et al. Understanding spatial structures and organizational patterns of city networks in China: A highway passenger flow perspective [J]. Journal of Geographical Sciences, 2018, *28*(4): 477-494.

[29] Chen Z, Haynes K E. Impact of high-speed rail on international tourism demand in China [J]. Applied Economics Letters, 2015, 22(1): 57-60.

[30] Cheng Z, Caverlee J, Lee K, et al. Exploring Millions of Footprints in Location Sharing Services [C]. // International Conference on Weblogs and Social Media, Barcelona, Catalonia, Spain, July. DBLP, 2011: 81-88.

[31] Chenoweth J. Is tourism with a low impact on climate possible [J]. Worldwide Hospitality and Tourism Themes, 2009, 1(3): 274-287.

[32] Christaller W. Some considerations of tourism location in Europe: The peripheral region under developed countries recreation areas [J].Regional Science Association, 1964, 12(1):95-105.

[33] Coles T, Dinan C, Warren N. Energy practices among small and medium-sized tourism enterprises: A case of misdirected effort [J]. Journal of Cleaner Production, 2014, 79: 1-10.

[34] Condeço-Melhorado A, Tillema T, Jong T, et al. Distributive effects of new highway infrastructure in the Netherlands: The role of network effects and spatial spillovers [J]. Journal of Transport Geography, 2014, 34: 96-105.

[35] Crouch G I. Demand elasticities for short-haul versus long-haul tourism[J]. Journal of Travel Research, 1994, 33(2): 2-7.

[36] Deller S. Rural poverty, tourism and spatial heterogeneity [J]. Annals of Tourism Research, 2010, 37(1): 180-205.

[37] Derigs U, Illing S. Does EU ETS instigate Air Cargo network reconfiguration? A model-based analysis [J]. European Journal of Operational Research, 2013, 225(3): 518-527.

[38] Dicken P, Lloyd P E. Location in space: Theoretical perspectives in economic geography[M].

New York: Harper Collins Publishers, 1990.

[39] Dicken P, Thrift N. The organization of production and the production of organization: Why business enterprises matter in the study of geographical industrialization[J]. Transactions of the Institute of British Geographers, 1992, 17(2): 279-291.

[40] Dickinson J, Calver S, Watters K，et al. Journeys to heritage attractions in the UK: A case study of national trust visitors in the south west[J]. Journal of Transport Geography, 2004, 12(2): 103-113.

[41] Dickman S. Tourism: an introductory text [M]. Sydney: Edward Arnold, 1994.

[42] Dijksterhuis A, Bargh J A. The perception–behavior expressway: automatic effects of social perception on social behavior [J]. Advances in Experimental Social Psychology, 2001, 33(1): 1-40.

[43] Dritsakis N. Tourism as a long-run economic growth factor: An empirical investigation for Greece using a causality analysis [J]. Tourism Economics, 2004, 10(3): 305-316.

[44] El-Rashidy R A, Grant-Muller S M. An assessment method for highway network vulnerability [J]. Journal of Transport Geography, 2014, 34: 34-43.

[45] Fayissa B, Nsiah C, Tadesse B. Impact of tourism on economic growth and development in Africa [J]. Tourism Economics, 2008, 14(4): 807-818.

[46] Filimonau V, Dickinson J, Robbins R. Reviewing the carbon footprint analysis of hotels: Life Cycle Energy Analysis (LCEA) as a holistic method for carbon impact appraisal of tourist accommodation [J]. Journal of Cleaner Production, 2011, 19: 1917-1930.

[47] Filimonau V, Dickinson J, Robbins R. The role of “indirect” greenhouse gas emissions in tourism: Assessing the hidden carbon impacts from a holiday package tour [J]. Transportation Research, 2013, 54(8): 78-91.

[48] Filimonau V, Dickinson J, Robbins R. The carbon impact of short-haul tourism: A case study of UK travel to Southern France using life cycle analysis [J]. Journal of Cleaner Production, 2014, 22: 628-638.

[49] Fotheringham A S, Brunsdon C, Charlton M. Geographically weighted regression: The analysis of spatially varying relationships [M]. Chichester, UK: Wiley, 2002.

[50] Gormsen E. The spatial-temporal development of international tourism: attempt at a center-periphery

model [J]. In La Consummation D'espace Par le Tourism sat preservation, Chet, Aix-en-province, 1981: 150-170.

[51] Gössling S, Scott D, Hall C M. Inter-market variability in CO_2 emission-intensities in tourism: Implications for destination marketing and carbon management[J]. Tourism Management, 2015, 46(2): 203-212.

[52] Gössling S. Sustainable tourism development in developing countries: Some aspects of energy use [J]. Journal of Sustainable Tourism, 2000, 8(5): 410-425.

[53] Gutiérrez J, Condeço-Melhorado A, Martín J C. Using accessibility indicators and GIS to assess spatial spillovers of transport infrastructure investment [J]. Journal of Transport Geography, 2010, 18(1): 141-152.

[54] Gutiérrez J. Location, economic potential and daily accessibility: An analysis of the accessibility of the accessibility impact of the high-speed line Madrid-Barcelona-French border [J]. Journal of Transport Geography, 2001, 9(4): 229-242.

[55] Hall D. Conceptualizing tourism transport: Inequality and externality issues[J]. Journal of Transport Geography, 1999, 7(3): 181-188.

[56] Hall C M. Time, space, tourism and social physics [J]. Tourism Recreation Research, 2005, 30(1): 93-98.

[57] Hall C M, Amelung B, Cohen S. On climate change skepticism and denial in tourism [J]. Journal of Sustainable Tourism, 2015, 23(1): 4-25.

[58] Hanandeh A E. Quantifying the carbon footprint of religious tourism: The case of Hajj [J]. Journal of Cleaner Production, 2013, 52: 53-60.

[59] Hergesell A, Dickinger A. Environmentally friendly holiday transport mode choices among students: The role of price, time, and convenience [J]. Journal of Sustainable Tourism, 2013, 21(4): 596-613.

[60] Higgins P. From sustainable development to carbon control: Urban transformation in Hong Kong and Longdon [J]. Journal of Cleaner Production, 2013, 50: 56-67.

[61] Hompson K, Schofield P. An investigation of the relationship between public transport performance and destination satisfaction[J]. Journal of Transport Geography, 2007, 15(2): 136-144.

[62] Hou Q, Li S M. Transport infrastructure development and changing spatial accessibility in the greater Pearl River delta, China, 1990–2020 [J]. Journal of Transport Geography, 2011, 19(6): 1350-1360.

[63] Howitt O J, Revol V G, Smith I J, et al. Carbon emissions from international cruise ship passengers' travel to and from New Zealand [J]. Energy Policy, 2013, 38 (5): 2552-2560.

[64] Huang S S, Chen G. Current state of tourism research in China [J]. Tourism Management Perspectives, 2016, 20: 10-18.

[65] Huang Y, Zhao C, Song X, et al. A semi-parametric geographically weighted (S-GWR) approach for modeling spatial distribution of population [J]. Ecological Indicators, 2018, 85: 1022-1029.

[66] Huang Z, Cao F, Jin C, et al. Carbon emission flow from selfdriving tours and its spatial relationship with scenic spots-A traffic-related big data method [J]. Journal of Cleaner Production, 2017, 142: 946-955.

[67] Huebner A. Public perceptions of destination vulnerability to climate change and implications for long-haul travel decisions to small island states [J]. Journal of Sustainable Tourism, 2015, 20(7): 939-951.

[68] Hui M, Bai L, Li Y, et al. Highway traffic flow nonlinear character analysis and prediction [J]. Mathematical Problems in Engineering, 2015, 902191.

[69] Incera A C, Fernández M F. Tourism and income distribution: Evidence from a developed regional economy [J]. Tourism Management, 2015, 48: 11-20.

[70] Jamal T, Taillon J, Dredge D. Sustainable tourism pedagogy and academic community collaboration: A progressive service-learning approach [J]. Tour. Hosp. Res, 2011, 11 (2): 133-147.

[71] Jenelius E. Network structure and travel patterns: Explaining the geographical disparities of road network vulnerability [J]. Journal of Transport Geography, 2009, 17(3): 234-244.

[72] Ji W, Wang Y, Zhuang D, et al. Spatial and temporal distribution of expressway and its relationships to land cover and population: A case study of Beijing, China [J]. Transportation Research Part D: Transport and Environment, 2014, 32: 86-96.

[73] Jia T, Qin K, Shan J. An exploratory analysis on the evolution of the US airport network [J].

Physica A: Statistical Mechanics and its Applications, 2014, 413: 266-279.

[74] Jiangsu Bureau of Statistics (JBS). Jiangsu Statistical Yearbook 2014 [M]. Beijing: China Statistical Press, 2015.

[75] Jiangsu Provincial Tourism Bureau (JPTB). Jiangsu tourism industry development 2014 [R]. 2015.

[76] Jiao J, Wang J, Jin F, et al. Impacts on accessibility of present and planned HSR network in China [J]. Journal of Transport Geography, 2014, 40: 132-132.

[77] Jin C, Huang Z, Xu J, et al. Evaluation of Travel Convenience for Residents in the Yangtze River Delta, China [J]. Asia Pacific Journal of Tourism Research, 2013, 18(8): 865-879.

[78] Jin C, Xu J, Lu Y, et al. The impact of Chinese Shanghai-Nanjing high-speed rail on regional accessibility [J]. Geografisk Tidsskrift-Danish Journal of Geography, 2013, 113(2): 133-145.

[79] Jin C, Cheng J, Lu Y, et al. Spatial inequity in access to healthcare facilities at a county level in a developing country: A case study of Deqing County, Zhejiang, China [J]. International Journal for Equity in Health, 2015, 14: 67.

[80] Jin C, Cheng J, Xu J, et al. Self-driving tourism induced carbon emission flows and its determinants in well-developed regions: A case study of Jiangsu province, China [J]. Journal of Cleaner Production, 2018, 186: 191-202.

[81] Jones C. Scenarios for greenhouse gas emissions reduction from tourism: An extended tourism satellite account approach in a regional setting [J]. Journal of Sustainable Tourism, 2015, 21(3): 458-472.

[82] Jung W S, Wang F, Stanley H E. Gravity model in the Korean highway [J]. *EPL* (Europhysics Letters), 2008, 81(4): 48005.

[83] Juvan E, Dolnicar S. Can tourist easily choose a low carbon footprint vacation [J]. Journal of Sustainable Tourism, 2014, 22(2): 175-194.

[84] Kang C, Liu Y, Ma X, et al. Issues in estimating urban population distributions from mobile call data[J]. Journal of Urban Technology, 2012, 19(4): 3-21.

[85] Kang C, Ma X, Tong D, et al. Intra-urban human mobility patterns: An urban morphology perspective [J]. Physica A: Statistical Mechanics and its Applications, 2012, 391(4): 1702-1717.

[86] Kariminia S, Ahmad S S, Hashim R. Environmental consequences of Antarctic tourism from a

global perspective [J]. Procedia-Social and Behavioral Sciences, 2013, 105(3):781-791.

[87] Karmanova T E E, Podsevalova E N, Zikirova S S, et al. Cluster model of regional tourist business in Russia [J]. Asian Social Science, 2015, 11(6), 279.

[88] Katircioglu S T, Feridun M, Kilinc C. Estimating tourism-induced energy consumption and CO_2 emissions: The case of Cyprus [J]. Renewable and Sustainable Energy Reviews, 2015, 29(1): 634-640.

[89] Ke W, Chen W, Yu Z. Uncovering spatial structures of regional city networks from expressway traffic flow data: a case study from Jiangsu Province, China [J]. Sustainability, 2017, 9(9): 1541.

[90] Khadaroo A J, Seetanah B. Does transport infrastructure matter in overall tourism development? Evidence from a sample of island economies [J]. Tourism Economics, 2007, 13(4): 675-687.

[91] Kim J, Mahmassani H S. Spatial and temporal characterization of travel patterns in a traffic network using vehicle trajectories [J]. Transportation Research Procedia, 2015, 9: 164-184.

[92] Kordi M, Fotheringham A S. Spatially Weighted Interaction Models (SWIM) [J]. Annals of the American Association of Geographers, 2016, 106(5): 990-1012.

[93] Latinopoulos D. Using a spatial hedonic analysis to evaluate the effect of sea view on hotel prices [J]. Tourism Management, 2018, 65: 87-99.

[94] Lazzeretti L, Capone F. Spatial spillovers and employment dynamics in local tourist systems in Italy (1991–2001) [J]. European Planning Studies, 2009, 17(11): 1665-1683.

[95] Lee C C, Chang C P. Tourism development and economic growth: A closer look at panels [J]. Tourism management, 2008, 29(1): 180-192.

[96] Leiper N. Tourism attraction systems [J]. Annals of Tourism Research, 1990, 17(3): 367-384.

[97] Li G, Wong K K, Song H, et al. Tourism demand forecasting: A time varying parameter error correction model [J]. Journal of Travel Research, 2006, 45(2): 175-185.

[98] Li H, Chen J L, Li G, et al. Tourism and regional income inequality: Evidence from China [J]. Annals of Tourism Research, 2016, 58: 81-99.

[99] Li H, Park S Y, Seo J H. Quantile elasticity of international tourism demand for South Korea using the quantile autoregressive distributed lag model [J]. Tourism Economics, 2011, 17(5): 997-1015.

[100] Li M, Fang L, Huang X, et al. A spatial–temporal analysis of hotels in urban tourism destination [J]. International Journal of Hospitality Management, 2015, 45: 34-43.

[101] Li S, Shum Y. Impacts of the national trunk highway system on accessibility in China [J]. Journal of Transport Geography, 2001, 9(1): 39-45.

[102] Liu Y, Kang C, Gao S, et al. Understanding intra-urban trip patterns from taxi trajectory data [J]. Journal of Geographical Systems, 2012, 14(4): 463-483.

[103] Liu S, Kesteloot C. High-speed rail and rural livelihood: The Wuhan - Guangzhou line and Qiya village [J]. Tijdschrift Voor Economische En Sociale Geografie, 2016, 49(3): 494-500.

[104] Liu Y, Kang C, Gao S, et al. Understanding intra-urban trip patterns from taxi trajectory data [J]. Journal of Geographical Systems, 2012, 14(4): 463-483.

[105] Liu Y, Sui Z, Kang C, et al. Uncovering patterns of inter-urban trip and spatial interaction from social media check-in data [J]. PloS one, 2014, 9(1): e86026.

[106] Lordan O, Sallan J M, Simo P. Study of the topology and robustness of airline route networks from the complex network approach: A survey and research agenda [J]. Journal of Transport Geography, 2014, 37: 112-120.

[107] Lu Y, Liu Y. Pervasive location acquisition technologies: Opportunities and challenges for geospatial studies [J]. Computers, Environment and Urban Systems, 2012, 36(2): 105-108.

[108] Lundgren J O J. The development of tourist travel system: A metropolitan economic hegemony par excellence [J]. Tourism Review, 1973, 28(1): 2-14.

[109] Luo J M, Qiu H, Lam C F. Urbanization impacts on regional tourism development: A case study in China [J]. Current Issues in Tourism, 2016, 19(3): 282-295.

[110] Lv Y, Duan Y, Kang W, et al. Traffic flow prediction with big data: A deep learning approach [J]. IEEE Trans. Intelligent Transportation Systems, 2015, 16(2): 865-873.

[111] Ma T, Hong T, Zhang H. Tourism spatial spillover effects and urban economic growth [J]. Journal of Business Research, 2015, 68(1): 74-80.

[112] Majewska J. Inter-regional agglomeration effects in tourism in Poland [J]. Tourism Geographies, 2015, 17(3): 408-436.

[113] Manley E, Cheng T. Exploring the Role of Spatial Cognition in Predicting Urban Traffic Flow through Agent-based Modelling [J]. Transportation Research Part A: Policy and Practice, 2018,

109: 14-23.

[114] Marcouiller D W, Kim K K, Deller S C. Natural amenities, tourism and income distribution [J]. Annals of Tourism Research, 2004, 31(4): 1031-1050.

[115] Marti-Henneberg J. Challenges facing the expansion of the high-speed rail network [J]. Journal of Transport Geography, 2015, 42: 131-133.

[116] Martin C A, Witt S F. Substitute prices in models of tourism demand[J]. Annals of Tourism Research, 1988, 15(2): 255-268.

[117] Matsumoto H. International air network structures and air traffic density of world cities [J]. Transportation Research Part E: Logistics and Transportation Review, 2007, 43(3): 269-282.

[118] McKercher B, Packer T, Yau M, et al. Travel agents as facilitators or inhibitors of travel for people with disabilities?[J]. Tourism Management, 2003, 24(4): 465-474.

[119] Mckercher B, Shoval N, Ng E, et al. First and repeat visitor behavior: GPS tracking and GIS analysis in Hong Kong [J]. Tourism Geographies, 2012, 14(1): 147-161.

[120] Mill R C, Morrison A M. The tourism system: An introductory text [M]. Englewood: Prentice Hall, 1985.

[121] Mings R, McHugh K. The spatial configuration of travel to Yellowstone National Park[J]. Journal of Travel Research, 1992, 30(4): 38-46.

[122] Ministry of Transport of the People's Republic of China (MTPRC). Statistical bulletin of transportation industry development in 2015[R], 2016.

[123] Mohl R A. The interstates and the cities: The U.S. department of transportation and the freeway revolt, 1966–1973 [J]. Journal of Policy History, 2008, 20(2): 193-226.

[124] Moradi A, Rahmani K, Kavousi A, et al. Effective environmental factors on geographical distribution of traffic accidents on pedestrians, downtown of Tehran City [J]. International Journal of Injury Control and Safety Promotion, 2018, 7(2): 1-5.

[125] Munday M, Turner K, Jones C. Accounting for the carbon associated with regional tourism consumption [J]. Tourism Management, 2013, 36(3): 35-44.

[126] Nakaya T, Fotheringham A S, Brunsdon C, et al. Geographically weighted Poisson regression for disease association mapping [J]. Statistics in Medicine, 2005, 24(17): 2695-2717.

[127] National Tourism Administration of China (NTAC). The Yearbook of China Tourism Statistics

2016 [M]. Beijing: China Tourism Press, 2017.

[128] Newman M E J, Girvan M. Finding and evaluating community structure in networks[J]. Physical Review E Statistical Nonlinear & Soft Matter Physics, 2004, 69(2 Pt 2):026113-026113.

[129] O'Kelly M E. Air freight hubs in the Fed Ex system: Analysis of fuel use. Journal of Air Transport Management, 2014, 36: 1-12.

[130] Pace R K, LeSage J P. Spatial autoregressive local estimation [M]. Mur J, Zoller H, Getis A. (Eds.) Recent advances in spatial econometrics. New York: Palgrave Publishers, 2004: 31-51.

[131] Paleari S, Redondi R, Malighetti P. A comparative study of airport connectivity in China, Europe and US: Which network provides the best service to passengers [J]. Transportation Research Part E: Logistics and Transportation Review, 2010, 46(2): 198-210.

[132] Park Y, Ha H K. Analysis of the impact of high-speed railroad service on air transport demand [J]. Transportation Research Part E, 2006, 42 (2): 96-140.

[133] Pearce D. Tourism today: A geographical analysis [M]. Harlow: Longman, 1987.

[134] Peeters P, Szimba E, Duijnisveld M. Major environmental impacts of European tourist transport[J]. Journal of Transport Geography, 2007, 15(2): 83-93.

[135] Pike A, Rodríguez-Pose A, Tomaney J. Shifting horizons in local and regional development [J]. Regional Studies, 2017, 51(1): 46-57.

[136] Pratt S. The economic impact of tourism in SIDS [J]. Annals of Tourism Research, 2015, 52: 148-160.

[137] Preston J. Integrating transport with socio-economic activity: A research agenda for the new millennium [J]. Journal of Transport Geography, 2001, 9(1): 13-24.

[138] Qian Y S, Zhang X L, Zeng J W, et al. Dynamic simulation of energy consumption in mixed traffic flow considering highway toll station [J]. Modern Physics Letters B, 2015, 29(2): 1450264.

[139] Qian Z S, Li J, Li X, et al. Modeling heterogeneous traffic flow: A pragmatic approach [J]. Transportation Research Part B: Methodological, 2017, 99: 183-204.

[140] Ram Y, Nawijn J, Peeters P. Happiness and limits to sustainable tourism mobility: A new conceptual model [J]. Journal of Sustainable Tourism, 2013, 21(7):1017-1035.

[141] Reis V. Analysis of mode choice variables in short-distance intermodal freight transport using

an agent-based model [J]. Transportation Research Part A: Policy and Practice, 2014, 61(3): 100-120.

[142] Reynolds-Feighan A. Characterization of airline networks: A North American and European comparison [J]. Journal of Air Transport Management, 2010, 16(3): 109-120.

[143] Rhee I, Shin M, Hong S, et al. On the Levy-walk nature of human mobility [J]. Proceeding of IEEE INFOCOM, 2008: 924-932.

[144] Ribeiro A, Antunes A P, Páez A. Road accessibility and cohesion in lagging regions: Empirical evidence from Portugal based on spatial econometric models [J]. Journal of Transport Geography, 2010, 18(1): 125-132.

[145] Rosenlieb E G, McAndrews C, Marshall W E, et al. Urban development patterns and exposure to hazardous and protective traffic environments [J]. Journal of Transport Geography, 2018, 66: 125-134.

[146] Rutty M, Gössling S, Scott D, et al. The global effects and impacts of tourism[M]. Hall C M, Gössling S, Scott D, eds. The Routledge handbook of tourism and sustainability. Routledge, 2015: 36-62.

[147] Saarinen J, Rogerson C M, Hall C M. Geographies of tourism development and planning [J]. Tourism Geographies, 2017, 19(3): 307-317.

[148] Saha S, Yap G. The moderation effects of political instability and terrorism on tourism development: A cross-country panel analysis [J]. Journal of Travel Research, 2014, 53(4): 509-521.

[149] Samimi A J, Sadeghi S. The relationship between foreign direct investment and tourism development: Evidence from developing countries [J]. Institutions and Economies, 2017, 5(2): 59-68.

[150] Sarrión-Gavilán M D, Benítez-Márquez M D, Mora-Rangel E O. Spatial distribution of tourism supply in Andalusia [J]. Tourism Management Perspectives, 2015, 15: 29-45.

[151] Shani A, Arad B. Climate change and tourism: Time for environmental skepticism [J]. Tourism Management, 2014, 44: 82-85.

[152] Shaw S L, Fang Z, Lu S, et al. Impacts of high speed rail on railroad network accessibility in China [J]. Journal of Transport Geography, 2014, 10: 112-131.

[153] Shih S H. Network characteristics of drive tourism destination: An application of network analysis in tourism [J].Tourism Management, 2006, 27(5): 1029-1039.

[154] Sijtsma F J, Broersma L, Daams M N, et al. Tourism development in the Dutch Wadden Area: Spatial-temporal characteristics and monitoring needs [J]. Environmental Management and Sustainable Development, 2015, 4(2): 217-241.

[155] Simpson M C, Gössling S, Scott D. Climate Change Adaptation and Mitigation in the Tourism Sector: Frameworks, Tools and Practices. UNEP, University of Oxford, UNWTO, WMO: Paris, France, 2008: 98-99.

[156] Song H, Dwyer L, Li G, et al. Tourism economics research: a review and assessment [J]. Annals of Tourism Research, 2012, 39(3): 1653-1682.

[157] Stewart S I, Vog C A. Multi-destination trip patterns[J]. Annals of Tourism Research, 1997, 24(2): 458-461.

[158] Sun Y Y. A framework to account for the tourism carbon footprint at island destinations [J]. Tourism Management, 2014, 45(6): 16-27.

[159] Szymanowski M, Kryza M. Application of geographically weighted regression for modelling the spatial structure of urban heat island in the city of Wroclaw (SW Poland) [J]. Procedia Environmental Sciences, 2011, 3: 87-92.

[160] Tang C. Is the tourism-led growth hypothesis valid for Malaysia? A view from disaggregated tourism markets[J]. International Journal of Tourism Research, 2011, 13(1): 97-101.

[161] Tao R, Thill J C. FlowAMOEBA: Identifying Regions of Anomalous Spatial Interactions [J]. Geographical Analysis, published online, 2018.

[162] Tao Y G, Huang Z F. Review of accounting for carbon dioxide emissions in tourism at different spatial scales [J]. Acta Ecologica Sinica, 2014, 34(5): 246-254.

[163] Taylor P, Hoyler M, Verbruggen R. External urban relational process: Introducing central flow theory to complement central place theory [J]. Urban Studies, 2010, 47: 2803-2818.

[164] Thill J C. Geographic information systems for transportation in perspective [J]. Transportation Research Part C: Emerging Technologies, 2000, 8: 3-12.

[165] Tobler W. A computer movie simulating urban growth in the Detroit region [J]. Economic Geography, 1970, 46: 234-240.

[166] Tosun C. Tourism growth, national development and regional inequality in Turkey[J]. Journal of Sustainable Tourism, 2003, 11(2):133-161.

[167] Tsai K T, Lin T P, Hwang R L. Carbon dioxide emissions generated by energy consumption of hotels and homestay facilities in Taiwan [J]. Tourism Management, 2014, 12(42): 13-21.

[168] Tseng C, Wu B, Morrison A M, et al. Travel blogs on China as a destination image formation agent: A qualitative analysis using Leximancer [J]. Tourism Management, 2015, 46: 347-358.

[169] Ureñaa J M, Meneraultb P, Garmendia M. The high-speed rail challenge for big intermediate cities: A national, regional, and local perspective [J]. Cities, 2009, 26(5): 266-279.

[170] Uteng T P, Cresswell T. Gendered mobilities: Towards an holistic understanding[M]. In Gendered mobilities (pp. 15-26). Routledge, 2016.

[171] Verbeek D, Mommaas H. Transitions to sustainable tourism mobility: The social practices approach [J]. Journal of Sustainable Tourism, 2014, 16(6): 629-644.

[172] Walraven E, Spaan M T, Bakker B. Traffic flow optimization: A reinforcement learning approach [J]. Engineering Applications of Artificial Intelligence, 2016, 52: 203-212.

[173] Wang J, Mo H, Jin F, et al. Exploring the network structure and nodal centrality of China's air transport network: A complex network approach. Journal of Transport Geography, 2011, 19(4): 712-721.

[174] Wang K, Yi J, Wang Y. An analysis of the spatio-temporal disparities of inbound tourism development in China, 1991–2010 [J]. Tourism Economics, 2015, 21(4): 889-897.

[175] Wang Z, Xu G, Bao C, et al. Spatial and economic effects of the Bohai Strait Cross-Sea Channel on the transportation accessibility in China [J]. Applied geography, 2017, 83: 86-99.

[176] Wei Y D. Beyond new regionalism, beyond global production networks: Remaking the Sunan Model, China [J]. Environment and Planning C: Government & Policy, 2010, 28 (1): 72-96.

[177] WTTC. Leading the Challenge on Climate Change [R]. London: World Travel & Tourism Council, 2009: 11-12.

[178] Xiao X, Zhang J, Lu J, et al. Analysis on spatial structure and scenarios of carbon dioxide emissions from tourism transportation [J]. Acta Ecologica Sinica, 2012, 32(23): 7540-7548.

[179] Xiao Y, Wang F, Liu Y, et al. Reconstructing gravitational attractions of major cities in China from air passenger flow data 2001–2008: A particle swarm optimization approach [J]. The

Professional Geographer, 2013, 65(2): 265-282.

[180] Xu H, Zhou H, Liang L. The locational dynamics of manufacturing in china's counties: Influence of expressway investment [J]. Journal of Regional Science, 2016, 56(3):522-543.

[181] Yang Y, Fik T. Spatial effects in regional tourism growth [J]. Annals of Tourism Research, 2014, 46: 144-162.

[182] Yao J, Fotheringham A S. Local spatiotemporal modeling of house prices: a mixed model approach [J]. The Professional Geographer, 2016, 68(2): 189-201.

[183] Yoshida I. Relations between urban structure and transport planning in the Tokyo metropolitan area [J]. Journal of Geography, 2014, 123(2): 233-248.

[184] Zee E V D, Vanneste D. Tourism networks unravelled: A review of the literature on networks in tourism management studies [J]. Tourism Management Perspectives, 2015, 15: 46-56.

[185] Zha J, Li Z. Drivers of tourism growth: Evidence from China [J]. Tourism Economics, 2017, 23(5): 941-962.

[186] Zhang L, Lan C, Qi F, et al. Development pattern, classification and evaluation of the tourism academic community in China in the last ten years: From the perspective of big data of articles of tourism academic journals [J]. Tourism Management, 2017, 58: 235-244.

[187] Zhang W, Nian P, Lyu G. A multimodal approach to assessing accessibility of a high-speed railway station [J]. Journal of Transport Geography, 2016, 54: 91-101.

[188] Zhang Z, He Q, Tong H, et al. Spatial-temporal traffic flow pattern identification and anomaly detection with dictionary-based compression theory in a large-scale urban network [J]. Transportation Research Part C: Emerging Technologies, 2016, 71: 284-302.

[189] Zhong L, Wu B, Morrison A M. Research on China's tourism: A 35 - year review and authorship analysis [J]. International Journal of Tourism Research, 2015, 17(1): 25-34.

[190] Zhou X, Xu C, Kimmons B. Detecting tourism destinations using scalable geospatial analysis based on cloud computing platform [J]. Computers, Environment and Urban Systems, 2015, 54: 144-153.

[191] 保继刚，楚义芳. 旅游地理学[M]. 北京：高等教育出版社，1999.

[192] 鲍捷，陆林，吉中会. 基于最小生成树 Kruskal 算法的皖北地区旅游交通优化与线路组织[J]. 人文地理，2010，25（3）：144-148.

[193] 卞显红，沙润，杜长海. 长江三角洲城市入境旅游流区域内流动份额分析[J]. 人文地理，2007，22（2）：32-38.

[194] 曹小曙，阎小培. 经济发达地区交通网络演化对通达性空间格局的影响——以广东省东莞市为例[J]. 地理研究，2003，22（3）：305-312.

[195] 陈伟，刘卫东，柯文前，等. 基于公路客流的中国城市网络结构与空间组织模式[J]. 地理学报，2017，72（2）：224-241.

[196] 陈晓，李悦铮. 城市交通与旅游协调发展定量评价——以大连市为例[J]. 旅游学刊，2008，23（2）：60-64.

[197] 崔功豪，魏清泉，陈宗兴. 区域分析与规划[M]. 北京：高等教育出版社，1999.

[198] 杜美龄，孙根年. 30 年来国际“贸易—交通—旅游”（3T）互动的统计分析[J]. 人文地理，2015，30（2）：155-160.

[199] 方叶林，黄震方，张宏. 省域旅游发展的错位现象及旅游资源相对效率评价[J]. 自然资源学报，2013，28（10）：1754-1764.

[200] 关宏志，任军，刘兰辉，等. 旅游交通规划的基础框架[J]. 北京规划建设，2001（6）：32-35.

[201] 郭向阳，穆学青，明庆忠. 云南省旅游经济与交通系统耦合空间态势分析[J]. 经济地理，2017，37（9）：200-206.

[202] 国务院. 关于加快发展旅游业的意见（国发〔2009〕41 号）[Z]. 2009 年 12 月.

[203] 黄静波. 湖南省旅游中心地空间结构系统的构建与优化[J]. 旅游学刊，2008，23（2）：51-55.

[204] 黄柯，祝建军，蒲素. 我国旅游交通发展现状及研究述评[J]. 人文地理，2007，22（1）：23-27.

[205] 戢晓峰，梁斐雯，陈方. 云南旅游交通网络空间布局与优化对策[J]. 经济地理，2012，32（11）：52-57.

[206] 江苏统计局. 江苏统计年鉴—2015 [M]. 北京：中国统计出版社，2015.

[207] 姜博，初楠臣，修春亮，等. 中国“四纵四横”高铁网络可达性综合评估与对比[J]. 地理学报，2016，71（4）：591-604.

[208] 姜海宁，陆玉麒，吕国庆.江苏入境旅游经济的区域差异研究[J]. 旅游学刊，2009，24（1）：23-28.

[209] 蒋海兵，徐建刚，祁毅. 京沪高铁对区域中心城市陆路可达性影响[J]. 地理学报，2010，65（10）：1287-1298.

[210] 焦敬娟，王姣娥，金凤君，等. 高速铁路对城市网络结构的影响研究——基于铁路客运班列分析[J]. 地理学报，2016，71（2）：265-280.

[211] 金凤君，王成金. 轴-辐侍服理念下的中国航空网络模式构筑[J]. 地理研究，2005，24（5）：774-784.

[212] 靳诚，陆玉麒，范黎丽. 基于公路网络的长江三角洲旅游景区可达性格局研究[J]. 2010，25（2）：258-269.

[213] 靳诚，徐菁，黄震方，等. 南京市城市内部景区间游客流动特征分析[J]. 地理学报，2014，69（12）：1858-1870.

[214] 柯文前，陆玉麒，陈伟，等. 高速交通网络时空结构的阶段性演进及理论模型[J]. 地理学报，2016，71（2）：281-292.

[215] 冷炳荣，杨永春，李真杰，等. 中国城市经济网络结构空间特征及其复杂性分析[J]. 地理学报，2011，66（2）：199- 211.

[216] 李玲，李娟文. 湖北省旅游中心地空间结构系统优化研究[J]. 经济地理，2005，25（5）：740-744.

[217] 李仁杰，路紫，李继峰. 山岳型风景区观光线路景观感知敏感度计算方法——以武安国家地质公园奇峡谷景区为例[J]. 地理学报，2011，66（2）：244-256.

[218] 李淑娟，隋玉正. 基于 GIS 的青岛市游客流量的时空分析及旅游交通对策[J]. 中国海洋大学学报（社会科学版），2007，20（5）：84-87.

[219] 李小建. 经济地理学研究中的尺度问题[J]. 经济地理，2005，25（4）：433-436.

[220] 林岚，康志林，甘萌雨，等. 基于航空口岸的台胞大陆旅游流空间场效应分析[J]. 地理研究，2007，26（2）：403-413.

[221] 刘法建，张捷，章锦河，等. 旅游流空间数据获取的基本方法分析——国内外研究综述及比较[J]. 旅游学刊，2012，27（6）：101-109.

[222] 刘军. 社会网络分析导论[M]. 北京：社会科学文献出版社，2004.

[223] 卢松. 旅游交通研究进展及启示[J]. 热带地理，2009，29（4）：394-399.

[224] 鲁学军，周成虎，张洪岩，等. 地理空间的尺度——结构分析模式探讨[J]. 地理科学进展，2004，23（2）：107-114.

[225] 陆林，余凤龙. 中国旅游经济差异的空间特征分析[J]. 经济地理，2005，25（3）：406-410.

[226] 骆培聪，章牧，程炯，等. 福州市旅游交通存在问题及其发展对策[J]. 福建师范大学学报

（自然科学版），2001，17（3）：96-102.

[227] 马晓龙. 基于游客行为的旅游线路组织研究[J]. 地理与地理信息科学，2005，21（2）：98-101.

[228] 马耀峰，李永军. 中国入境旅游流的空间分析[J]. 陕西师范大学学报（自然科学版），2000，28（3）：121- 124.

[229] 孟德友，陆玉麒. 基于引力模型的江苏区域旅游经济联系强度与方向[J]. 地理科学进展，2009，28（5）：697-704.

[230] 苗长虹，魏也华，吕拉昌. 新经济地理学[M]. 北京：科学出版社，2011.

[231] 莫辉辉，金凤君，刘毅，等. 机场体系中心性的网络分析方法与实证[J]. 地理科学，2010，30（2）：204-212.

[232] 牛亚菲，宋涛，刘春凤，等. 基于要素叠加的旅游景区经济影响域空间分异[J]. 地理科学进展，2010，29（2）：225-231.

[233] 牛亚菲. 旅游供给与需求的空间关系研究[J]. 地理学报，1996，51（1）：80-87.

[234] 欧向军，朱传耿. 江苏区域经济差异与发展战略演变初探[J]. 人文地理，2005，20（2）：25-29.

[235] 丘萍，章仁俊. 国家级水利风景区分布及影响因素研究[J]. 统计与信息论坛，2009，24（5）：47-53.

[236] 申悦，柴彦威. 基于 GPS 数据的北京市郊区巨型社区居民日常活动空间[J]. 地理学报，2013，68（4）：506-516.

[237] 石培基，王祖静，李巍. 基于公路网络的甘肃省城市旅游腹地研究[J]. 地理科学进展，2012，31（4）：510- 517.

[238] 汪德根，陈田，陆林，等. 区域旅游流空间结构的高铁效应及机理——以中国京沪高铁为例[J]. 地理学报，2015，72（2）：214-233.

[239] 汪德根，牛玉，王莉. 高铁对旅游者目的地选择的影响——以京沪高铁为例[J]. 地理研究，2015，34（9）：1770-1780.

[240] 汪德根，钱佳，牛玉. 高铁网络化下中国城市旅游场强空间格局及演化[J]. 地理学报，2016，71（10）：1784-1800.

[241] 汪德根，陈田. 中国旅游经济区域差异的空间分析[J]. 地理科学，2011，31（5）：528-536.

[242] 汪德根，陆林，陈田，等. 基于点-轴理论的旅游地系统空间结构演变研究——以呼伦贝尔-阿

尔山旅游区为例[J]. 经济地理，2005，25（6）：904-909.
[243] 汪宇明，高元衡. 上海与长江流域各省区间的旅游互动[J]. 地理学报，2008，63（6）：657-668.
[244] 汪宇明，赵中华. 基于大区域尺度的大众交通旅游职能效应[J]. 经济地理，2007，27（3）：332-335.
[245] 汪宇明. 核心——边缘理论在区域旅游规划中的运用[J]. 经济地理，2002，22（3）：372-375.
[246] 汪正元. 论我国旅游交通的几个特性及其发展方向[J]. 旅游学刊，1989，4（3）：31-36.
[247] 王博，吴清，罗静. 武汉城市圈旅游经济网络结构及其演化[J]. 经济地理，2015，35（5）：192-197.
[248] 王成金，程佳佳. 中国高速公路网的可达性格局及演化. 地理科学，2016，36（6）：803-812.
[249] 王成金. 中国高速公路网发展演化及区域效应研究[J]. 地理科学进展，2006，25（6）：126-137.
[250] 王法辉，金凤君，曾光. 中国航空客运网络的空间演化模式研究[J]. 地理科学，2003，23（5）：519-525.
[251] 王海江，苗长虹，牛海鹏，等. 中国中心城市公路客运联系及其空间格局[J]. 地理研究，2016，35（4）：745-756.
[252] 王姣娥，胡浩. 高铁与民航的空间服务市场竞合分析[J]. 地理学报，2013，68（2）：175-185.
[253] 王姣娥，金凤君，孙炜，等. 中国机场体系的空间格局及其服务水平[J]. 地理学报，2006，61（8）：829-838.
[254] 王姣娥，莫辉辉. 航空运输地理学研究进展与展望[J]. 地理科学进展，2011，30（6）：670-680.
[255] 王晓雷，闫顺玺. 城市客运交通模式及影响因素分析[J]. 交通运输研究，2007，7（7）：85-88.
[256] 王昕，韦杰，胡传东. 中国世界遗产的空间分布特征[J]. 地理研究，2010，29（11）：2080-2088.
[257] 王鑫磊，王圣云. 中部地区“轴-辐”物流网络构建：基于公路和铁路运输成本的分析视角[J]. 地理科学进展，2012，31（12）：1583-1590.
[258] 王瑛，王铮. 旅游业区位分析——以云南为例[J]. 地理学报，2000，55（3）：346-353.
[259] 王兆峰. 入境旅游流与航空运输网络协同演化及差异分析[J]. 地理研究，2012，31（7）：1328-1338.

[260] 王兆峰. 张家界旅游城市游客公共交通感知、满意度与行为[J]. 地理研究，2014，33（5）：978-987.

[261] 王铮，蒋轶红，王瑛，等. 旅游域模型及其结合 GIS 的应用[J]. 旅游学刊，2002，17（2）：57-62.

[262] 魏鸿雁，章锦河. 黄山市交通网络优化及区域旅游效应分析[J]. 资源开发与市场，2005，21（4）：316-319.

[263] 吴必虎，李咪咪. 小兴安岭风景道旅游景观评价[J]. 地理学报，2002，57（2）：214-222.

[264] 吴晋峰，潘旭莉. 入境旅游流网络与航空网络的关系研究[J]. 旅游学刊，2010，25（11）：39-43.

[265] 吴晋峰，任瑞萍，韩立宁，等. 中国航空国际网络结构特征及其对入境旅游的影响[J]. 经济地理，2012，32（5）：147-152.

[266] 吴康，方创琳，赵渺希，等. 京津城际高速铁路影响下的跨城流动空间特征[J]. 地理学报，2013，68（2）：159-174.

[267] 吴威，曹有挥，曹卫东，等. 长江三角洲公路网络的可达性空间格局及其演化[J]. 地理学报，2006，61（10）：1065-1074.

[268] 谢志华，吴必虎. 中国资源型景区旅游空间结构研究[J]. 地理科学，2008，28（6）：748- 753.

[269] 徐建，曹有挥，孙伟. 基于公路运输成本的长三角轴-辐物流网络的构建[J]. 地理研究，2009，29（4）：911-919.

[270] 徐菁，沙润，靳诚. 长江三角洲入境旅游发展趋同分析[J]. 经济地理，2008，28（2）：334-337.

[271] 许志晖，戴学军，庄大昌，等. 南京市旅游景区系统空间结构分形研究[J]. 地理研究，2007，26（1）：132-140.

[272] 宣国富，赵静. 江苏旅游经济等级规模结构及演化[J]. 旅游科学，2011，25（5）：23-32.

[273] 宣国富. 江苏国内旅游经济区域差异及演变[J]. 长江流域资源与环境，2012，21（12）：1442-1448.

[274] 薛俊菲. 基于航空网络的中国城市体系等级结构与分布格局[J]. 地理研究，2008，27（1）：23-32.

[275] 杨国良，张捷，艾南山. 旅游流齐夫结构及空间差异化特征：以四川省为例[J]. 地理学报，2006，61（12）：1281-1289.

[276] 杨建明. 中国旅游业发展空间差异的综合评判[J]. 地理科学，2009，29（4）：613-618.

[277] 杨仲元，卢松. 交通发展对区域旅游空间结构的影响研究——以皖南旅游区为例[J]. 地理科学，2013，33（7）：806-814.

[278] 叶茂，王兆峰. 武陵山区交通通达性与旅游经济联系的耦合协调分析[J]. 经济地理，2017，37（11）：213- 219.

[279] 殷成志，吕斌. 长江三峡区域旅游交通规划[J]. 城市规划汇刊，2004（2）：52-57.

[280] 殷平. 高速铁路与区域旅游新格局构建——以郑西高铁为例[J]. 旅游学刊，2012，27（12）：47-53.

[281] 于蕾. 城市间联系测度及其影响因素研究——以珠江三角洲为例[D]. 北京：北京大学，2011：23-30.

[282] 余青，胡晓冉，刘志敏，等. 风景道的规划设计——以鄂尔多斯风景道为例[J]. 旅游学刊，2002，17（10）：61-66.

[283] 余青，吴必虎，刘志敏，等. 风景道研究与规划实践综述[J]. 地理研究，2007，26（6）：1274-1284.

[284] 袁俊，余瑞林，刘承良，等. 武汉都市圈国家 A 级旅游景区的空间结构[J]. 经济地理，2005，30（5）：324-328.

[285] 张建春，陆林. 芜湖长江大桥与安徽旅游交通条件的改善[J]. 人文地理，2002，17（4）：75-79.

[286] 张瑞敏，徐红罡. 旅游交通研究述评[J]. 桂林旅游高等专科学校学报，2005，16（6）：41-44.

[287] 张涛. 旅游业内部支柱性行业构成辨析[J]. 旅游学刊，2003，18（4）：24-29.

[288] 张佑印，马耀峰，顾静. 北京间接入境聚集旅游流流势时空演化规律研究[J]. 旅游学刊，2011，26（10）：31-35.

[289] 章锦河，赵勇. 皖南旅游资源空间结构分析[J]. 地理与地理信息科学，2004，20（1）：99-108.

[290] 长安. 浅析中国 A-AAAA 景区空间格局形成的自然地理背景[J]. 内蒙古师范大学学报（哲学社会科学版），2006，35（6）：36-41.

[291] 赵中华，汪宇明. 基于长江三角洲案例的区域旅游交通配置优化研究[J]. 地域研究与开发，2007，26（3）：51-55.

[292] 甄峰，王波，陈映雪. 基于网络社会空间的中国城市网络特征——以新浪微博为例[J]. 地理学报，2012，67（8）：1031-1043.

[293] 郑鹏，马耀峰，王洁洁，等. 基于“推—拉”理论的美国旅游者旅华流动影响因素研究[J]. 人文地理，2010，25（5）：112-117.

[294] 钟虹. 英格兰的交通发展对其文化旅游的影响[J]. 桂林旅游高等专科学校学报，2006，20（4）：129-133.

[295] 钟士恩，张捷，任黎秀，等. 旅游流空间模式的基本理论及问题辨析[J]. 地理科学进展，2009，28（5）：705-712.

[296] 朱冬芳，陆林，虞虎. 基于旅游经济网络视角的长江三角洲都市圈旅游地角色[J]. 经济地理，2012，32（4）：149-154.

[297] 朱竑，谢涤湘，刘迎华. 青藏铁路对西藏旅游业可持续发展的影响及其对策[J]. 经济地理，2005，25（6）：910-914.

[298] 左冰. 中国旅游经济增长因素及其贡献度分析[J]. 商业经济与管理，2011（10）：82-90.

附录 高速公路收费站县域间车流矩阵（2014 年）

O\D	宝应县	滨海县	常熟市	常州市市区	大丰区	丹阳市	东海县	东台市	丰县	赣榆区	高邮市	灌南县	灌云县	海安市	海门区
宝应县	31 517	98	2 162	16 276	983	4 270	3 155	653	369	2 643	50 693	3 706	3 859	3 261	1 306
滨海县	102	137 291	11 604	14 108	14 047	835	46 705	9 497	212	55 387	174	24 611	32 908	3 493	1 789
常熟市	2 092	14 330	947 285	188 074	12 716	14 016	6 016	31 793	398	13 159	6 684	7 220	5 422	34 271	63 351
常州市市区	16 541	15 486	333 261	4 104 482	5 681	543 386	7 438	5 664	1 214	9 899	46 577	8 947	15 782	18 003	23 219
大丰区	961	13 014	14 130	6 577	84 453	618	4 733	89 745	525	5 292	345	2 305	3 960	18 843	7 339
丹阳市	4 675	941	21 856	528 330	682	24 842	2 846	493	268	2 409	6 558	1 034	1 390	2 305	1 894
东海县	2 483	50 284	3 555	4 237	4 249	667	174 512	3 782	778	187 147	2 341	61 313	149 498	2 346	1 448
东台市	438	9 326	27 715	6 829	87 063	574	4 998	382 626	398	3 826	506	1 454	3 663	39 197	9 646
丰县	361	189	1 670	2 119	737	226	747	361	485	310	449	812	1 015	391	217
赣榆区	2 080	75 482	4 486	6 663	5 498	786	181 480	7 636	279	367 490	2 189	55 938	131 176	4 002	1 349
高邮市	50 637	162	6 993	44 488	339	6 135	2 454	263	512	3 327	90 546	3 595	3 086	10 697	2 765
灌南县	3 605	18 819	2 608	8 451	2 131	973	69 399	1 472	223	72 526	3 382	2 145	159 565	1 243	966
灌云县	3 555	36 687	3 640	14 052	3 860	1 337	179 684	3 510	245	142 723	3 000	141 679	143 002	2 370	1 636
海安市	3 191	3 762	38 182	20 792	17 442	2 522	2 808	36 369	398	3 968	10 769	1 324	2 472	80 403	30 580
海门区	829	1 675	52 210	19 512	5 726	1 775	1 699	7 820	153	1 729	2 420	872	1 476	21 538	310 549
洪泽区	1 867	51	499	3 991	746	1 224	1 823	387	158	2 154	1 364	5 276	3 413	497	330
淮安市市区	116 472	701	12 555	51 843	15 126	9 403	42 390	11 445	2 467	35 781	58 369	109 247	52 562	10 592	7 222
建湖县	2 034	358	4 060	7 259	13 704	599	771	7 752	469	766	2 069	1 072	1 021	4 310	1 628
江都区	77 319	2 914	13 712	60 347	3 697	16 784	5 098	8 988	1 650	5 183	166 065	7 692	7 527	86 122	10 042

O\D	宝应县	滨海县	常熟市	常州市市区	大丰区	丹阳市	东海县	东台市	丰县	赣榆区	高邮市	灌南县	灌云县	海安市	海门区
江阴市	13 301	17 753	261 615	833 891	5 717	41 219	5 277	5 778	1 854	9 766	31 259	9 520	11 454	19 432	15 943
姜堰区	4 286	8 501	13 441	46 631	8 107	2 781	2 210	7 073	220	3 698	15 579	1 985	2 493	122 903	8 263
金坛区	2 258	628	19 016	284 600	505	3 855	749	351	143	1 964	3 933	1 293	1 871	2 033	1 404
靖江市	2 610	1 847	37 992	170 407	1 320	6 173	666	606	136	866	7 027	1 005	1 161	2 992	9 370
句容市	1 334	366	11 146	151 416	388	54 005	307	342	53	473	1 955	415	388	2 824	934
昆山市	4 315	15 650	962 356	233 241	15 321	28 290	3 063	29 647	571	3 780	9 091	3 270	3 697	19 537	28 853
溧水区	417	98	9 767	85 023	250	3 851	123	148	58	134	691	83	168	1 154	718
溧阳市	2 031	663	12 464	85 893	794	12 613	1 034	603	228	2 220	4 234	891	1 403	3 661	970
连云港市市区	7 954	44 360	5 496	11 622	7 054	1 780	251 745	5 233	2 348	187 587	6 338	297 321	738 545	3 785	2 409
涟水县	10 777	79	3 217	14 850	1 177	2 556	33 775	1 014	423	33 924	7 589	27 783	37 755	1 226	587
南京市市区	25 296	3 085	169 492	1 108 614	18 816	536 859	4 951	17 011	1 627	6 833	55 710	5 466	5 180	134 722	46 377
南通市市区	3 307	10 848	1 016 562	134 483	34 087	9 159	6 548	71 663	815	8 129	10 695	3 038	6 589	279 798	1 445 646
沛县	1 022	654	810	3 607	691	419	2 827	655	12 609	1 064	1 014	698	793	1 031	569
邳州市	1 821	2 560	1 054	11 604	1 677	1 446	18 444	776	2 669	8 075	2 385	13 246	6 488	803	753
启东市	418	1 059	33 299	16 608	2 833	1 462	707	3 688	82	2 773	1 198	588	1 632	9 099	172 838
如皋市	1 592	5 034	151 434	54 583	19 423	3 591	3 592	41 739	445	3 524	5 984	1 701	3 420	68 095	109 615
射阳县	397	58 621	11 733	8 528	21 656	580	14 947	20 197	183	25 948	487	5 875	13 270	6 487	3 793
沭阳县	20 683	426	8 139	38 953	3 399	5 317	6 860	2 845	1 272	3 003	19 064	713	732	3 097	2 090
泗洪县	609	93	1 804	11 392	489	3 265	2 453	341	1 195	1 394	641	763	532	695	790
泗阳县	11 617	113	3 296	11 199	4 120	1 563	603	3 139	826	1 133	9 736	5 659	2 916	2 850	1 290

O\D	宝应县	滨海县	常熟市	常州市市区	大丰区	丹阳市	东海县	东台市	丰县	赣榆区	高邮市	灌南县	灌云县	海安市	海门区
苏州市市区	15 715	26 207	3 623 502	1 000 696	28 576	122 155	8 740	46 821	1 625	9 543	36 036	14 006	12 640	55 281	79 837
宿迁市市区	7 538	763	4 730	9 670	3 274	1 804	18 488	2 917	3 528	7 309	8 127	3 111	2 757	3 511	2 839
睢宁县	2 523	151	4 035	6 139	1 408	960	2 540	1 139	6 756	829	2 486	981	608	1 398	938
太仓市	780	2 500	230 775	44 091	2 275	4 306	781	3 813	122	1 334	1 980	797	745	4 464	10 060
泰兴市	11 229	4 505	34 633	409 322	2 747	48 736	2 492	2 340	999	4 157	31 840	3 026	3 187	10 604	19 162
泰州市市区	4 242	1 004	308	432	1 386	233	575	1 478	151	3 112	14 529	600	638	22 728	502
无锡市市区	14 197	31 410	466 910	1 630 996	9 758	165 179	6 625	13 134	1 235	8 854	29 742	6 780	8 100	31 299	33 239
吴江区	1 568	4 612	477 022	115 136	5 099	14 668	1 612	6 704	224	2 273	3 717	1 431	1 926	7 073	10 239
响水县	60	68 401	16 008	6 187	6 533	283	52 282	5 593	186	55 433	63	34 866	48 550	2 810	1 328
新沂市	2 504	2 563	1 552	7 883	1 182	1 018	25 782	779	1 511	8 080	4 034	4 081	4 803	1 089	672
兴化市	595	7 204	9 147	40 233	2 658	1 838	1 741	362	256	3 089	904	1 422	2 289	21 072	4 147
盱眙县	858	69	1 096	14 175	983	2 595	2 174	490	1 212	4 194	138	3 356	2 926	948	577
徐州市市区	9 457	7 468	3 586	14 527	5 449	1 855	57 804	4 238	117 934	18 941	9 586	11 177	12 238	5 497	2 900
盐城市市区	3 631	167 722	26 498	50 480	203 609	3 722	16 344	117 994	807	19 058	1 831	9 879	16 216	24 392	12 291
扬中市	2 883	284	5 938	219 740	240	53 728	1 395	209	204	1 259	7 899	796	1 074	895	6 258
扬州市市区	92 302	2 641	15 374	213 015	4 154	77 572	2 205	4 415	393	2 585	180 757	4 098	3 111	52 292	10 197
仪征市	5 315	441	1 189	11 417	806	3 743	215	1 026	78	338	8 568	511	306	12 359	3 636
宜兴市	1 653	2 757	45 757	12 247	1 126	3 415	904	884	253	1 417	2 904	900	946	3 748	3 607
张家港市	2 438	3 503	265 432	318 358	2 278	19 361	1 186	2 466	339	1 380	6 736	1 396	2 143	3 247	13 518
镇江市市区	22 483	2 543	15 002	231 425	2 235	146 695	2 660	3 405	227	5 720	29 478	3 038	3 866	21 990	2 153

O\D	洪泽区	淮安市市区	建湖县	江都区	江阴市	姜堰区	金坛区	靖江市	句容市	昆山市	溧水区	溧阳市	连云港市市区	涟水县	南京市市区
宝应县	1 714	114 192	2 508	69 933	96 068	3 909	2 530	2 720	1 199	4 621	489	2 407	7 981	11 303	35 192
滨海县	78	434	291	2 793	81 644	7 189	827	1 860	328	13 017	139	865	44 588	70	3 890
常熟市	472	13 620	3 820	16 609	171 707	12 356	12 916	201 525	7 512	358 885	5 827	7 382	6 350	3 411	129 633
常州市市区	4 747	54 350	6 776	62 473	825 641	40 559	400 983	586 616	180 836	246 416	101 096	113 600	12 642	17 070	1 292 338
大丰区	771	17 406	14 240	5 170	27 881	8 286	788	1 540	461	15 318	366	1 282	8 101	1 451	31 062
丹阳市	1 708	10 495	583	18 254	37 051	2 657	4 845	11 721	55 325	29 517	4 814	17 044	1 916	2 990	603 420
东海县	2 110	33 299	776	4 158	18 340	2 152	635	690	242	3 652	182	1 269	218 308	33 047	8 224
东台市	372	12 423	7 920	11 978	29 824	8 011	614	789	687	26 583	223	932	5 528	1 104	34 335
丰县	181	2 558	518	946	12 724	447	159	1 153	119	1 410	246	175	2 714	357	11 141
赣榆区	2 705	26 765	630	3 872	20 688	1 905	2 247	916	483	10 854	275	1 885	162 586	31 975	10 729
高邮市	1 255	58 223	2 365	147 187	202 434	14 570	5 119	7 387	1 833	8 835	956	5 882	8 272	8 074	74 167
灌南县	4 789	105 833	946	6 022	36 184	1 725	1 744	1 137	324	2 711	103	943	307 251	27 942	9 227
灌云县	3 022	52 919	1 108	6 206	36 323	2 370	2 079	1 165	315	2 886	347	1 494	728 397	37 741	7 315
海安市	445	10 943	4 369	88 035	100 459	133 096	2 785	3 298	3 146	21 909	1 694	5 260	4 040	1 252	180 658
海门区	198	5 224	1 305	7 586	15 190	6 090	1 751	7 841	914	23 112	673	1 032	1 872	548	41 478
洪泽区	21 888	166 322	4 818	1 739	9 025	497	1 415	848	798	916	726	1 309	12 767	14 112	59 238
淮安市市区	172 995	412 359	80 467	71 012	367 441	12 320	7 125	8 379	2 625	24 317	1 446	7 115	131 995	453 659	105 554
建湖县	4 692	88 251	2 174	3 201	79 926	6 749	434	2 022	313	6 495	168	756	3 870	3 141	7 089
江都市	2 066	81 300	3 239	456 611	426 154	195 528	8 991	32 928	4 194	14 289	2 024	10 886	12 277	19 394	221 039
江阴市	2 035	56 387	9 400	95 296	1 252 902	149 062	65 212	2 659 847	23 957	94 154	18 220	20 648	8 840	12 625	289 682
姜堰区	454	12 712	6 433	194 340	700 201	181 806	4 404	67 115	3 216	16 488	1 861	6 226	6 228	1 409	178 688

O\D	洪泽区	淮安市市区	建湖县	江都区	江阴市	姜堰区	金坛区	靖江市	句容市	昆山市	溧水区	溧阳市	连云港市市区	涟水县	南京市市区
金坛区	1 049	5 945	316	7 668	49 914	3 331	58 620	24 154	46 240	13 451	29 804	53 038	1 748	1 428	200 954
靖江市	756	8 739	1 913	33 056	2 025 379	63 152	10 574	12 363	4 537	31 165	4 682	5 504	2 246	1 123	85 274
句容市	1 121	2 960	291	4 490	20 367	3 312	43 957	8 276	28 841	13 405	35 017	17 935	837	544	809 654
昆山市	1 038	23 715	7 018	17 264	95 933	15 234	17 073	232 279	13 613	1 073 126	7 597	20 708	5 091	5 295	234 610
溧水区	487	1 324	118	1 693	16 480	1 400	35 025	9 821	38 578	7 298	110 340	106 724	278	219	691 070
溧阳市	1 380	5 344	532	9 088	16 902	4 706	46 034	13 366	17 124	15 957	99 907	225 041	2 378	1 112	532 180
连云港市市区	11 991	118 463	3 092	9 237	40 395	5 334	2 103	2 326	795	4 582	426	2 611	440 275	62 132	27 125
涟水县	13 797	431 648	2 770	14 924	70 281	1 283	1 576	1 187	464	4 671	241	1 448	62 299	99 202	15 970
南京市市区	29 559	62 739	5 478	196 262	233 155	130 337	195 816	126 354	800 456	230 212	723 706	455 995	16 935	11 869	16 452 912
南通市市区	909	25 307	7 328	46 266	240 406	39 830	12 762	60 818	5 610	216 956	4 858	7 860	12 584	2 583	259 268
沛县	579	8 163	1 043	1 826	27 838	630	329	419	178	1 561	446	581	9 285	1 083	17 125
邳州市	712	13 678	877	6 597	29 747	767	538	452	80	2 887	28	494	34 542	1 683	2 278
启东市	114	2 446	896	4 780	13 472	3 638	1 633	3 834	672	17 212	736	1 089	2 012	327	30 220
如皋市	770	13 215	3 986	30 985	295 270	28 085	4 523	32 600	2 084	48 453	1 647	2 413	5 186	1 346	119 320
射阳县	469	3 795	974	4 804	52 215	9 009	623	1 872	517	10 442	275	855	14 970	110	27 668
沭阳县	5 950	145 276	8 421	22 512	175 791	3 063	20 172	4 011	1 243	11 489	490	7 341	10 094	25 001	13 679
泗洪县	2 036	9 587	1 129	1 124	8 941	513	2 421	880	1 478	2 497	3 078	4 348	4 523	2 456	147 791
泗阳县	16 316	280 801	14 825	9 498	99 579	2 228	1 323	1 899	338	4 967	666	975	6 255	25 667	23 607
苏州市市区	6 064	67 254	22 604	70 506	430 907	74 752	77 459	1 224 743	48 595	3 678 305	26 064	89 966	18 890	20 046	759 739
宿迁市市区	9 776	165 498	9 834	10 107	94 280	3 288	1 745	2 879	1 107	6 003	1 806	3 239	38 879	17 753	83 547

OD	洪泽区	淮安市市区	建湖县	江都区	江阴市	姜堰区	金坛区	靖江市	句容市	昆山市	溧水区	溧阳市	连云港市市区	涟水县	南京市市区
睢宁县	1 807	33 973	3 280	3 683	51 452	1 268	611	1 061	1 208	2 758	660	1 283	6 014	4 516	43 053
太仓市	156	3 092	1 082	5 264	46 542	5 192	3 580	55 895	2 166	123 632	1 342	2 340	786	731	48 472
泰兴市	1 491	45 253	4 108	271 704	1 613 293	157 874	9 477	212 552	5 376	45 233	3 983	7 188	9 081	4 686	421 135
泰州市市区	335	9 378	651	241 562	9 438	79 526	609	740	830	335	556	1 694	2 155	1 128	49 507
无锡市市区	2 901	66 307	21 341	70 823	1 672 242	115 229	102 823	2 124 746	57 026	671 423	43 032	243 266	11 418	9 878	860 628
吴江区	407	8 156	1 592	9 894	60 429	10 186	6 636	166 263	4 336	345 881	1 123	1 784	2 210	1 688	83 845
响水县	85	523	189	997	43 994	4 152	375	1 191	97	5 391	11	589	53 792	101	794
新沂市	1 167	23 175	2 067	4 208	49 134	812	6 720	1 046	468	3 165	134	2 054	34 712	2 753	10 154
兴化市	993	13 463	7 513	39 844	465 153	197 328	2 543	20 626	1 484	17 936	916	3 325	4 771	1 351	65 928
盱眙县	79 646	151 610	4 997	1 385	6 214	538	1 147	686	2 182	2 648	2 652	3 285	7 286	11 702	187 314
徐州市市区	5 858	99 174	11 976	10 659	110 518	5 312	9 615	2 902	988	6 495	1 731	2 602	103 287	11 254	86 512
盐城市市区	4 262	98 988	59 594	30 581	432 560	87 097	3 411	15 325	2 871	26 475	2 043	5 508	48 279	5 169	161 683
扬中市	314	8 520	226	20 763	18 620	776	2 145	12 271	556	7 828	361	918	5 825	3 183	12 582
扬州市市区	2 873	44 252	2 565	840 996	223 744	120 612	51 608	26 189	23 392	29 938	9 422	57 658	9 392	9 089	701 889
仪征市	1 631	4 292	320	62 808	23 669	16 872	2 099	5 893	1 388	1 904	930	2 703	1 343	1 050	329 432
宜兴市	1 691	4 594	1 503	5 460	98 429	9 669	7 561	113 472	11 687	55 771	59 820	227 338	2 423	1 206	394 409
张家港市	1 364	12 715	2 178	19 399	243 429	16 107	20 360	298 949	9 573	127 481	7 525	8 378	1 887	3 967	143 276
镇江市市区	3 129	39 191	1 965	107 877	23 657	29 770	62 599	8 604	71 554	17 563	12 944	103 886	8 105	6 686	561 829

O\D	南通市市区	沛县	邳州市	启东市	如皋市	射阳县	沭阳县	泗洪县	泗阳县	苏州市市区	宿迁市市区	睢宁县	太仓市	泰兴市	泰州市市区
宝应县	5 489	1 043	1 773	567	1 745	325	24 194	357	13 143	16 819	9 038	2 687	760	29 025	3 707
滨海县	101 061	678	2 309	1 236	4 979	62 922	190	88	128	25 489	858	116	2 293	3 243	1 015
常熟市	993 239	913	1 108	42 573	185 807	11 744	6 208	1 955	4 744	2 034 287	4 687	4 564	85 271	37 840	284
常州市市区	146 523	2 329	11 210	22 747	52 055	8 652	40 782	10 532	12 570	1 023 299	12 499	5 428	43 705	419 499	348
大丰区	200 428	777	2 154	3 477	21 035	20 448	3 878	317	4 506	33 507	4 030	1 591	3 151	2 605	1 486
丹阳市	10 337	406	1 348	1 695	3 455	622	6 000	3 741	1 801	126 440	2 026	874	4 068	48 753	350
东海县	50 145	3 130	19 568	867	3 448	13 809	6 245	2 671	661	11 094	21 681	2 167	1 028	5 589	570
东台市	318 806	576	670	3 806	41 354	20 475	2 748	200	2 774	50 375	3 134	1 076	5 145	2 322	1 733
丰县	3 675	11 921	2 334	89	2 575	319	1 044	1 106	906	6 296	3 420	5 523	308	4 660	153
赣榆区	88 402	1 065	6 930	1 870	4 293	28 540	2 558	1 423	1 086	18 235	6 943	801	3 818	8 245	2 851
高邮市	14 730	1 064	3 018	1 391	5 882	449	22 056	327	9 966	35 598	8 733	2 588	1 791	81 253	13 428
灌南县	20 438	649	12 885	648	1 661	5 413	446	487	5 540	13 352	3 538	830	540	8 650	566
灌云县	37 540	835	3 908	1 725	3 711	12 800	258	369	2 921	12 490	2 620	462	680	13 682	675
海安市	716 623	944	723	13 848	79 757	7 311	3 128	633	2 877	71 412	3 914	1 500	8 045	8 479	26 290
海门区	1 790 580	409	696	180 653	85 159	3 032	1 634	745	1 124	72 811	2 097	856	7 771	22 025	340
洪泽区	1 983	529	665	190	941	426	5 545	3 086	13 946	5 234	9 704	1 902	162	2 473	380
淮安市市区	77 404	7 992	13 482	3 246	13 528	3 274	139 450	4 530	293 519	69 607	177 300	33 081	2 946	93 059	9 240
建湖县	56 341	1 010	984	1 076	4 372	1 042	9 674	678	15 432	24 019	10 994	3 252	1 095	3 707	795
江都市	61 053	3 909	8 906	6 148	29 171	4 202	29 770	1 388	14 254	59 334	17 402	6 771	3 876	417 503	221 892
江阴市	125 021	4 393	2 801	15 598	65 746	10 203	37 798	5 223	27 573	459 908	17 153	8 983	45 776	369 440	1 391
姜堰区	64 604	732	790	5 143	29 022	10 331	3 445	491	2 344	76 423	3 552	1 394	4 626	157 790	76 641

O\D	南通市市区	沛县	邳州市	启东市	如皋市	射阳县	沭阳县	泗洪县	泗阳县	苏州市市区	宿迁市市区	睢宁县	太仓市	泰兴市	泰州市市区
金坛区	10 362	269	406	1 500	3 430	500	5 081	2 008	1 068	58 659	1 307	533	2 791	8 051	668
靖江市	80 557	340	377	5 710	35 762	1 780	3 746	732	1 891	190 182	2 868	1 149	10 841	227 819	588
句容市	5 854	145	122	830	2 005	476	1 288	1 206	364	41 761	1 108	555	1 583	5 430	1 084
昆山市	248 610	1 402	2 850	26 785	47 707	12 319	6 710	2 408	5 509	3 900 962	5 822	2 614	129 175	49 412	277
溧水区	4 275	134	14	888	1 382	250	252	1 182	254	22 164	714	188	1 133	3 413	299
溧阳市	7 617	373	352	1 218	2 283	760	3 908	2 802	859	69 659	2 069	1 440	1 795	6 341	1 395
连云港市市区	85 803	9 648	39 725	2 548	5 479	15 180	9 023	3 903	5 930	20 269	44 333	4 531	1 229	19 163	2 513
涟水县	7 593	1 392	2 563	403	1 418	84	29 598	1 458	28 429	18 911	21 881	4 667	1 659	20 133	971
南京市市区	292 997	3 318	838	45 517	103 338	19 612	7 297	50 525	9 644	644 153	34 920	13 440	28 048	399 486	38 414
南通市市区	3 686 788	1 711	2 909	578 033	1 582 629	16 693	5 061	2 408	5 392	730 600	8 907	3 691	68 673	177 860	2 193
沛县	5 642	25 290	10 166	302	1 068	351	3 571	2 647	2 569	6 833	10 667	20 429	443	3 793	477
邳州市	6 725	11 611	98 431	388	1 166	4 666	20 833	676	294	6 865	3 269	1 093	256	13 219	411
启东市	773 728	225	239	150 761	33 112	1 589	617	287	1 064	57 918	1 123	423	4 288	14 245	265
如皋市	2 686 178	1 001	882	43 141	146 304	9 102	3 708	830	3 457	134 167	4 908	1 996	20 640	81 033	3 013
射阳县	131 764	412	2 291	1 872	8 325	12 267	439	225	1 536	30 119	1 684	301	2 420	3 439	1 185
沭阳县	20 665	3 997	21 987	781	3 862	416	322 850	508	580	46 958	2 075	704	2 032	51 763	2 123
泗洪县	3 225	2 909	593	346	1 014	223	437	194 606	3 514	8 883	328 644	19 480	343	3 290	611
泗阳县	18 805	2 649	351	1 426	3 931	1 119	607	2 250	53 897	17 150	105 773	12 675	1 078	16 942	1 374
苏州市市区	756 577	5 139	6 244	76 240	117 406	29 903	32 771	8 881	17 616	9 657 442	23 923	8 943	277 692	209 846	700
宿迁市市区	24 911	10 764	2 974	1 451	5 063	1 265	1 821	317 243	97 329	23 620	328 660	92 169	1 393	15 352	2 395

O\D	南通市市区	沛县	邳州市	启东市	如皋市	射阳县	沭阳县	泗洪县	泗阳县	苏州市市区	宿迁市市区	睢宁县	太仓市	泰兴市	泰州市市区
睢宁县	10 813	19 518	2 813	444	2 144	294	922	16 836	13 135	9 993	101 851	130 241	599	7 789	769
太仓市	64 355	324	285	7 295	14 203	2 277	1 572	316	1 530	295 111	1 312	529	29 345	9 693	127
泰兴市	162 017	2 350	2 060	12 145	60 737	3 895	11 215	2 420	6 372	204 140	8 814	3 288	9 061	1 134 859	1 762
泰州市市区	3 608	397	408	381	2 856	1 172	2 304	384	1 596	1 086	2 737	975	114	2 154	1 627
无锡市市区	247 644	2 855	3 524	37 081	83 957	16 802	20 798	7 339	11 488	4 420 242	13 203	5 873	60 551	318 912	801
吴江区	98 654	652	717	8 701	19 882	3 987	5 403	850	2 746	2 142 969	3 399	1 087	17 973	22 796	297
响水县	61 846	419	2 694	1 138	3 713	26 329	157	131	139	17 292	906	106	983	2 237	691
新沂市	8 156	7 033	96 579	330	1 306	1 597	39 161	8 484	1 246	12 518	70 366	4 932	822	10 976	789
兴化市	27 475	427	497	2 313	9 279	14 554	3 456	246	3 885	47 931	3 120	993	3 098	43 012	22 906
盱眙县	2 632	2 395	566	310	871	771	5 335	190 174	8 235	7 854	62 784	13 859	319	3 538	238
徐州市市区	27 830	605 515	317 617	1 846	6 040	5 089	43 926	35 736	30 317	23 265	237 204	332 242	2 245	21 048	2 896
盐城市市区	299 256	1 869	3 395	6 836	27 489	250 688	12 110	1 405	16 915	116 365	18 324	5 571	5 358	26 558	11 043
扬中市	40 068	231	555	5 406	15 719	338	3 714	431	2 009	37 863	1 895	762	1 207	442 927	45
扬州市市区	60 043	1 194	2 522	6 259	24 674	4 212	14 560	5 473	5 121	101 234	8 729	2 374	4 671	235 679	67 639
仪征市	22 858	291	204	1 956	10 483	987	2 150	3 811	911	6 052	2 427	639	559	64 950	5 033
宜兴市	23 443	540	409	3 869	9 624	1 505	3 013	3 111	1 009	246 820	2 077	1 072	6 049	17 952	340
张家港市	54 827	887	599	13 036	5 895	1 874	5 427	2 069	5 105	360 573	5 678	3 780	64 813	44 860	159
镇江市市区	15 738	723	1 505	2 120	7 570	2 778	11 861	4 208	5 094	79 156	6 050	1 774	2 439	29 813	9 721

O\D	无锡市市区	吴江区	响水县	新沂市	兴化市	盱眙县	徐州市市区	盐城市市区	扬中市	扬州市市区	仪征市	宜兴市	张家港市	镇江市市区
宝应县	13 429	2 388	28	2 755	647	793	9 600	3 847	2 627	92 305	4 487	1 947	2 452	59 492
滨海县	27 406	5 657	65 987	2 579	6 728	83	6 190	152 004	154	3 174	311	2 343	2 778	7 208
常熟市	176 099	300 399	18 235	1 886	8 741	1 554	5 124	24 921	6 465	18 573	1 301	23 882	162 202	10 412
常州市市区	1 658 685	137 923	6 444	8 390	39 739	15 580	11 409	51 961	1 042 265	392 028	8 373	13 066	319 725	256 273
大丰区	11 164	7 223	5 943	1 603	2 616	1 136	5 184	185 773	156	5 430	712	1 323	2 340	11 183
丹阳市	169 088	17 603	278	1 470	1 930	3 156	1 773	4 138	173 093	189 680	3 064	4 418	19 584	145 510
东海县	4 136	2 614	49 383	26 674	1 701	2 812	60 668	14 752	525	3 472	247	1 140	895	10 019
东台市	14 217	8 879	5 509	832	268	416	3 133	115 305	152	5 724	943	1 145	2 348	13 915
丰县	47 567	1 244	248	1 220	606	1 582	94 962	1 820	195	681	69	393	285	1 506
赣榆区	5 159	3 689	64 241	9 485	2 775	5 663	20 445	18 471	692	4 254	257	1 711	1 006	23 666
高邮市	29 396	4 451	51	3 981	847	177	10 200	2 382	6 765	171 266	6 653	3 724	6 345	95 326
灌南县	5 844	1 671	34 249	3 310	1 184	3 577	9 764	7 694	492	5 486	446	968	1 128	12 368
灌云县	7 165	2 240	47 960	4 758	2 119	2 762	10 281	14 680	747	4 559	271	1 139	1 847	11 624
海安市	33 909	11 506	2 837	1 035	22 940	1 071	4 931	25 416	701	59 248	11 955	4 240	3 779	73 289
海门区	26 816	10 901	1 170	520	3 296	516	2 170	9 649	5 042	8 449	2 477	3 120	10 321	2 491
洪泽区	2 649	450	36	1 165	900	73 526	4 412	4 700	368	3 022	1 289	1 787	885	6 502
淮安市市区	64 576	10 217	419	24 678	12 608	152 274	98 471	97 877	8 024	53 043	3 896	6 835	11 395	108 003
建湖县	21 265	2 066	233	2 071	8 575	4 306	10 213	59 710	205	3 277	298	1 563	1 957	5 633
江都区	59 159	9 106	1 075	6 985	38 639	1 603	17 778	29 447	20 056	873 908	54 433	6 354	13 840	266 934
江阴市	1 554 185	73 771	11 782	7 233	86 777	4 440	16 442	75 084	16 379	76 716	9 882	101 827	230 852	27 828
姜堰区	117 825	13 031	4 713	1 227	218 534	592	4 897	92 959	850	131 673	15 468	9 818	15 240	90 727

O\D	无锡市市区	吴江区	响水县	新沂市	兴化市	盱眙县	徐州市市区	盐城市市区	扬中市	扬州市市区	仪征市	宜兴市	张家港市	镇江市市区
金坛区	79 454	6 848	311	2 025	2 011	1 079	1 115	2 664	6 146	131 863	1 079	7 724	16 595	62 375
靖江市	490 644	29 320	1 158	923	20 910	635	2 322	14 622	12 112	26 398	5 091	25 914	49 453	7 507
句容市	50 777	4 475	71	397	1 392	1 614	644	2 808	1 765	71 242	1 100	9 453	8 998	72 101
昆山市	673 289	503 127	7 140	3 217	18 365	2 054	5 199	28 986	12 786	40 846	1 607	56 939	132 670	18 372
溧水区	35 640	1 275	18	77	733	994	418	1 185	1 443	20 001	528	62 480	7 074	12 126
溧阳市	183 764	2 299	444	1 181	2 547	2 789	1 900	4 156	1 913	133 583	1 439	202 372	6 638	95 468
连云港市市区	11 615	3 264	50 170	37 266	3 715	7 195	98 971	46 705	1 827	12 072	1 462	2 588	1 680	22 734
涟水县	8 840	1 801	40	3 326	1 119	11 604	11 378	4 795	2 815	11 012	911	1 360	3 099	20 758
南京市市区	664 289	81 123	439	6 434	54 308	88 745	25 559	114 632	16 995	706 446	247 835	327 459	123 965	606 443
南通市市区	208 065	122 671	6 824	2 869	14 865	2 241	8 739	59 471	34 093	48 515	15 708	21 260	50 699	22 062
沛县	3 156	910	340	6 250	381	5 556	516 122	1 748	254	1 007	229	900	908	2 324
邳州市	3 632	894	2 343	97 608	449	698	309 025	2 492	564	3 152	191	536	581	6 574
启东市	24 503	8 524	1 003	271	2 073	272	1 316	5 231	3 916	5 313	1 348	2 895	9 593	1 951
如皋市	86 788	25 064	3 703	1 170	8 820	934	5 165	26 819	15 322	26 239	8 849	9 787	6 128	22 554
射阳县	15 922	4 968	26 785	1 690	14 044	1 148	4 108	236 325	201	4 753	779	1 325	1 559	11 278
沭阳县	20 205	6 196	213	38 724	2 655	6 006	45 624	10 644	3 405	21 471	1 424	4 619	6 298	80 459
泗洪县	6 741	1 374	104	10 194	357	166 728	36 784	2 080	394	5 927	3 778	6 071	1 672	10 355
泗阳县	9 676	3 125	67	2 052	3 895	7 316	28 757	18 581	1 712	5 720	834	1 389	3 209	13 703
苏州市市区	4 334 617	2 548 962	18 702	10 846	47 967	8 518	18 915	112 755	64 324	165 887	4 684	250 248	347 466	82 719
宿迁市市区	11 594	3 650	839	74 652	2 873	51 957	226 130	18 625	1 709	8 422	2 178	4 731	4 585	12 985

O\D	无锡市市区	吴江区	响水县	新沂市	兴化市	盱眙县	徐州市市区	盐城市市区	扬中市	扬州市市区	仪征市	宜兴市	张家港市	镇江市市区
睢宁县	5 788	1 393	125	7 271	935	12 832	302 152	6 201	790	2 477	463	2 313	3 960	3 996
太仓市	59 084	20 689	1 142	556	3 076	307	1 375	5 521	1 660	6 898	594	6 335	65 143	2 486
泰兴市	284 063	26 534	2 863	3 227	52 530	2 252	12 006	30 255	444 889	201 471	47 831	15 162	40 987	66 903
泰州市市区	1 388	170	592	632	21 342	276	2 732	11 035	39	70 168	4 327	309	437	24 891
无锡市市区	2 167 838	450 773	14 643	7 154	108 011	15 266	16 595	112 445	108 766	181 869	5 335	1 066 522	635 192	109 852
吴江区	366 313	1 090 439	1 897	2 205	7 483	870	3 181	10 200	6 789	20 557	659	10 830	47 118	7 615
响水县	12 792	1 947	146 614	2 674	2 996	77	5 354	102 012	77	1 063	120	1 566	1 890	2 362
新沂市	6 432	2 102	2 417	62 730	713	4 444	235 202	3 251	847	4 461	343	1 813	1 329	22 125
兴化市	100 287	10 015	3 167	2 181	98 198	406	3 779	131 847	636	31 961	4 097	6 823	9 548	33 541
盱眙县	12 376	693	44	5 647	348	871 294	27 206	6 436	816	8 013	3 589	4 464	1 242	11 555
徐州市市区	17 100	4 909	5 737	237 942	3 619	29 165	3 328 697	23 253	1 845	9 788	1 898	6 135	5 647	24 055
盐城市市区	104 458	13 075	105 535	3 645	140 597	5 726	18 907	484 045	1 019	34 573	4 530	8 518	10 632	65 328
扬中市	51 120	3 922	115	639	925	782	2 060	1 658	497 689	18 122	1 817	856	5 860	615
扬州市市区	108 791	15 087	774	3 034	28 158	7 185	8 949	30 786	15 873	948 562	161 335	31 830	15 430	1 808 058
仪征市	7 104	970	106	1 236	5 954	3 966	1 865	5 641	1 779	137 735	37 073	1 460	1 436	101 779
宜兴市	1 002 120	13 823	1 753	1 308	7 387	2 418	2 218	8 667	2 370	82 642	822	1 012 529	29 442	35 283
张家港市	620 650	58 848	2 216	1 269	10 306	1 474	4 068	12 091	7 636	21 068	1 664	29 741	213 829	13 857
镇江市市区	102 906	8 807	779	2 570	9 744	5 556	4 379	19 200	1 123	1 774 267	18 811	35 367	13 394	754 860